湖北省社会科学界联合会
“中国调查”丛书

湖北精准扶贫工作现状调查

HUBEI JINGZHUN FUPIN GONGZUO XIANZHUANG DIAOCHA

彭玮 / 著

长江出版传媒
湖北人民出版社

图书在版编目(CIP)数据

湖北精准扶贫工作现状调查/彭玮著.

武汉:湖北人民出版社,2018.11

ISBN 978-7-216-09535-8

Ⅰ.湖… Ⅱ.彭… Ⅲ.扶贫—调查研究—湖北 Ⅳ.F127.63

中国版本图书馆CIP数据核字(2018)第217762号

责任编辑:刘天闻

封面设计:武汉新界面文化

责任校对:范承勇

责任印制:谢 清

出版发行: 湖北人民出版社

地址:武汉市雄楚大道268号

印刷:武汉市天星美润设计印务有限公司

邮编:430070

开本:787毫米×1092毫米 1/16

印张:15.5

版次:2018年11月第1版

印次:2018年11月第1次印刷

字数:246千字

插页:2

书号:ISBN 978-7-216-09535-8

定价:35.00元

本社网址:http://www.hbpp.com.cn

本社旗舰店:http://hbrmcbs.tmall.com

读者服务部电话:027-87679656

投诉举报电话:027-87679757

“中国调查”项目丛书编委会

吾辈使命

——写在前面的话

癸巳年秋，珞珈山下。著名历史学家、荆楚社科名家冯天瑜先生送我一套《东亚同文书院中国调查资料选译》。此书是冯先生等学者从浩如烟海的东亚同文书院中国旅行调查材料中，选择代表性的篇目翻译汇集而成。冯先生在扉页上题写赠言："日本为侵略中国，自明治以来，对中国做翔实调查，此书所载，可一斑窥豹。向强敌学习，对国情做深入的调研，是我辈的使命。"这年夏天，湖北省社会科学界第八次代表大会紧张筹备，我们也曾邀冯先生等专家学者为湖北社科事业的繁荣发展出计献策。先生建议，重视基础理论研究，重视国情省情调查。《东亚同文书院中国调查资料选译》一书的价值，体现着冯先生忧患意识和爱国情怀的寄语，以及冯先生对湖北社科事业的关切支持，直接促成了"中国调查"项目的产生。

尧舜孔孟，唐宋明清，分封割据，天下一统，农工兵商，京韵吴语，上下五千年，社会生活何等丰富多彩；江河湖海，崇山峻岭，楼台亭阁，村舍酒肆，秦砖汉瓦，藤角根穗，纵横九万里，中华大地如此物华天宝。中华人民共和国成立六十多年的时代印记，改革开放三十多年的文明进步，更是激荡起伏，日新月异。热爱并建设这个国家，当了解认识这个国家，而客观调查、认真分析这个国家，则是了解认识的有效途径。"向强敌学习"，要从具体事情做起，以至比强敌更强。吾辈的使命在认识，更在担当。于此时此地开始，坚持数年并由楚地推及全国的省情国情调查或将对社会有微薄贡献。基于此认知，湖北省社科联正式确定将“中国调查”作为重点项目予以立项。

社会调查，古往今来皆为执政者所重视，更有立志于此的文人学者，跋山涉水，实地考察，经年不倦。卷帙浩繁的古今文库中，有许多经典不朽之作可为楷模。“中国调查”丛书立项论证会上，专家皆推崇以费孝通先生的《江村经济》为范本。专家以为，“中国调查”各分篇，无论是全景展现，还是微型研究，无论是实地考察，还是问卷访谈，皆应如《江村经济》，尊重社会发展之客观规律，彰显实事求是之人文精神，追求科学严谨之学术标准，戒浮光掠影，戒空谈杜撰，戒阿谀奉承。《江村经济》是“人类社会学实地调查和理论工作发展中的一个里程碑”（英国社会人类学家布·马林洛夫斯基语），对于刚刚起步的“中国调查”项目而言，如果能有些许“一斑窥豹”的作用，我们将无比欣慰。

“中国调查”任重而道远，我们将脚踏实地，努力前行，不辱使命。

湖北省社会科学界联合会　曾婕

写于乙未年樱花盛开时节

总　序

湖北省社会科学界联合会组织湖北省社会科学工作者切入各相关领域，从事社会调查，已历岁时，初成一批各具特色的调查报告，辑为“中国调查”丛书，这是令人欣慰的一项成果。之所以说“令人欣慰”，因为在这里没有新老八股式的空话、套话、大话，而所见皆质朴、真实的基层情事，我们从中可以嗅到泥土的芬芳，听到民众的呼唤，触摸到社会生活的脉动。

社会调查是认识社会的基本方法。无论是实际社会工作者还是社会科学研究者，离开社会调查将一事无成。“没有调查就没有发言权”，上至最高领导人，下至普通百姓，概莫能外。

广义的社会调查，古已有之，如周代重视“采风”，专设“行人”“辅轩之使”到各地搜集民歌以了解民间疾苦，《诗经》中的《国风》就是采风的精选集结。汉代派员巡行，皇帝微服私访，设立乐府，采集乐府诗以认识百姓情志、社会实况，如此等等，皆初备“社会调查”之义。

系统的、有计划的社会调查始于近代工业文明时代，欧美国家、日本运用实证方法、文化人类学方法、经济统计学方法、抽样方法、定性研究和定量研究相结合方法、横剖研究与纵贯研究相结合方法等，对本国和他国作详尽的、巨细无遗的社会调查，并以科学手段加以整理，做出描述的、解释的和提出对策的研究成果。日本为实现其侵略中国的“大陆政策”，对中国的自然、社会、人文等作了广泛、细致的调查研究，仅以两个较庞大的中国调查机构——南满铁道株式会社调查部、东亚同文书院（前身汉口乐善堂）为例，其调查规模便足可惊人：它们分别对中国进行了长达四十年和六十年的调查，留下卷帙浩繁的调查报告和研究著作。满铁的中国调查报告有数十万件，出版书刊数千种，是各国研究近代东北、华北、华东社会的材料渊薮（当代西方汉学家黄宗智、杜赞奇的近代中国社会史名作多取材于此）。东亚同文书院的中国调查，地域达除西藏外所有省区之各市县镇（还远抵俄罗斯西伯利亚、远东，中南半岛、南洋群岛），涉及地理、历史、政治、经济、军事、民俗各领域，大至各时段政情演变（如辛亥革命、五四运动、北伐战争等），小至一条河川有几处渡口、冬夏各能摆渡多大船只。无怪乎抗战期间日本的军用地图比国民党军队的军用地图详尽、准确。在东亚同文书院对中国长期调查的基础上，日本东亚同文会 1917—1920 年编纂了《支那省别全志》，1941—1946 年编纂了《新修支那省别全志》，2015 年 5 月中国国家图书馆出版社影印出版了两志全 50 册。我在为两志影印版所作序言中说："它让我们具体了解近代日本从事中国踏查的广度与深度，认识其用心之深、用力之切，从而激发国人警醒；同时，通过展示日本的中国调查材料及其加工成品，也为晚清、民国研究敞开一个鲜为人知的资料库，并从方法论上提供若干研究国情、地情的启发。"[1]

毛泽东 1941 年在《〈农村调查〉的序言和跋》中，强调社会调查的重要性，并指出："中国幼稚的资产阶级还没有来得及也永远不可能替我们预备关于社会情况的较完备的甚至起码的材料，如同欧美日本的资产阶级那样，所以我们自己非做搜集材料的工作不可。"这里对"中国幼稚的资产阶级"来不及作较完备的社会调查的估量，大体符合历史实情。但需要补充的是，自晚清以降，中国一些有识之士已开始重视并躬亲社会调查，如清末的湖北留日学生鉴于"各国人之于其国也，无一事不有调查会，或政府提创之，或人民自组织之"，在 1903 年成立"湖北调查部"，对在本国、本省开展社会调查有所规划，列举了"政法上之调查""教育上之调查""经济上之调查""实业上之调查""军事上之调查""历史上之调查""地理上之调查""民族上之调查""出产上之调查""交通上之调查""外人势力上之调查"诸方面的调查细目。[2] 然而限于条件，这一计划无法在晚清实现。

民国时期，国民政府的某些部门，如地震局，曾组织力量作专题社会调查，

[1] ［日］东亚同文会编：《中国省别全志》第 1 册，国家图书馆出版社 2015 年版，第 8 页。

[2] 张枬、王忍之编：《辛亥革命前十年间时论选集》第一卷上册，生活·读书·新知三联书店 1977 年版，第 443 ～ 452 页。

留下一批宝贵材料。某些从西方学习社会学、民族学回归的中国学者，作过高水平的社会调查研究，如陈达的《南洋华侨与闽粤社会》、费孝通的《江村经济》，至今仍闪耀光辉，被视作社会学范本。20 世纪 30 年代出版的“社会调查”丛书（中华平民教育促进会出版）也不乏佳作，如李景汉的《定县社会概况调查》便颇有价值。此后，各类调查研究报告续有面世，如费孝通的《乡土中国》、许烺光的《祖荫下》、杨懋春的《一个中国村庄：山东台头》、林耀华的《金翼：中国家族制度的社会学研究》等。

这批在艰困的条件下完成的社会调查论著，达到令国际学术界肃然起敬的水平，足证中国人完全有能力在社会调查研究领域攀登高峰。当然，就整体而言，清末、民国积贫积弱，战乱频仍，国家与民间无力作大规模、长时段、成系统的社会调查。

今天我们所拥有的条件，不可同日而语。以湖北省而论，有省社会科学界联合会的统筹组织，有各方面社会科学工作者的积极投入，未来可望涌现一批理论明晰、调查细致深入、记述真实可靠、建策独到的成果，为社会科学研究提供基础资料和精准数据。现在，“中国调查”首批项目已经付梓，又闻省社科联已筹谋接下来五年的项目计划，拟定调查研究重点，制定严谨的学术要求和规范，并将陆续推出“中国调查”丛书，以展现湖北省社科界调查研究原创力和高水平。我们乐观其成！

冯天瑜

2015 年 8 月 4 日于武昌珞珈山

前言

党的十八大以来，习近平总书记多次深入贫困地区调研指导，2015 年 6 月习总书记在贵州发表重要讲话指出，扶贫开发贵在精准，重在精准，成败之举在于精准。大水漫灌、走马观花、大而化之、“手榴弹炸跳蚤”的方式不行，要做到“六个精准”，即扶持对象精准、项目安排精准、资金使用精准、措施到户精准、因村派人精准、脱贫成效精准。习总书记强调要动员和凝聚全党全社会力量，加快精准扶贫、精准脱贫步伐，坚决打赢脱贫攻坚战，确保到 2020 年我国现行标准下 7000 多万农村贫困人口实现脱贫、贫困县全部摘帽、解决区域性整体贫困。

本书分为五大部分，共十章。第一部分为理论基础部分，包括第一章、第二章。阐述我国扶贫工作的历史演进、基本概念、理论基础及国际借鉴。按扶贫发展的时间脉络，将我国扶贫历程大致分为五个阶段：①制度改革推动扶贫（1978—1985 年）；②大规模开发式扶贫（1986—1993 年）；③扶贫攻坚：“八七”扶贫攻坚计划（1994—2000 年）；④综合扶贫：农村扶贫开发纲要（2001—2010 年）；⑤精准扶贫：农村扶贫开发纲要（2011 年至今）。从精准识别、精确帮扶、精准管理、精准考核等四个方面详细阐明了精准扶贫的概念。在赋权理论、参与式发展理论、涓滴理论、人力资本理论研究的基础上，总结国际社会的反贫困理论借鉴、反贫困经验借鉴、反贫困方法借鉴。

第二部分为湖北省精准扶贫现状调查部分，包括第三章、第四章、第五章。在厘清湖北省贫困现状的基础上，从贫困对象精准识别、精准扶贫项目与重点举措、扶贫资金的投入与使用、措施到户的执行情况、“第一书记”的选派情况五个方面梳理湖北省精准扶贫的实施进展情况。同时，根据调研情况，归纳总结了恩施市龙凤镇产业扶贫模式、通山县大路乡新桥冯村精准扶贫模式、孝昌县精准扶贫“二十法”、十堰口回族乡社会扶贫模式四种精准扶贫模式。并通过座谈、查阅资料、实地走访、问卷调查等多种方式，对武陵山片区14个贫困县市（含1个插花贫困县）以及孝昌县2016年精准扶贫绩效进行评估，总结其典型经验。

第三部分为实证研究部分，包括第六章、第七章。首先从精准识别程度及贫困人口占比变化分析、区域经济改善状况、脱贫成效的精准评估三个方面对湖北省精准扶贫实施效果进行了总体分析，并结合秦巴山区、恩施市龙凤镇两个样本数据从生活条件改善、群众社会满意度、居民收入增长等具体指标进行了详尽的实证分析。

第四部分为湖北省精准扶贫工作中存在的问题剖析，包括第八章、第九章。湖北省精准扶贫工作进展顺利，取得了丰硕的阶段性成果，然而存在的问题依然突出，特别是在“扶持谁、谁来扶、怎么扶”三大短板的突破上尚未取得最后胜利，易地扶贫搬迁工作中在“搬哪些人”“迁哪去”、如何做到“稳得住”“能致富”“活资源”等方面存在薄弱环节，亟须引起高度重视。

第五部分为对策建议部分，包括第十章。提出七个方面的政策建议，一是强基础惠民生，加快破除脱贫致富的瓶颈制约；二是充分整合资源，建立健全联合扶贫攻坚机制；三是精准识别、精准定策、精准施策，提高精准扶贫效率；四是广泛动员社会力量积极参与，着力构建“三位一体”大扶贫格局；五是重视精神文化教育扶贫，提升贫困群众自我发展能力；六是强化社会保障兜底，确保“不漏一户，不落一人”；七是完善动态监测评估体系，增强贫困群众满意度。

目 录

第一章　扶贫历史演进与基本概念

“消除贫困，改善民生，实现共同富裕”是社会主义的本质要求，也是实现社会稳定、和谐发展的重要条件。改革开放以来，我国大力推进扶贫开发工作，经历了制度改革推动扶贫、大规模开发式扶贫、扶贫攻坚、综合扶贫、精准扶贫五个阶段。伴随着“八七扶贫攻坚计划”“农村扶贫开发纲要”以及当前“精准扶贫”的顺利实施，我国的扶贫开发工作取得了举世瞩目的成就。

一、扶贫的历史演进

一直以来，消除贫困是国际社会亟待解决的社会问题。世界各国都遭遇过不同程度的贫困困扰，贫困问题是21世纪全球面临的最严峻问题之一，《联合国千年宣言》提出，将全球贫困水平在2015年之前降低一半，各国都在减少或消除贫困方面积累了丰富的经验。西方发达国家运用“社会保障方案”和地区发展政策解决本国贫困问题，社会保障方案从增加收入、提高生活水平两个角度缓解贫困，地区发展政策包括加大贫困地区的投资力度和对贫困地区进行政策倾斜，如美国的西部开发行动。此外，西方发达国家的减贫措施还包括价格政策、就业培训、发展基础设施及社会事业（闫坤，2008）。印度减贫历程分为以推行“绿色革命”为主要内容的“第四个五年计划”，旨在解决粮食问题和农村贫困问题；以稳定增长、消灭贫困、满足最低需要的“第五个五年计划”，旨在通过实施多种计划帮助和促进贫困地区发展。印度尼西亚先后实施了稻米增产计划、农村就业计划、人力投资计划、以灌溉系统和农村道路建设为主的农村地区基础设施建设，为印度尼西亚农村经济的发展奠定了基础。孟加拉乡村银行小额信贷扶贫在国际社会展现了极大的影响力，它强调项目的社会功能，有效解决了贫困者的基本生存问题，增强了贫困者的可持续发展能力。巴西等拉丁美洲国家均实施了“发展极措施”，通过大规模的物质资本投资形成新的发展极或增长点，通过极化和扩散效应带动地区经济发展。

中国农村贫困问题伴随着人口老龄化、生态环境恶化而发展。新中国成立后，中国政府一直致力于发展生产、消除贫困，改革开放 30 多年来，我国贫困人口大规模减少，2015 年，我国农村贫困人口从上年的 7017 万减少到 5575 万，贫困发生率从上年的 7.2% 下降到 5.7%，农村居民的生存和温饱问题基本得到解决，贫困地区经济快速发展，基础设施建设、社会事业发展和生态环境建设得到明显加强，为世界减贫事业做出了巨大贡献。无论按照我国政府的扶贫标准，还是参考国际贫困标准，我国都是最早提前实现千年发展目标中贫困人口减半目标的发展中国家，对全球减贫的贡献率超过 70%（向德平和黄承伟，2014）。在扶贫实践中，中国探索出了整村推进、雨露计划、产业化扶贫、连片开发、移民搬迁、贫困地区综合治理等扶贫模式，极大地推动了中国扶贫事业的发展，也为世界反贫困事业提供了中国智慧和中国方案。

中国真正意义上的扶贫是在改革开放以后大规模实施的，扶贫开发历程大致呈现五个阶段。

（一）制度改革推动扶贫（1978—1985 年）

以 1978 年 12 月召开的中国共产党十一届三中全会和 1979 年通过的《中共中央关于加强农业发展若干重大问题的决定》为起始标志，中国农村经济体制改革步入了新的阶段，开始了伟大的变革，从“人民公社”和“一大二公”的计划经济体制，开始向家庭联产承包责任制转变，极大地调动了农民的生产积极性，解放了被束缚已久的劳动力，激发农村活力，同时，农村扶贫工作也进入了新的历史时期。1978 年，按照政府确定的贫困标准，农村贫困人口有 2.5 亿人，占到了农村总人口的 30.7%。在推行家庭联产承包责任制后，有效地调动了广大农民的生产积极性，农村贫困人口从 2.5 亿人减少到 1.25 亿人，贫困发生率下降到 14.8%。1982 年民政部等九部委联合下发《关于认真做好扶助农村贫困户的通知》，我国农村扶贫工作在全国范围开展。

改革开放之初，中国是世界上人口最多，贫困人口也最多的发展中国家之一，经历"大跃进""人民公社化运动"以及1959—1962年的自然天灾等原因，粮食歉收导致我国出现严重的饥荒，农村贫困人口急剧上升。根据原农业部人民公社管理局按照农民人均分配收入50元以下作为衡量穷县、穷队的标准，1977—1979年中国的28个省、自治区（除西藏）、直辖市穷县数量为515个，占当时全国县级行政区划总数的22.5%，其中人均分配收入40元以下的县为182个，占当时全国县级行政区划总数的7.9%；穷队数180万个，占当时农村人口总数的39%。国家统计局在《关于中国农村贫困状态的评估和监测》中，把1978年的贫困线（经济合作与发展组织在1976年组织了对其成员国的一次大规模调查后提出了一个贫困标准，即以一个国家或地区社会中位收入或平均收入的50%作为这个国家或地区的贫困线，这就是后来被广泛运用的国际贫困标准）划在100元以内，按照这个标准计算，当时的全国贫困人数为2.5亿人，占全国人口总数的25.97%，占当时农村人口总数的30.7%，占世界贫困人口总数的1/4。

因此，在改革开放之初，中国所面临的农村贫困状况到了间不容发的地步，主要表现为历史性、普遍性、绝对性、极端性贫困。

改革开放后，以户为单位的家庭联产承包责任制极大解放了农村生产力。这一制度使得农户的经济利益和经营成果直接联系起来，"交够国家的，留足集体的，剩下的都是自己的"，激发了农民的生产活力，使得农户家庭经营管理的功能和农业生产特征结合起来，1978—1984年，全国农村完成了"三级所有，队为基础"的"人民公社"体制到"包干到户"的转变。1984年年底，全国569万个生产队中的99.96%全部实现了包产、包干到户，农户真正成了农业生产经营的基本单元和农村经济的微观基础。在改革过程中，废除了"一大二公"体制下的私人财产上交国家所有的规定，重建了农民所有财产权利，极大地激发了农民的生产积极性。通过对生产关系和财产所有权的变革，彻底扭转了长期以来陷入贫困泥潭的困境，实现了农村商品经济的发展和生产要素的市场化有效配置，创造出一条新的通往温饱的道路，为以后的扶贫工作进一步开展积累了宝贵的经验，成为中国在1978—1985年间超常规增长和贫困人口大幅度减少的真正动因，更为中国后期实行经济体制改革和经济高速发展奠定了坚实的物质基础。在这个阶段，中国的农村贫困人口由1978年的2.5亿人下降为1.25亿人，平均每年减少的农村贫困人口高达1786万人。据《经济学家》杂志1992年发表的一篇文章认为，1978年有2亿～2.7亿中国人生活在“绝对贫困”中，但是在1985年农村改革大体完成的时候，绝对贫困人口为1亿人，经济改革的前6年里，相当于有一个日本或者两个英国，或者半个美国的人口摆脱了贫困。

（二）大规模开发式扶贫（1986—1993年）

伴随着资源禀赋的分配不均以及政策导向的相互作用，中国农村绝大多数地区凭借自身的发展优势，经济得到快速增长，但少数地区由于经济、社会、历史、自然、地理等方面的制约，发展相对滞后。贫困地区与其他地区，特别是与东部沿海发达地区在经济、社会、文化等方面的差距逐步扩大。农村制度性改革所释放的活力呈现边际效用递减的趋势，释放出的经济活力不断减弱，加上改革重点由农村不断向城市转移、农业向工商业转移，中国农村发展不平衡问题凸显出来。

据中国政府公布的资料，1985年中国农村年人均收入在200元以下（相当于当年全国农村人均纯收入水平的50%）的人口仍有1.25亿，占当时农村总人口的14.8%，其中有近4000万人年均纯收入不足150元，占农村人口总数的4.4%，如果以世界银行制定的人年均纯收入370美元作为贫困标准，1985年东亚地区有贫困人口2.8亿人，其中2.1亿人分布在中国，占当时世界贫困人口总数的五分之一。低收入人口中已经有相当一部分人经济收入不能维持其生存的基本需要。[1]

为进一步加大扶贫力度，中国政府自1986年起采取了一系列重大措施：成立专门扶贫工作机构，安排专项资金，制定专门的优惠政策，并对传统的救济式扶贫进行彻底改革，确定了开发式扶贫方针。自此，中国政府在全国范围内开展了有计划、有组织和大规模的开发式扶贫，中国的扶贫工作进入了一个新的历史时期。中国政府从1986年起实施有计划、有组织、大规模的扶贫开发活动。国家于1986年成立了专门的机构——国务院贫困地区经济开

---

[1] 赵曦，熊理然．中国农村扶贫开发的历史成就及其历史经验[C]//中国农业经济学会．纪念农村改革30周年学术论文集，2008.

发领导小组（国务院扶贫开发领导小组的前身），彻底改革了传统的救济式扶贫，开始在全国范围实行大规模区域性扶贫开发，主要通过扶贫贴息贷款、以工代赈和财政发展资金进行，使得农村反贫困步入规范化、机构化、制度化、专业化。在这期间，一是确立了开发式扶贫方针；二是制定了专门针对贫困地区和贫困人口的政策措施；三是对 18 个集中连片贫困地区实施重点扶贫开发；四是确定了对贫困县的扶贫标准，并核定了贫困县，分中央和省（自治区）两级重点扶持。1988 年，确定了 370 个国家级贫困县，首次划定贫困县标准，即 1985 年人均纯收入低于 150 元（少数民族自治县为 200 元、革命老区县为 300 元）。经过 8 年的不懈努力，国家重点扶持贫困县农民人均纯收入从 1986 年的 206 元增加到 1993 年的 483.7 元；农村贫困人口由 1.25 亿人减少到 8000 万人，平均每年减少 640 万人，年均递减 6.2%；贫困人口占农村总人口的比重从 14.8% 下降到 8.7%。

（三）扶贫攻坚："八七扶贫攻坚计划"（1994—2000 年）

随着农村改革的深入推进和国家扶贫开发力度的不断加大，中国贫困人口逐年减少，贫困特征也随之发生较大变化，贫困人口分布呈现明显的地缘性特征。这主要表现在贫困发生率向中西部倾斜，贫困人口集中分布在西南大石山区、西北黄土高原区、秦巴贫困山区以及青藏高寒区等几类地区，而导致贫困的主要因素是自然条件恶劣、基础设施薄弱和社会发育落后等。

为了迅速解决 8000 万农村贫困人口的温饱问题，以 1994 年 3 月《国家八七扶贫攻坚计划》的公布实施为标志，中国的扶贫开发进入了攻坚阶段。1994 年启动的"国家八七扶贫攻坚计划"向世界庄严宣告：集中人力、物力、财力，动员社会各界力量，力争用七年左右的时间，到 2000 年底基本解决剩余的 8000 万农村绝对贫困人口的温饱问题。这是中华人民共和国历史上第一个有明确目标、明确对象、明确措施和明确期限的扶贫开发行动纲领，标志着中国扶贫开发进入攻坚阶段。1996 年中共中央国务院做出《关于尽快解决农村贫困人口温饱问题的决定》，进一步关注农村贫困人口的生活问题。

在 1997 年至 1999 年这三年中，中国每年有 800 万贫困人口解决了温饱问题，是进入 20 世纪 90 年代以来中国解决农村贫困人口年度数量最高水平。到 2000 年底，农村绝对贫困人口下降到 3209 万人，贫困发生率下降到 3.4%，农村贫困现象得到极大的缓解，基本实现了既定的基本解决贫困人口温饱的目标，"国家八七扶贫攻坚"目标基本实现。中国农村贫困从历史性、普遍性、区域性、绝对性开始向点状分布和相对贫困演变。

（四）综合扶贫：农村扶贫开发纲要（2001—2010年）

《中国农村扶贫开发纲要（2001—2010年）》明确，进入新世纪，中国贫困人口分布由县向更低层次的村级社区集中，呈现"大分散、小集中"的特点。随着中国农村贫困人口数量的下降、贫困人口地理位置分布的变动、贫困性质的多样化以及扶贫开发形势的变化，扶贫工作重点与瞄准对象已经做了重大调整：扶贫工作重点放到西部区域，贫困村成为基本瞄准对象，扶贫资金要覆盖到非重点县的扶贫村；同时，注重发展贫困地区的科学技术、教育和医疗卫生事业，强调参与式扶贫，以村为单位进行综合开发和整村推进；城乡人口之间的流动是扶贫的一个重要途径，要采取新的举措来促使农村居民更加容易转移到城镇区域就业。2001年5月，中央扶贫开发工作会议召开，制定并颁布了《中国农村扶贫开发纲要（2001—2010年）》，这是继"八七扶贫攻坚计划"之后又一个指导全国扶贫开发的纲领性文件，对21世纪初的扶贫战略做出全面描述，明确提出了今后十年扶贫开发的奋斗目标、基本方针、重点对象以及主要政策措施。该纲要明确提出："到2010年尽快解决剩余贫困人口温饱问题，进一步改善贫困地区的生产生活条件，巩固扶贫所取得的成果。"明确提出"到2020年稳定实现扶贫对象不愁吃、不愁穿，保障其义务教育、基本医疗和住房"的奋斗目标。

以此为标志，中国的扶贫开发工作进入了一个新阶段。这一阶段扶贫重点由区域扶贫转变为重点县和贫困村扶贫，从全国范围重新认定了592个扶贫工作重点县和14.8万个贫困村，这些重点村覆盖了全国80%的农村贫困人口，"整村推进扶贫工作"在全国范围铺开。同时，将连片贫困地区作为扶贫攻坚的主战场，构建大扶贫工作格局。以2010年1274元的扶贫标准，全国贫困人口由2000年的9422万人减少到2010年的2688万人，贫困发生率由2000年的10.2%下降到2010年的2.8%。

在积极总结中国农村扶贫开发经验的基础上，新时期扶贫开发除了继续坚持以592个贫困县为瞄准地域外，把扶贫开发的瞄准目标重点转向贫困村。

截至 2002 年，在全国一共确定了 148051 个贫困村，同时强调群众参与，用参与式的方法自下而上地制定村级扶贫开发规划，并以此作为推动“整村推进”工作的主要理念和方法，将扶贫资源倾向于到村到户。村级瞄准在某种程度上改变了原有的扶贫项目与贫困人口关联性不强的问题，在一定程度上促进了扶贫资金的瞄准性。[1] 经过近十年的努力，综合扶贫的一系列举措结出丰硕的果实，截至 2010 年，按照年人均纯收入 1274 元的扶贫标准，全国农村贫困人口已减至 2688 万人，占农村人口的比重下降到 2.8%。同时，中国农村贫困人口的温饱问题基本得到解决，下一步继续改善贫困地区的基本生产生活条件，巩固温饱成果，提高贫困人口的生活质量和综合素质，加强贫困乡村的基础设施建设，改善生态环境，逐步改变贫困地区社会、经济、文化的落后状态，为达到小康水平创造条件。

（五）精准扶贫：农村扶贫开发纲要（2011 年至今）

通过 30 多年的扶贫攻坚，农村贫困面大幅缩小，贫困被赶进了“角落”里，但是，现在的扶贫不得不去啃最硬的“骨头”，那些最穷的地方，正是底子最薄弱、条件最恶劣、工程最艰巨的贫困堡垒，也是在 2020 年全面建成小康社会所面临的重大考验。

为进一步加快贫困地区发展，促进共同富裕，实现到 2020 年全面建成小康社会奋斗目标，中共中央、国务院印发了《中国农村扶贫开发纲要（2011—2020 年）》。纲要明确“我国扶贫开发已经从以解决温饱为主要任务的阶段转入巩固温饱成果、加快脱贫致富、改善生态环境、提高发展能力、缩小发展差距的新阶段”，提出“到 2020 年，稳定实现扶贫对象不愁吃、不愁穿，保障其义务教育、基本医疗和住房。贫困地区农民人均纯收入增长幅度高于全国平均水平，基本公共服务主要领域指标接近全国平均水平，扭转发展差距扩大趋势”的奋斗目标。颁布今后十年我国农村扶贫开发工作的纲领性文件，对于进一步加快贫困地区发展，促进共同富裕，实现到 2020 年全面建成小康社会奋斗目标具有重要意义。

30 多年来形成的区域发展差异格局，使得原来生态条件、交通条件、经

---

[1]　赵曦，熊理然．中国农村扶贫开发的历史成就及其历史经验 [C]// 中国农业经济学会．纪念农村改革 30 周年学术论文集，2008.

济发展比较落后的地区还存在较大差距。在这种背景下，纲要提出：把连片贫困地区作为新时期扶贫开发主战场，这些地区包括六盘山区、秦巴山区、武陵山区、乌蒙山区、滇桂黔石漠化片区、滇西边境山区、大兴安岭南麓山区、燕山—太行山区、吕梁山区、大别山区、罗霄山区等区域的连片贫困地区和已明确实施特殊政策的西藏、四省（四川、云南、甘肃、青海）藏区、新疆南疆三地州。

纲要中把扶贫开发作为脱贫致富的主要途径。一方面，鼓励和帮助有劳动能力的扶贫对象通过自身努力摆脱贫困；另一方面，把社会保障作为解决温饱问题的基本手段，逐步完善社会保障体系。我国农村最低生活保障制度始于 2007 年，目的是将家庭年人均纯收入低于标准的所有农村居民纳入保障范围，以稳定、持久、有效地解决农村贫困人口温饱问题。截至 2010 年底，全国农村低保覆盖人口达到 5214 万人。扶贫开发不仅仅是开发式的扶贫，更需要对贫困人口有针对性的扶贫。让有劳动力、有能力的贫困户利用市场机制去赚钱和积累财产，为贫困人口提供自行脱贫的条件和机遇。对于部分没有开发脱贫能力，靠社保维持基本生活的贫困人群，要完善社会保障制度的建设，实施低保等普惠性政策，消除后顾之忧。使得扶贫开发和以农村最低生活保障制度为核心的社保制度更好地有机衔接起来，形成扶贫开发的合力。在新的《纲领》的指引下，5 年的扶贫工作取得令人瞩目的成绩：

第一，农村贫困人数大幅度减少。国家统计局发布的《2015 年国民经济和社会发展统计公报》显示：2015 年我国农村贫困人口从上年的 7017 万减少到 5575 万，减少 1442 万人（比上年多减 210 万人），贫困发生率从上年的 7.2% 下降到 5.7%。年度减贫 1000 万人以上的任务超额完成。中国农村贫困人口比例，从 1990 年的 60% 以上，降低到 2002 年的 30% 以下，2014 年降低到 4.2%，中国已成为世界上最早实现《联合国千年宣言》中减贫要求的发展中国家，对全球减贫的贡献率超越 70%。

第二，贫困区域基础设施和公共服务不断完善。2011—2014 年，国家在连片贫困区域新建村庄公路 124.12 万公里，累计在贫困区域处理 7852 万村庄居民的饮水安全问题和 354 万无电人员的用电问题，完成 1565.4 万村庄贫困户的危房改造。2014 年末，93.5% 的乡镇和 70.8% 的建制村解决了交通问题，100% 的建制村和 90% 以上的自然村通上了电话。农村义务教育学生营养改善计划实施方案、中等职业学校学生免学费方针在连片贫困区域全覆盖。贫困区域新农合参保率达 98% 以上，低保和基本养老全覆盖。高校面向贫困区域定向招生人数从 2012 年的 1 万人增长到 2014 年的 5 万人。

第三，贫困区域经济发展和农民增收脚步加速。2011—2014 年，贵州、云南、四川、湖南、广西、河南等六个贫困人员最多的省区生产总值分别增加 62.8%、55.7%、54.5%、51.4%、49.4%、46.2%，显著高于全国 36.3% 的国内生产总值增幅。2014 年贫困区域农村居民人均纯收入 6610 元，达到全国农村居民人均水平的 65.3%，比 2011 年增加了 8.2 个百分点。

第四，扶贫开发机制不断完善。2014 年中央一号文件提出，着力创新扶贫开发机制，提高扶贫精准度，《关于创新机制扎实推进农村扶贫开发工作的意见》出台，提出建立精准扶贫工作机制。精准扶贫的提出是对原有扶贫机制的反思与改进，是我国现阶段扶贫开发的重大创新。中央提出了精准扶贫的战略思路，摸清了全国贫困村、贫困户底数，探究树立了贫困县核查和束缚机制，健全了社会扶贫组织发动机制，完善了投入机制。各地省级财务扶贫投入核算从 2014 年的 236.28 亿元增加到 2015 年的 284.12 亿元，增加 20.25%;2015 年组织专项扶贫资金 467.45 亿元，同比增加 8%。

二、精准扶贫的基本概念

精准扶贫是相对粗放扶贫而言的，是指针对不同贫困区域环境、不同贫困农户状况，找准致贫原因以及脱贫需求，引导各类扶贫资源优化配置，运用科学有效程序对扶贫对象实施“输血”和“造血”相结合的治贫方式，逐步构建扶贫工作的长效机制。推进精准扶贫，加大帮扶力度，是改善民生的重头戏，是全面建成小康社会的重要前提。精准扶贫在于通过对贫困户和贫困村精准识别、精准帮扶、精准管理和精准考核，引导各类扶贫资源优化配置，实现扶贫到村到户，逐步构建精准扶贫工作长效机制，为科学扶贫奠定坚实基础。那么，如何做到精准扶贫呢？这就需要运用合规有效的程序对扶贫对象实施精准识别、精准帮扶、精准管理、精准考核，以此建立完整的扶贫体系。

（一）精准识别

精准识别，这是精准扶贫的前提。精准识别是指通过申请评议、公示公告、抽检核查、信息录入等步骤，将贫困户和贫困村有效识别出来，并建档立卡。我国绝对贫困人口数量大大减少，而相对贫困人口大量存在，并且相对贫困人口之间的收入差距并不明显，因此，精准识别贫困人口并不是一件容易的事情。如何以科学、有效、民主的程序把贫困户识别出来，在有限的贫困规模下，识别出最贫困、最需要扶持的人，是精准扶贫的前提条件。2013 年中办发〔2013〕25 号文件提出了精准识别的原则，即“县为单位、规模控制、分级负责、精准识别、动态管理”，对每个贫困村、贫困户建档立卡。开展到村到户的贫困状况调查和建档立卡工作，包括群众评议、入户调查、公示公告、抽查检验、信息录入等内容。将贫困户均等、无遗漏地纳入扶贫体系，精准到村、到户、到人，建立统一的贫困者信息管理系统。传统粗放式扶贫缺乏对贫困群体的细致研究，对底层贫困者的具体脱贫需求和贫困程度不明，并在扶贫中对部分贫困者出现了明显的排斥现象，如对贫困人口规模的人为限定形成规模排斥、集中连片扶贫开发片区对区外贫困群体的区域排斥等。[1] 人为原因造成扶贫信息不完整、被帮扶的主体缺少信息动态等造成扶贫工作效率低下，举步维艰。

过去，全国曾开展农村最低生活保障制度和扶贫开发政策“两项制度”有效衔接试点，实践表明，这样识别扶贫对象虽然有一定效果，但是程序烦琐、操作性不是很强。总之，不论采取何种方式识别，都要充分发扬基层民主，发动群众参与。透明程序，把识别权交给基层群众，让同村老百姓按他们自己的“标准”识别谁是贫困者，以保证贫困户认定的透明公开、相对公平。

（二）精确帮扶

精确帮扶，指对识别出来的贫困户和贫困村深入分析致贫原因，落实帮扶责任人，逐村逐户制订帮扶计划，集中力量予以扶持。针对以往“一刀切、大而全”的帮扶内容和帮扶方式，精准扶贫设计了精准帮扶这一机制。精准

[1] 邓维杰．精准扶贫的难点、对策与路径选择 [J]. 农村经济，2014（6）：78—81.

帮扶即是在充分考虑贫困村和贫困户现实致贫原因的基础上，设计具有针对性的帮扶措施和手段，确定帮扶人，在可以动员的人力、物力和财力范围内集中力量帮助贫困村和贫困户脱贫致富。这是精准扶贫的关键，扶贫措施差异化、造血化、创新化。[1] 贫困居民识别出来以后，挖掘贫困者的真正需求，有针对性的按需差异化帮扶，根据扶贫对象的贫困情况定责任人和帮扶措施，刺激其内在脱贫动力和创造力，一改以往认为解决贫困是政府或者有社会责任感的慈善机构“输血式扶贫”的观点，确保帮扶效果，实现“造血式扶贫”。

就精确到户到人来说，重点为：

一是坚持方针。精确帮扶要坚持习近平总书记强调的“实事求是，因地制宜，分类指导，精准扶贫”的工作方针，重在从“人”“钱”两个方面细化方式，确保帮扶措施和效果落实到户、到人。

二是到村到户。要做到“六个到村到户”：基础设施到村到户、产业扶持到村到户、教育培训到村到户、农村危房改造到村到户、扶贫生态移民到村到户、结对帮扶到村到户。真正把资源优势挖掘出来，把扶贫政策含量释放出来。

三是因户施策。通过进村入户，分析掌握致贫原因，逐户落实帮扶责任人、帮扶项目和帮扶资金。按照缺啥补啥的原则宜农则农、宜工则工、宜商则商、宜旅则旅，实施水、电、路、气、房和环境改善“六到农家”工程，切实改善群众生产生活条件；帮助发展生产，增加收入。

四是资金到户。在产业发展上，可以推行专项财政资金变农户股金的模式，也可以通过现金、实物、股份合作等方式直补到户；技能培训、创业培训等补助资金可以直补到人；对读中、高职学生的生活补贴和贫困家庭子女上大学的资助费用，可通过“一卡通”等方式直补到受助家庭；异地扶贫搬迁、乡村旅游发展等项目补助资金可以直接向扶贫对象发放。

五是干部帮扶。干部帮扶应采取群众“点菜”、政府“下厨”方式，从国家扶贫政策和村情、户情出发，帮助贫困户理清发展思路，制定符合发展实际的扶贫规划，明确工作重点和具体措施，并落实严格的责任制，做到不脱贫不脱钩。2014 年以来，全国各地都开展了第一书记驻村联村活动，选派了一批扶贫攻坚的能力强、农村工作经验丰富，破解难题有力度的干部下派到贫困

[1]　赵武，王姣玥．新常态下“精准扶贫”的包容性创新机制研究 [J]. 中国人口·资源与环境，2015（11）:70—74.

村去，吃住在村里，及时摸清村里哪些人贫困，为什么贫困，最后形成怎么治贫的实施方案，坚持打好精准扶贫的攻坚战，为精准扶贫工作当好“排头兵”，当好国家政策的宣传员、指导员，切实了解群众的疾苦、群众的期盼、群众的发展方向，保障群众的脱贫致富、保障2020年的全面建成小康社会。

（三）精准管理

精确管理，指对扶贫对象进行全方位、全过程的检测，建立全国扶贫信息网络系统，实时反映帮扶情况，实现扶贫对象有进有出、动态管理，为扶贫开发工作提供决策支持。在充分利用信息化手段的基础上，对贫困户和贫困村基本状况、关键指标、关键因素等信息进行动态管理和扶持，当系统监测到农户脱离贫困状态时，可以对系统内外农户进行动态调整，脱贫者调出系统，新的农户可再次进入系统。

这是精准扶贫的保证，强调精准扶贫的管理科学化、透明化、集中化、彻底化。

一是农户信息管理。要建立起贫困户的信息网络系统，将扶贫对象的基本资料、动态情况录入到系统，实施动态管理。对贫困农户实行一户一本台账、一个脱贫计划、一套帮扶措施，确保扶到最需要扶持的群众、扶到群众最需要扶持的地方。年终根据扶贫对象发展实际，对扶贫对象进行调整，使稳定脱贫的村与户及时退出，使应该扶持的扶贫对象及时纳入，从而实现扶贫对象有进有出，扶贫信息真实、可靠、管用。通过扶贫信息系统的动态管理、数据分析，制定切实可行的帮扶措施，建立扶贫项目库、扶贫专家库，通过实时监控和对讲技术，让贫困户与专家视频通话，随时接受专家指导，使帮扶措施和帮扶项目真正有效地执行下去，达到预期的目标和结果。

二是阳光操作管理。按照国家《财政专项扶贫资金管理办法》，对扶贫资金建立完善严格的管理制度，建立扶贫资金信息披露制度以及扶贫对象、扶贫项目公告公示公开制度，将筛选确立扶贫对象的全过程公开，避免暗箱操作导致的应扶未扶，保证财政专项扶贫资金在阳光下进行；筑牢扶贫资金管理使用的带电“高压线”，治理资金“跑冒滴漏”问题。同时，还应引入第三方监督，严格扶贫资金管理，确保扶贫资金用准用足，杜绝资金挤占，不致“张冠李戴”。

三是扶贫事权管理。现在，已经明确省、市两级政府主要负责扶贫资金和项目监管，扶贫项目审批管理权限原则上下放到县，实行目标、任务、资金和权责“四到县”制度，各级都要按照自身事权推进工作；各部门也应以扶贫攻坚规划和重大扶贫项目为平台，加大资金整合力度，确保精准扶贫，集中解决突出问题。

四是构建扶贫长效机制。扶贫先扶智，从思想上断绝依靠扶贫来维持现状、不劳而获的想法。长期以来，某些重点县舍不得“脱贫摘帽”，部分贫困地区政府及企业企图以扶贫开发的名义向上级要资金、要项目，数字弄虚作假，挤占、浪费国家资源。

（四）精准考核

精准考核，指对贫困户和贫困村识别、帮扶、管理的成效，以及对贫困县开展扶贫工作情况的量化考核，奖优罚劣，保证各项扶贫政策落到实处。精准考核将改变以往农村扶贫领域考核形式化的问题，通过量化考核，精准评价不同层级扶贫部门的工作成效。就是明确考核对象、考核内容、奖惩办法和责任追究，保障所有人员在一个公平、公正、公开的规则中开展工作，进一步激发工作热情，做到对工作认真负责。考核是保障工作效率，提高工作质量的一种有效途径。通过突出考核导向，以发展成效促扶贫。坚持把加快发展、促进发展、科学发展作为考核扶贫成效的导向，把发展作为解决贫困的根本出路，把尽快实现脱贫致富作为首要任务，注重对贫困地区转变发展方式、解决制约发展突出问题情况的考核，把实施扶贫重大项目和精准扶贫成效作为检验贫困地区发展实绩的重要标准，引导各县（市、区）正确处理扶贫开发与经济发展、环境保护的关系，实现差异竞争、错位发展、整体脱贫。健全完善激励约束机制，保护和调动各县（市、区）党政领导班子干事创业的积极性、创造性，树立起奖罚分明的鲜明导向。对履职尽责积极的，予以表彰激励；对消极懈怠、工作不力的，及时批评指导；对敷衍塞责的，造成严重后果的，严肃问责，确保考核到位、责任到位、工作到位，以此助推精准扶贫工作。

三、精准扶贫的背景与意义

当前中国经济步入“新常态”，据《中华人民共和国2015年国民经济和社会发展统计公报》显示，全年人均国内生产总值49351元，比上年增长6.3%。但是，区域性贫困和绝对性贫困仍然是不可小觑的问题，无论是收入水平低引起的绝对贫穷还是收入差距过大导致的相对贫穷，都会损害经济社会的可持续发展。[1]随着前期扶贫工作开展，我国的扶贫工作开始步入新的历史阶段，将贫困程度比较深、相对连片的贫困地区作为扶贫开发主战场，集中扶贫攻坚的力量，力争在2020年实现全面建成小康社会的目标，但随着节点的不断迫近，“中国式扶贫”面临着一场严峻的考验。从当前贫困形势来看，“多、广、深”的贫困现状依然不容乐观。[2]

贫困人口数量多，2014年全国农村贫困人口为7017万人，其中河南、湖南、广西、四川、贵州、云南6个省（自治区）的贫困人口都超过500万人；贫困区域分布广，全国不仅有14个连片贫困区域，除京津沪3个直辖市，其余28个省级行政区（除台湾、香港、澳门外）都存在相当数量的生活在贫困线以下的群众；贫困程度深，全国还有20多万人用不上电，数千万农村家庭喝不上“干净水”，7.7万个建档立卡的贫困村不通客运班车，83.5万个自然村中，不通沥青（水泥）路的自然村落数量33万个，占比39.6%，贫困人口中因疾病导致贫困的比重超过40%，需要搬迁的贫困人口近1000万人。与此同时，随着“边际效用递减”规律，以往的“大水漫灌”等形式的扶贫方法已经无法到预期的扶贫效果，难以取得相应的“扶贫产出”，所以，需要在总结以往的经验基础上，改革创新，采取一种新的方式来适应新的扶贫开发的现状。

党的十八大召开不久，习近平总书记在河北省阜平县考察扶贫工作时指出：“帮助困难乡亲脱贫致富要有针对性，要一家一户摸情况，做到心中有

---

[1] 邢小强，薛飞，涂俊．包容性创新理论溯源、主要特征与研究框架[J]. 科技进步与对策，2015，32（4）:1—5.

[2] 林晖．“中国式扶贫”面临历史大考　贫困现状依然不容乐观[N]. 新华每日电讯，2015-6-23（6）.

数。”2013 年 11 月 3 日，习近平总书记在湘西调研扶贫工作时，明确提出扶贫工作“要科学规划、因地制宜、抓住重点，不断提高精准性、有效性和持续性”，“要实事求是，因地制宜”，“要精准扶贫，切忌喊大口号，也不要定好高骛远的目标”。2013 年 9 月中旬和 10 月上旬，李克强总理两次主持国务院常务会议，在研究扶贫工作时，都对精准扶贫和建档立卡工作提出了具体要求。2013 年 4 月，汪洋副总理在甘肃省调研考察扶贫工作，提出推进新时期扶贫开发工作，必须建立精准扶贫工作机制。2013 年 6 月 28 日，汪洋副总理在国务院扶贫开发领导小组第一次全体会议上提出，目前扶贫开发中存在的一个突出问题，是许多地方底数不够清、指向不够准、针对性不够强。即便一些地方开展了贫困家庭建档立卡工作，也往往不能真正瞄准贫困户建立帮扶机制，不同程度存在“大水漫灌”的现象。要下决心摸清底数，在全国开展到村到户贫困状况调查和建档立卡工作，完善贫困识别机制，改“大水漫灌”为“滴灌”，逐村逐户制定帮扶措施，集中力量予以扶持，对扶贫对象要实行动态管理，使稳定脱贫的村与户及时退出，只有这样，才能把扶贫开发任务和措施逐项落到实处。

2013 年 12 月，中办、国办印发《关于创新机制扎实推进农村扶贫开发工作的意见》（中办发〔2013〕25 号），明确提出建立精准扶贫工作机制和健全干部驻村帮扶机制的工作要求。李克强总理在 2015 年《政府工作报告》中明确强调，地方要优化整合扶贫资源，实行创新扶贫，引导社会力量参与扶贫事业。另一方面，“全面建成小康社会”宏伟目标是精准扶贫思想产生的现实需求。实现共同富裕，重点在农村、困难也在农村。对此，习总书记曾指出：“全面建成小康社会，最艰巨最繁重的任务在农村，特别是在贫困地区。没有农村的小康，特别是没有贫困地区的小康，就没有全面建成小康社会。”“精准扶贫”在新的扶贫攻坚阶段和全面建成小康社会的目标下“孕育而生”。

长期以来，我国扶贫开发存在贫困人口底数不清、情况不明，针对性不强，扶贫资金和项目指向不准等问题（顾仲阳，2014），致使扶贫攻坚难以“扶”到关键处和点子上。因此，新形势下打好扶贫攻坚战，必须实现从“输血式”扶贫向提升贫困地区内生动力的“造血式”扶贫、从大水漫灌式的粗放型扶贫向滴灌式精准扶贫转变（李春明，2015）。

当前，我国贫困类型以相对贫困、支出型贫困为主，经济增长与减贫的正相关性减弱，扶贫资源边际效益递减。扶贫开发存在的问题主要有：一是普惠式扶贫政策瞄准机制存在偏差。普惠式扶贫政策下，区域与个体差异性体现不够、公共设施落后、要素市场发育迟缓、资源整合困难、贫困人口生计脆弱。二是扶贫政策异化现象突出。表现为意愿对接排斥、项目选择排斥、资金规模排斥、市场排斥等，如扶贫资源向经济基础好、容易出政绩的村倾斜，以及在村庄内部出现的“扶富不扶贫”现象。三是扶贫项目指向模糊。部分扶贫项目在“扶农”与“扶贫”上不分，导致扶贫项目成了扶持中高等收入农户，而非最贫困农户。

加快贫困地区、贫困人口脱贫事关战略全局。20 世纪 80 年代，习近平总书记在闽东调查时，将贫困地区比作“弱鸟”，提出“地方贫困，观念不能‘贫困’”“弱鸟可望先飞，至贫可能先富”的观点。2013 年 11 月，习近平总书记在湘西考察时提出“精准扶贫”的概念。根据中办发〔2013〕25 号文件，精准扶贫的定义是“指针对不同贫困区域环境、不同贫困农户状况，运用科学有效程序对扶贫对象实施精确识别、精确帮扶、精确管理的治贫方式”。2015 年 6 月贵州座谈会时，习近平总书记指出“扶贫攻坚工作要在精准扶贫、精准脱贫上下更大功夫”“扶贫开发贵在精准、重在精准、成败之举在于精准”，更为重要的是，将精准扶贫的内涵用“六个精准”表示：扶贫对象精准、项目安排精准、资金使用精准、措施到户精准、因村派人（第一书记）精准、脱贫成效精准。

精准扶贫的形成受到国外罗格纳·纳克斯的贫困恶性循环理论、纳尔逊的低水平均衡陷阱理论和西奥多·舒尔茨的人力资本理论，以及区域发展扶贫模式等的影响，也是我国 30 多年农村扶贫开发由“救济式扶贫”到“开发式扶贫”再到“参与式扶贫”的经验总结，更是突破农村扶贫“硬骨头”“大难题”“深水区”困境的必要之措。相对于传统的粗放扶贫而言，精准扶贫的目标更加明确、措施更具针对性、管理更加精细。精准扶贫是我国农村贫困治理体系演进的必然结果，是党的十八大以来新一届中央领导集体为打赢既定时间节点上扶贫开发攻坚战做出的战略选择（黄承伟和覃志敏，2015）。

精准扶贫是全面建成小康社会的根本需要。习近平总书记提出“扶贫工作事关全局，全党必须高度重视”，由此可见，全面建成小康社会与实施精准扶贫有着必然联系，通过精准扶贫消除贫困，才能真正实现全面建成小康社会。精准扶贫体现了社会主义本质要求。邓小平同志指出:“社会主义的本质是解放生产力，发展生产力，消灭剥削，消除两极分化，最终达到共同富裕。”精准扶贫“看真贫、扶真贫、真扶贫”的理念，全国扶贫信息网络系统使得扶贫对象的各项情况一目了然，通过深入分析致贫原因，逐村逐户精准施策，达到“应保尽保、应帮尽帮、破除穷根”的效果。习近平总书记强调“对困难群众，要格外关注、格外关爱、格外关心”，一系列民生问题的改善，充分体现出社会主义制度的优越性。

“精准扶贫”的提出，标志着扶贫开发开始成为以人为本、缩小发展差距的举措，成为统筹城乡发展、保障和改善民生、缩小城乡差距、促进全体人民共享改革发展成果的新气象，成为巩固党的执政基础、确保国家长治久安、全面建成小康社会、构建社会主义和谐社会的基础工程，标志着中国扶贫工作从战略防御转变为战略进攻，加速全面小康社会的建设，逐步实现共同富裕；推进精准扶贫，是扶贫进入关键阶段所进行的深层次改革，是对传统扶贫的重大突破，是中国特色社会主义关于国家建设理论的新发展。[1]

首先，精准扶贫是改善民生的重头戏。改善民生的两个重要方面，一个是社会保障体系的建设，一个是扶贫脱贫。经过这些年的发展，社会保障体系得到不断完善，扶贫工作尽管也取得了显著成效，但贫困面依然很大，扶贫脱贫的任务依然十分艰巨。党的十八大以来，党中央在保障和改善民生问题上，更加注重了兜底，更加注重了扶贫工作，并作为一项重大战略来谋划来布局。在民生问题中，困难群体往往有更多更强烈的诉求，需要给予更多的关注和扶持。由于不同时期扶贫开发具有不同的针对点，原先的扶贫制度已经渐渐不适合现在扶贫工作的开展，呈现不少扶贫项目粗放“漫灌”，针对性不强，效率低下等问题。因此，必须运用科学有效程序，修补和完善扶贫体制机制，集中力量、突出重点，有针对性地开展扶贫活动，做到“输血”与“造血”并举，开发扶贫与保障扶贫两轮驱动、区域发展与精准扶贫统筹推进，实施精准扶贫、精准脱贫，既适应现代农村经济发展的需要，解决困难群众生产生活的问题，又适应当前社会形势的发展，最大限度挖掘、整合各方面的资源和力量，凝心聚力，让困难群众破除诸多壁垒，更多地享受到深化改革红利。同时，精准扶贫坚持分类指导的原则，注重提高贫困农民的创业意识和创业能力，

[1] 吴诗剑 . 精准扶贫的历史意义 [EB/OL]. 求是网，2015-10-10，www.qstheory.cn.

增强农民脱贫致富的主动性和自觉性，着力提高贫困人口自我发展能力，切实做到既“雪中送炭”又增强“造血功能”，实现引导贫困群众自行脱贫和社会保障相结合，使精准扶贫工作走向可持续的健康发展道路。习近平总书记连续三年开春首站视察都聚焦的是如何扶贫、如何脱贫，发表了一系列重要讲话，各级也都把推进精准扶贫作为农村工作的一个重要抓手，正在全力推进，这是我们当前改善民生的重头戏，也是一项重大政治任务。

其次，精准扶贫是全面建成小康社会的重要前提。习近平总书记在贵州等地考察，都明确指出全面建成小康社会，短板在农村，重点在精准扶贫上。中国幅员辽阔，资源分配不均容易产生贫富差距呈现两极分化的趋势，但实现包容性发展，让贫困人口有公平的发展机会、更多地分享经济增长成果，实现全面建成小康社会是中国政府致力追求的发展目标，而要实现宏伟蓝图，最艰巨、最繁重的任务在农村，特别是在贫困地区。“实行精准扶贫，确保扶贫到村到户”，这两句朴实的话，出自国务院的政府工作报告，展现出克服贫富分化等社会问题的决心，传递出国家扶贫开发方式创新转变的新思维、新思路。也就是说，精准脱贫既要找准贫困对象，还要找准致贫原因。“精准扶贫、精准脱贫”具有开阔恢宏的视野，又具有对当下农村的现实关注，二者的结合，既考虑了贫困实际，又注意到扶贫的效果与方法，是“实事求是”的辩证思维。这是党和国家对农民、农村发展做出的大手笔，是“老、少、边、穷”地区发展的重大机遇。务必采取“靶向疗法”划定帮扶对象，实施精准扶持，才能遏制贫富分化。精准扶贫，就是由粗放式转变为精细化，从输血到造血，增强后续发力，破解贫困地区“贫困陷阱”难题，实现多维减贫与自我发展。从各地具体情况来看，最大的差距也在扶贫上，处在贫困线上的人口基数大，这部分群众如果不能按期脱贫，就不能同步迈进小康社会。所以说，我们要站在全面建成小康社会的高度来认识精准扶贫工作，并作为今后一项重中之重的工作来抓。

第三，精准扶贫体现了从严从实的要求。要做到“精”和“准”，就必须把严的要求、实的举措落下去，落到具体人头、具体项目、具体措施上。工作标准更高了，要求更严了，任务更重了，这是对各级党员干部宗旨观念、责任意识、工作能力、工作作风的一次全面检验，是“三严三实”专题教育成效的集中展示。身处扶贫第一线的基层干部肩负的重大责任，需要严以用权、谋划全局、把握方向、加强指导，协调推动整顿建设措施落实，严于律己，着力在建班子、带队伍、立规章、搞发展、解难题、抓稳定等方面下功夫，要从实际需要出发，走访党员、村民代表、致富带头人及贫困户，对所在村的自然情况、人口、民风、林地资源等情况深入了解，一改以往“大水漫灌”的粗放式扶贫开发；在产业化调整、种养殖、基础设施建设等方面掌握第一手资料，为下一步开展工作打下坚实基础。要写好“民情日记”，打造好心中的这本“民心账册”，促使基层干部关注老百姓热议的敏感话题，增强党务公开、村务公开的透明度，取信于民，紧紧团结依靠广大党员让村党组织在群众心中“有为有位”。鞭策基层干部要在取民意、集民智的基础上，谋实事，协调各方制定好村经济发展规划。以壮大村经济整体实力为目标，打造好一批好载体。

第二章　扶贫理论基础与国际借鉴

贫困问题是一直是阻碍世界各国全面发展的因素之一，如何在经济全球化的时代背景下将经济发展的成果惠及于民，如何化解在社会发展过程中出现的贫富差距悬殊的现状，以及如何去化解社会矛盾的根源，成为学术界研究的焦点。在人类社会长期的演进过程中，扶贫从未间断，扶贫的理论研究和实践活动不断向前推进。中国的扶贫开发历经30多年，取得了举世瞩目的成果，除了在党和国家正确的领导下，也充分吸收了国外优秀的扶贫思想，借鉴其方法，结合中国实际国情，开创出“中国式扶贫”。

一、理论基础

（一）赋权理论

1. 贫困理论

阿马蒂亚·森是1998年诺贝尔经济学奖获得者，他的主要经济学贡献之一是对贫困的研究。他认为，贫困不仅仅是相对的比他人贫穷，在贫穷的概念中有一个不能去掉的“绝对核心”，即去获得某种基本物质生存机会的“可行能力”。[1] 他认为“贫困必须被视为基本能力的被剥夺，这是识别贫穷的通行标准”。这里的“可行能力”（capability）是指对于此人有可能实现的、各

[1]　杨立雄，谢丹丹．“绝对的相对”，抑或“相对的绝对”——汤森和森的贫困理论比较[J]. 财经科学 .2007（1）.

种可能的功能性活动的组合，从这个定义来看，可行能力是一种各种可能的功能性活动组合的实质自由。包括免受困苦——诸如饥饿、营养不良、可避免的疾病、过早死亡之类——基本的可行能力，以及能够识字算数、享受政治参与等的自由。一个人的"可能性量集"是由此人可以选择的那些相互替代的功能性活动量组成。因此人们实现生活功能的可行能力也包括"不带羞耻地出现在公众眼前，或参与社群生活的能力"[1]。阿马蒂亚·森的"贫困理论"在承认收入剥夺与能力剥夺之间具有相当程度的关联性的同时，指明了贫困的实质是人的"可行能力"被剥夺。这种理论在于尝试通过重建个人能力来避免和消除贫困，将个人的全面发展和生活质量包括在内。

2. 赋权理论

阿马蒂亚·森认为，认识贫困不应仅停留在收入层面，更应考虑贫困者的生存状态。他还认为，无论是绝对贫困还是相对贫困，其本质都是一样的，都是由于权利的被剥夺或者其他条件的不足造成的。《贫困与饥荒：论权利与剥夺》一书中具体论述了贫困发生的原因及其与权利体系的相互联系。他指出，要说明饥饿现象，必须深入到所有权结构的研究中去，因为，"除非一个人自愿挨饿，否则就可以说，饥饿现象基本上是人类关于食物所有权的反映"[2]。

阿马蒂亚·森认为，所有权关系是权利关系之一，所以，要理解饥饿，理解贫困的起因必须首先理解权利体系，并把饥饿（贫困）问题放在权利关系中进行分析。在这里，他说的权利关系也即在私有制市场经济社会中人们所公认的典型的权利关系，共包括四个方面：①以贸易为基础的权利：一个人有权拥有通过自己自愿交易所获得的东西。②以生产为基础的权利：一个人有权拥有用自己的资源或在自愿的基础上使用雇佣来的资源所生产出来的东西。③自己劳动的权利：一个人有权拥有自己的劳动能力，并进而有权拥有与自己的劳动能力有关的以贸易为基础的权利，以及以生产为基础的权利。④继承和转移权利：一个人有权拥有他人自愿赠予他的东西，但后者对这些东西的所有权必须是合法的，而且，这种赠予可能要等到赠予者去世后才能生效（如果他指定这样）。当然，"所有制关系的范围会因经济体制不同而出现很大差别"。以上关系中以生产为基础的权利与以贸易为基础的权利的失

[1][2]　Sen A.Development As Freedom [M].New York：Anchor Books，1999.

败是自然经济致贫的原因，后两者的失败是市场经济致贫的根源。

所有这些都或多或少是直接性的权利关系，还有其他更为复杂的权利关系存在于现实生活中，比如交换权利。交换权利也就是一个人在转换中，能够获得的各种商品所构成的集合。鉴于五个影响交换权利的因素，阿马蒂亚·森指出一个人避免饥饿的能力依赖于他的所有权以及他面对的交换权利的映射。因此，一般来说，一个人饥饿是由食物短缺引起的，饥饿的直接原因也是由于其交换权利的下降。阿马蒂亚·森还特别指出权利关系重视的是一个人具有由于没有支配足够食物的能力而挨饿的可能性和在一个社会现有的法律体系中具有合法控制食物的手段。通过权利方法分析贫困，阿马蒂亚·森设下了诸多疑问，为什么粮食供给没有减少，还会发生饥饿？为什么粮食供给没有减少，有的人啼饥号寒，有的人脑满肠肥？也正是这些问题的存在，阿马蒂亚·森用权利方法把贫困的原因分析深入到社会、政治和法律的层面。

20 世纪 90 年代，阿马蒂亚·森创造性地将权利和能力指标用来分析贫困，他认为，权利是一个人利用各种能够获得的法定渠道以及所获得的可供选择的商品束的集合。如果缺乏获取资源的权利，就视为陷入权利贫困，权利贫困是物质贫困的根本原因。这就与传统的“收入低下”的绝对贫困观念区别开来，贫困意味着自由选择缺乏和可行能力被剥夺，收入状况、性别、健康、公共服务、分配状况、政策取向、经济制度等都会对人的“能力”产生影响。

赋权理论最初发起于社会工作和女性主义运动研究领域，后来逐渐扩大至尽可能多的失权个人或群体，进而延伸至反贫困领域。由于贫困的根源在于权利的匮乏，阿马蒂亚·森指出，因此，通过制度安排赋权，保障贫困者享有基本的政治与公民自由、获得基本生活需要和教育、医疗卫生等权利，实现强化或重建个人能力避免和消除贫困。赋权理论很快在实践中有了新的应用，世界银行 2001 年把创造机会、促进赋权、增加安全保障列为三大反贫困战略，构建了消除贫困的总体战略框架。

当前，我国扶贫的难度越来越大，扶贫标准越来越高，以往救济式扶贫效果虽然立竿见影但不可持续，开发式扶贫有资源掠夺经营、透支生态环境之忧。在精准扶贫背景下，“输血”“造血”之外，应着力激发贫困人群的自主意识，提升其行动能力，保障其公平权益。

（二）参与式发展理论

1. 参与式发展理论的兴起

以前一些关于发展的理论，总是对于技术及经济增长进行过分的夸大，甚至是盲目的，很多时候让人类迷茫了，认为人类活动的唯一目标是增长。传统意义上的发展理论，主要思路是：增长就是发展，发展的关键是技术进步。对于这种不正确的发展状态言论，应该进行不断的反思及批判，因此在这种时候，反科学主义思潮曾一度盛起，在发展的思潮中主导思想成了后结构主义、后现代主义。在发展理论上，主要是协调发展理论占据了上风。

参与式发展模式主要是基于对传统发展理论的不断反思及批判过程，以及二战后国际形势发生很大变化，人们开始对社会进行思考和批判中形成的。那个时候很多西方国家对第三世界国家进行援助，在此时就考虑到了社区发展战略。这些援助机构在援助地方不断地采取社区发展模式，极大地鼓动当地民众开始积极参与社区活动求发展。这一战略的提出其实在某种意义上就是标志着参与式发展理论的出现，至此之后，参与式发展理论便开始不断地被人们所研究和深化。

在 20 世纪 60—70 年代，社会中的主流发展模式主要是社区发展模式，同时在理论和实践方面上也有一定程度上的突破和创新，发达国家对贫困根源的分析做了很多的研究，最后发现其主要原因就是贫困地区的民众在很多的社会活动中被拒绝参与，这是其根本贫困之因。由此，在后来的世界就业会议上，就决定在人类社会需求方面参与是一项比较重要的需求。同时也是在这个时候，很多不同类型的扶贫项目开始被设计出来。在制定各种决策时总是考虑到了社会参与化。在农村也进行了参与式农村评估，且应用在很多社会实践中，这已经开始成为人们社会发展中的主流导向，其实这种态度和方法也是对于以前的那种非参与的传统发展模式的不断完善。正是由于很多的国际性援助机构开始不断将重心转移在参与式发展上，因此在全球中得到了非常迅猛的发展。

2. 参与式发展的理论内涵

在二战之后，国际形势发生了变化。基于这种环境，人们开始对发展进行思考，于是提出了参与式发展模式。思想方面主要是对“唯技术论”进行大力的批判，提倡“协调发展论”，实质上是批判过去人们总是过分地强调外界的援助，却没有充分考虑到人的主观能动性，没有考虑到人的发展才是整个社会不断发展的前提和基础；同时，在发展中还应该考虑到不同社会制度环境下的历史、政治、文化和经济等，制定比较合理的干预措施，而不是简单的脱离环境存在的一些教条理论经验。

站在不同的角度上对参与式发展进行思考，其含义也是不同的。首先，从政治层面上，这主要是存在于一些弱势群体中，让其进行社会参与活动从而最终能够对社会结构有所改变。其外在形式则主要是权利的赋予，以及各种制度的完善建立，这就是政治层面上的含义。其实发展本身就是政治，参与式发展也是这样。相比传统发展模式，其实还是有所差别，主要就是传统模式体现的是集权，但是参与式发展则是分权管理，对于那些在发展中处于弱势地位的群体进行一定的权利赋予。这种做法其实在某种意义上体现了一种对于利益的均衡分配。其次，在社会层面上进行分析考虑，参与式发展其实是社会不断发生变化中进行的变革活动，这也体现出社会发展中角色的平等性。此外，若从效率干预角度对参与式发展进行分析，参与式发展需要外界的援助、主体的充分参与，才能提高发展效率。

3. 参与式发展的核心要素

参与式发展理论始于20世纪50—60年代，表现为西方国家对发展中国家实行援助时所采取的“社区发展战略”。20世纪70年代初，农户参与在国际发展援助项目中提出并运用，形成了系统的以“自下而上”为特征的参与式发展理论与方法。参与式发展指成员在发展目标、计划、决策、管理、督导、利益分配等主要环节的充分参与。“赋权”是参与式发展理论的核心，对参与和决策的全过程进行权利分配，增加穷人、妇女等群体在发展活动中的发言权和决策权。

在参与式发展理论中，政府和援助机构是发起者、组织者和激励者，受益者是发展过程的主体，对发展提出建议、对计划的执行进行监督，也是发展结果的受益者。参与式发展理论重视发展过程，只有重视可行性研究、实施、管理、利益分配、监测、评估等每一阶段的过程，才可能达到好的效果。此外，参与式发展理论将群众和执行机构能力建设作为重要目标，重视乡土知识、群众技术和技能的发挥。

参与式扶贫既强调政府和社会对贫困群体的帮助等外生动力，又强调贫困群体的自强、自立和自我发展等内生动力，主张贫困群体积极投身扶贫开发活动，参与扶贫项目的设计、执行、评估和项目维护等活动。2006年，国务院扶贫办和世界银行合作在广西、四川、陕西、内蒙古四省（区）开展社区主导型发展试点项目，是参与式扶贫的重要创新，通过将项目决策权和资金控制权交给社区，有助于项目瞄准，更加有利于顺应地方治理的需求，增强参与社区内部的能力建设（黄承伟，2015）。

20世纪50—60年代"以经济发展为中心"和"第一个发展十年"，发展中国家呈现"没有发展的经济增长"，"可持续、以人为本"的发展观随之提出，项目发展对象的"参与"开始备受重视，参与式发展通过在发展项目的实施者与接受者之间建立一个语言共同体而发挥无可取代的优势（Williams G，2004）。参与式的扶贫政策体系正是紧扣这一优势，通过贫困人口主动参与、注重能力的培养，促进贫困人口有效摆脱贫困，特别是缓解久扶不脱贫的局面（杨小柳，2010），有利于弥补以区域发展为主要手段的反贫困战略的弊端，并且也适应中国贫困人口不断减少、日益分散的趋势（汪力斌和周源熙，2010）。实施精准扶贫战略，必须以满足多元化的个人需求为目标探索建立贫困户的全程参与机制。

（1）更新发展理念。对于传统意义上的发展，主要认为发展其实就是经济增长中的不断实现。但是在后期的科学浪潮中，对这种"唯技术论"进行了进一步的推动，在那个时期"技术"是发展中的中心，经济增长占据了发展的主导地位。在这些理论基础下，发展的核心任务就是保持经济不断的稳定的增长，也就是说发展就是经济增长，这种发展观对于增长和技术的作用的重视，使得现实中经济的增长和技术的作用被无限夸大甚至被异化，导致人的能动性被忽视，技术统治一切，增长化发展，成为人类活动的唯一目标。对传统的发展理论进行不断的批判，最后形成了一种新的发展理论——参与式发展理论。在这种理论中，比较强调人的发展，重视人在社会发展中的作用和主观能动性，也就说人的全面发展才是整个社会、自然能够和谐发展的基础和前提。在参与式发展理论中，对于发展的定义是多元化的，是一个过程，是不断向上的。整个发展的关键也就是赋予人发展的权利。整个发展的中心主要就是人，比较着重人的能力和机会发展，实现其价值；在环境方面，对于可持续发展是比较强调的，主要体现在生物多样性、消费形态及各种保护措施、人和环境的协调关系等。

（2）多元主体参与。由于参与式发展是多元化的主体发展，对于参与的主体应该是能够在整个的治理过程中都有所参与。对于利益相关者，治理的目标应该是可能有所影响的，同时对于整个的参与式发展，政府、社会组织及公众等都是其中的主体，都有着重要的作用。政府不仅是公共资源的掌握者，也是公共利益的代言人，在发展中主导着权利与资源的分配，对社会组织和公民的参与程度与形式有着绝对的话语权，畅通多方参与渠道，在参与式发展的各个不同环节中，社会组织以及公众才能更好地发挥作用。社会组织作为国家和公民之间的组织，对某一领域较为精通，专业性、组织性较强，政府的部分职能作用，他们是可以承担的，对政府更好地提供服务是有帮助的。充分发挥社会组织自身的优势与特长，积极参与到公共服务的供给中，是参与式发展的必然要求。公民作为治理的主体和对象，是政府和社会组织提供公共服务的主要受益者，管理过程中公民的有效参与是政府及其社会组织切实了解公众发展需求，提升公民发展能力的重要途径。面对诸多治理难题，政府、社会组织、公众的积极参与、协调行动是打开难题之锁的金钥匙。

（3）注重赋权。何谓赋权？其实就是对参与式发展中的个人及群体，在社会互动中给予其一定的权力，使其在生活中能够提高其掌控能力和信心。能力能够有所提高，对于社会中机会才能更好地抓住，从而实现人生价值。在赋权上根据主动及被动主要有两种不同的模式：其一，个体主动是参与式发展中个体有更多的主体性及主动性，这个时候人是其中最为关键因素，对于个体假如没有赋权一说，那么所有的努力都是不起作用的。其二，对于外力推动的客观模式，则主要是通过各种不同的方式去对弱势群体进行激活，让其不断地和社会进行互动，最后才能实现持续赋权的意义。在参与式发展中最为核心点就是对权利的分配，也就是赋权。传统意义下的发展模式总是强调集权化，那么参与式发展则是强调对于权力的平等化，外界干预者不再能够对于各种发展资源有独立控制和支配的权力，在这个时候干预目标获得了一定的权力。参与式的主要思想就是在干预活动中赋予被干预者一定的权力，使其在发展中能够掌控自己，同时在发展中能够不断地实现权力共享，使发展更加平等化、和谐化、高效化。

（4）强调能力建设。能力通常体现在追求或者是实现某种目标的具体过程中，它具有明显的方向性和外显性，是一种实现目标的可能性力量。参与式发展对公民具备的能力提出了新的要求，它要求公民对具体的事务要有基本的理解能力和分析判断的能力。并且，该理论特别重视能力建设，强调要让公民在参与中不断地学习，并且提升自我的能力素养。

这里所指的能力建设，可以分两层意思来理解：第一，能力建设可以采取管理、培养、激励、教育等手段；第二，能力建设的最终目的，是要提高人的素养，激发其潜能，调动其积极性，从而使得人们认识、改造社会和自然的能力得到提升。影响我们能力的实现与发挥的因素，主要有两点，其一是“具有相应素质的人”，其二是“从客观角度讲，人的具体现实活动”。也正是因为这两个因素影响了人的能力发挥，所以在具体的能力建设方面，我们也分为两个基本板块，其一就是能力的主体承担者——人，其二就是能力实现的中介——客观环境。可以说，我们所谓的能力建设，第一就是要积极创造那些有助于人能力发挥的条件；第二就是要重视对人的能力培养。

（三）涓滴理论

1958 年，美国发展经济学家赫希曼提出了不平衡增长理论。他认为，经济发展总是不平衡的，提出了极化—涓滴效应学说，来解释经济发展从发达地区向不发达地区的延伸过程，这也是最早强调以经济增长实现反贫困的理论。指在经济发展过程中并不给予贫困阶层、弱势群体或贫困地区特别的优待，而是由优先发展起来的群体或地区通过消费、就业等方面惠及贫困阶层或地区，带动其发展和富裕，或认为政府财政津贴可经过大企业再陆续流入小企业和消费者之手，从而更好地促进经济增长的理论。在经济发展初级阶段，“极化效应”占据主导地位，区域之间的差异会逐渐扩大；就长期来看，“涓滴效应”占据主导地位，经济增长也能够改善落后地区的投资、就业、财政、收入等，使得区域差距逐步缩小。在市场机制的调节下，经济增长的收益会自动地、逐渐地流向低收入阶层。

经济增长通过创造更多的就业机会，使更多的失业人口就业并提高他们的收入水平，经济增长使得政府可以通过救济、补贴等转移支付，促使穷人从经济增长中受益，进而减缓贫困。20 世纪 50 年代起，涓滴理论普遍被发展中国家接受，我国1986年开始实施的以区域瞄准为核心的农村反贫困战略，就是地区经济发展的“涓滴”战略。然而，绝大多数国家并未实现经济增长与减缓贫困的双重目标。

20世纪80年代以后，国际机构和非政府组织开始反思涓滴式发展战略的成败，国际劳工组织（ILO）提出的“基本需求”、国际货币基金组织（IMF）提出的“高质量增长”、世界银行提出的“增长加扶贫”等围绕“增长收益的再分配”开始提出。国际劳工组织认为在不断追求GDP增长的同时，应该将部分增长的收益用来照顾低收入人口最基本的生存需求。国际货币基金组织认为经济增长与经济发展应该关注社会公正，关注低收入群体和弱势人群。世界银行提出一方面通过广泛的经济增长为低收入人口创造有效的就业增收机会，另一方面通过改善教育、医疗和其他公共服务，促进低收入人口分享增长带来的好处与机会，为弱势群体建立基本的社会保障。

我国改革开放40年来，经济发展水平、综合国力和人民生活水平都上了一个新台阶，而东西部地区经济发展却极不平衡。针对东西部地区差距日益扩大的情况，早在1996年《中共中央关于制定国民经济和社会发展的“九五”计划和2010年远景目标建设》就把区域经济协调发展，逐步缩小地区发展差距作为我国经济社会发展的重要方针，并在1999年提出了西部大开发战略，以加强东西部经济联合协调发展，缩小地区间差距。时至今日，经济高速增长的东部地区的“扩散效应”“涓滴效应”对西部地区经济的带动影响甚小；西部地区的“后发优势”也未明显见效，这说明“扩散效应”“涓滴效应”和“后发优势”是潜在的，而不是现实的；是外生的，而不是内在的必然。探讨后发优势和扩散理论、涓滴效应的生成及其依赖，对于促进西部发展有着重要的现实意义。

精准扶贫通过对贫困户和贫困村精准识别、精准帮扶、精准管理和精准考核，引导各类扶贫资源优化配置，实现扶贫到村到户，即通过“靶向疗法”，定位定向扶贫，能够有效克服涓滴理论的弊端。

（四）人力资本理论

该理论认为物质资本指物质产品上的资本，包括厂房、机器、设备、原材料、土地、货币和其他有价证券等。而人力资本则是体现在人身上的资本，即对生产者进行教育、职业培训等支出及其在接受教育时的机会成本等的总和，表现为蕴含于人身上的各种生产知识、劳动与管理技能以及健康素质的存量总和。

1956 年索洛（R.W.Solow）发表题为《对经济增长理论的贡献》的论文，之后经济学家开始将人力资本结合严谨的经济数学模型，使得能像生产函数方法分析资本和劳动要素投入的数量对经济增长的贡献率一样分析人力资本[1]，从而得出一些以人力资本为核心的经济增长模型，例如扩展的新古典经济增长模型中提出包含教育因素被认为是最早的人力资本增长模型。

保罗・罗默（Paul M.Romer）在 1986 年发表的《收益递减经济增长模型》一文中提出了罗默模型，罗默的增长模型实现了技术进步的内生化。内生增长模型对于经济增长理论具有重要的作用，他将一个独立的要素纳入经济增长模型，并认为知识积累是促进现代经济增长的重要因素。由于知识的外部性，使得资本的收益是资本的递减函数，从而修正了传统增长中收益递减或不变的规律的假定。解释了目前世界经济高速增长的原因，同时说明了发达国家和发展中国家经济增长水平日益扩大的缘由。

1995 年诺贝尔经济学奖获得者罗伯特・卢卡斯（Robert E. Lucas）从另一角度解释了经济增长的内在机制，卢卡斯增长模型以乌沙华建立的模型为基础，模型结构与罗默模型相近。他在 1988 年发表的论文《论经济发展的机制中》，把舒尔茨的人力资本理论和索洛的技术决定论的增长模型结合起来加以发展形成人力资本积累增长函数。[2]

罗默的内生经济增长模型、卢卡斯的人力资本积累增长模型中不仅将人力资本放入其中，并且使其内生化，克服了经济均衡增长取决于劳动力增长这一外生变量的缺陷。

现代人力资本理论主要包括：①人力资源是一切资源中最主要的资源，人力资本理论是经济学的核心问题。②在经济增长中，人力资本的作用大于物质资本的作用。人力资本投资与国民收入成正比，比物质资源增长速度快。③人力资本的核心是提高人口质量，教育投资是人力投资的主要部分。不应当把人力资本的再生产仅仅视为一种消费，而应视同为一种投资，这种投资

---

[1] 曼昆 . 宏观经济学 [M]. 北京：中国人民大学出版社，2011.

[2] 罗伯特・卢卡斯 . 论经济发展的机制 [J]. 货币经济学杂志，1998.

的经济效益远大于物质投资的经济效益。教育是提高人力资本最基本的手段，所以也可以把人力投资视为教育投资问题。生产力三要素之一的人力资源显然还可以进一步分解为具有不同技术知识程度的人力资源。高技术知识程度的人力带来的产出明显高于技术程度低的人力。④教育投资应以市场供求关系为依据，以人力价格的浮动为衡量符号。

人力资本管理不是一个全新的系统，而是建立在人力资源管理的基础之上，综合了“人”的管理与经济学的“资本投资回报”两大分析维度，将企业中的人作为资本来进行投资与管理，并根据不断变化的人力资本市场情况和投资收益率等信息，及时调整管理措施，从而获得长期的价值回报。传统人力资源管理不仅没有过时，而且是人力资本管理的技术基础。人力资本管理正是通过整合人力资源管理的各种手段，而获得更高水平的价值实现。人力资本管理注重投资与回报之间的互动关系，并结合市场分析制订投资计划，因而相对来说更为理性，对市场变化更为敏感，侧重点和衡量尺度更为明确，还可结合经济学分析模型进行更长远的预测，前瞻性地采取行动。

20 世纪 60 年代，西奥多·舒尔茨在《人力资本投资：一个经济的观点》中提出：“经济发展主要取决于人的质量，而不是自然资源的丰瘠或资本存量的多寡。”他将人力资本理论专门化、系统化，认为完整的资本包括物质资本和人力资本，人力资本包括劳动力数量和质量两个方面，强调人的知识、技能和健康等人力资本对经济增长的贡献更加突出，远远大于物质资本和劳动力数量的增加。舒尔茨认为，人力资本投资最重要的是政府发展教育、提高教育质量，政府应通过技术推广、发展教育和培训、提高农民健康水平等方面改造传统农业，提高农业效率（许源源，2007）。

世界银行分析了贫困、经济增长与人力资本开发之间的关系，得出的结论是：单纯的经济增长并不能有效消除贫困，教育、健康、营养、生育等人力资源在消除贫困过程中发挥了重要作用。人力资本理论的发展与完善，不仅对工业化国家的经济发展提供了指导，更对发展中国家的扶贫战略产生了深远影响。中国大量的贫困人口脱贫受制于农民素质低下，通过政府和非政府组织的政策支持提高农民素质将有利于贫困人口的减少。

在精准扶贫工作体系下，“发展教育脱贫一批”是扶贫攻坚的五大工程之一，习近平指出“把贫困地区的孩子培养出来，这才是根本的扶贫之策”。通过发展教育能够提升贫困人口受教育水平，增长他们的知识和技能，从源头上阻断贫困的代际传递具有重大意义。

二、国际借鉴

中国政府长期以来通过与国际社会开展扶贫合作，学习了其先进的反贫困理念、丰富的反贫困经验和科学的反贫困方法，持续推进中国扶贫开发事业的发展，取得了举世瞩目的成就。

（一）国际社会先进的反贫困理论

阿马蒂亚·森的《贫困和饥荒》一书提出“赋权扶贫”，主要实现途径为参与式扶贫，贫困户在项目实施过程中有知情、参与和监督等各项权利，从而增强脱贫的主动性和能动性。20 世纪 90 年代世界银行在中国开展多部门综合扶贫，扶贫项目推行了跨行业、综合性、一体化的扶贫开发模式，涵盖基础设施建设、教育、卫生、乡镇企业、机构建设、土地与农户开发等多个方面多部门综合扶贫模式，采用了综合规划和协同实施的做法，较好地解决了中国政府扶贫开发中存在的部门之间不协调的问题。

（二）国际社会丰富的反贫困经验

20 世纪 80 年代，中国政府扶贫开发工作采用以县为单位的扶贫瞄准方式，扶贫资源的分配也主要依据“重点县”的身份，当时在全国范围内确定了 300 个多县作为扶贫开发工作的重点。瞄准重点县的方式有利于资金的集中使用。一方面，贫困县在扶贫资金的使用方面呈现出片面追求短期效应的倾向，贫困地区的贫困群体并没有得到有效的扶持，生活没有有效改善。另一方面，贫困人口的分布发生了新变化，一部分贫困人口已经离开原来所在的贫困县，这样政府只能多次调整贫困县名单，在各省贫困县的数量确定上还要兼顾省际的利益平衡。可见，以县为标准的贫困瞄准方式很难有效扶持贫困群体。世界银行建议中国政府的扶贫瞄准机制由瞄准重点县转向乡镇。以乡镇为扶贫瞄准目标可提高对贫困人口的覆盖率。2000 年以后，中国政府以贫困村为扶贫瞄准对象的资源分配和扶贫开发模式即整村推进开始在全国实施。2001 年开始，中国政府在全国范围内确定了 14.8 万个重点扶贫村，并且开展了贫困户建档立卡的工作。

国际社会扶贫机构有着较为丰富的能力建设经验，中国政府通过与国际社会开展扶贫项目合作，培育了一大批具有国际视野、经验丰富的管理人才，促进了中国扶贫开发事业的发展。中国政府的贫困监测系统是在借鉴国际社会的经验基础上建立和完善起来的。从 1994 年开始，配合国家扶贫攻坚战略，国家统计局根据世界银行推荐的方法开始测定贫困标准，在西南地区建立贫困监测调查。1997 年中国政府正式引进了贫困监测概念和贫困分析技术，在原有全国农村住户抽样调查的基础上，强化对 592 个国定贫困县贫困状况的调查，以期全面反映贫困地区和贫困人口的性质、规模和趋势等，为决策机构提供客观可信的依据。

（三）国际社会科学的反贫困方法

1. 整村推进扶贫

整村推进扶贫是指以贫困村为基本单元，以贫困人口为对象，以增加贫困群众收入为核心，以村级扶贫规划为依据，农户广泛参与的扶贫模式。中国政府的扶贫开发模式，在“八七扶贫攻坚计划”前主要走的是以项目为中心的大规模扶贫开发道路，在“八七扶贫攻坚计划”开始后，逐步开始瞄准贫困人口，走瞄准到村到户的扶贫之路。1998 年，甘肃省在借鉴世界银行西南、秦巴山区扶贫项目的方法经验基础上，把项目管理同到村到户结合起来，当年在 10 个贫困村开展了试点。2000 年，在总结试点村经验的基础上，甘肃省首次提出“整村推进”扶贫开发模式和理念。整村推进的扶贫方法强调农民对扶贫项目的参与，体现了其主体地位，以村为瞄准对象的机制有利于扶贫资源的整合。由于扶贫效果明显，整村推进被写入《中国农村扶贫开发纲要（2001—2010 年）》，在全国推广。

2. 社区主导型扶贫

社区主导型发展（CDD）又称社区推动式发展，是 20 世纪 90 年代世界银行等国际组织在发展中国家倡导的一种扶贫方式。CDD 是一种赋权发展模式，核心思想是拓宽居民参与的权利。其超越以往的参与式发展模式之处在于将对决策和资源的控制权交给社区群体。CDD 试点项目通过把扶贫资源的决策权和监督权交给群众，使农民在农村发展和扶贫中处于主体地位，调动了其参与扶贫开发的积极性、主动性和创造性。在这一过程中，贫困地区的农户通过自己申报扶贫项目、自己决策、自己监督、自己管理资金，培养了自我发展能力，有利于贫困地区和贫困农户的长远发展。

3. 小额信贷扶贫

小额信贷起源于20世纪70年代，由孟加拉人穆罕默德·尤努斯发起，主要目的是反贫困、促进社会发展，为贫困户提供额度较小的信贷服务。20世纪80年代，国际援助机构把小额信贷作为一种扶贫项目的组成部分在中国进行小范围试验。1997年，中国政府开始进行小额信贷试点工作，把其作为一项重要的扶贫到户措施，在全国多个贫困地区广泛推广。

4. 扶贫项目的评估和管理

扶贫开发项目的评估与管理贯穿扶贫项目的全过程，从项目的选择论证到实施监测再到后期维护都离不开它。评估和管理对项目的效果影响深远，甚至关系到项目能否成功。中国政府逐步重视起项目评估管理的重要性，逐步加强对项目的监管制度建设。

第三章 湖北省脱贫攻坚现状与精准扶贫实施进展

党的十八大以来，习近平总书记多次深入贫困地区调研，对扶贫开发做出了一系列重要指示，提出了一系列新思想、新论断、新要求，明确指出要以更加明确的目标、更加有力的举措、更加有效的行动，深入实施精准扶贫、精准脱贫。

一、湖北省贫困现状与贫困特征

一是减贫任务重。2016 年初，湖北省建档立卡贫困人口存量还有 390 万人，建档立卡贫困村还有 4613 个。贫困人口大多居住在自然条件恶劣的深山区、石山区、库区、疫区，改善生存与发展环境成本高，脱贫难度大。2016 年，全省 147 万贫困人口脱贫，1601 个贫困村出列，圆满完成年度减贫任务。全省易地扶贫搬迁 12.04 万户、32.84 万人，分别超出省下达年度计划任务的 43%、24%。

二是减贫成本更高。经过多年的扶贫开发，相对容易脱贫的都摆脱了贫困，剩下的贫困人口贫困程度较深，致贫原因复杂，自身发展能力很弱，是贫中之贫、困中之困，减贫难度大，解决剩余贫困人口的脱贫问题，需要投入更多的物力财力，单位减贫成本更高。

三是区域发展差距不断扩大。城乡之间、地区之间发展差距继续拉大，四大片区地区生产总值、财政收入占全省的比重呈现逐年下降的趋势，农村居民可支配收入与全省平均水平发展差距仍呈现不断扩大趋势。

四是脱贫压力增大。“十三五”期间，经济下行压力短期难以缓解，宏观经济增长速度放缓，地方财政收入增速减慢，经济发展对扶贫开发的带动作用减弱。同时，贫困地区还面临处理经济社会跨越式发展与生态环境保护、产业结构调整的难题，扶贫开发面临新的挑战，任务依然十分艰巨。改变贫困地区面貌，推进贫困人口精准脱贫需要做出艰苦的努力。

湖北省贫困人口主要集中分布在武陵山、秦巴山、大别山、幕阜山四大连片贫困地区，位于 9 个市州，占全省 17 个市州总数的 52.9%，跨 37 个重点贫困县，占全省建档立卡 102 个县市区总数的 36.2%，贫困人口占全省建档立卡总人数的 62%。贫困发生率山区相对较高，平原地区相对较低，东西部相对较高，中部相对较低。

这些贫困片区主要特征有：①贫困程度深。贫困发生率高、贫困人口多、贫困村多、贫困户人均纯收入低。②生产生活条件差。贫困户土地资源少、贫困村精准扶贫“三个品牌”（扶贫搬迁、雨露计划、小额信贷）需求量大、贫困户生产生活条件差、交通等基础设施条件差。③经济发展落后。县域经济发展水平落后、贫困村村级经济发展水平落后、乡村旅游业处于起步阶段。④公共服务不足。贫困人口参保比例有待提高、电力保障有待加强、饮水安全有待加强、农村危房有待改善、卫生工作有待加强、教育力度有待加大、文化建设有待加强。⑤自身发展能力不够。贫困人口老龄化现象严重、身体健康问题堪忧、贫困人口文化水平低。

二、湖北省脱贫攻坚现状

改革开放以来，湖北省扶贫开发取得显著成效，贫困地区面貌发生显著变化，但扶贫开发依然面临艰巨繁重的任务，已经进入啃硬骨头、攻坚拔寨的冲刺期。

2016 年，是脱贫攻坚的首战之年。湖北省委、省政府认真学习贯彻习近平总书记扶贫开发战略思想，坚定不移地贯彻落实党中央、国务院的战略部署，牢固树立“四个意识”，把脱贫攻坚作为重大的政治责任、重大的政治任务、重大的民生工程、重大的发展机遇，作为“十三五”经济社会发展头等大事和第一民生，坚持“准”“实”“严”的总标准，按照“精准扶贫、不落一人”的总要求，以首战用我、用我必胜的决心和勇气，举全省之力向贫困发起总攻，首战告捷，承诺兑现。

2016年，全省贫困人口识别准确率、贫困人口退出准确率、帮扶工作群众满意度均高于全国平均水平。全省贫困地区农村居民人均可支配收入增长率高于本省农村居民人均可支配收入增长率。

2016年，全国扶贫开发工作会议湖北作典型发言，全国资金整合现场会、全国精准识别现场会、全国“万企帮万村”等三大“国字号”精准扶贫现场会先后在湖北召开，湖北资金整合、易地扶贫搬迁工作经验在全国交流，湖北脱贫攻坚工作，得到国家领导人的肯定和批示。

1. 挂图作战

（1）统一号令，指挥作战。成立脱贫攻坚湖北战区司令部，省委书记、省长“双挂帅”，亲自出征、督战，身先士卒抓扶贫。全省各地均建立脱贫攻坚作战指挥部，各级党政“一把手”领衔出征当先锋。“攻下一个贫困村，插上一面红旗”。湖北在全国率先提出精准扶贫“挂图作战”，绘制《湖北省精准扶贫作战图》，划定精准脱贫时间表。全省590万建档立卡贫困人口、4821个贫困村、37个贫困县的分布与脱贫时间进度，在地图上标注得清清楚楚。到2019年，红旗将插满作战地图。这种作战地图，从秦巴山、武陵山、大别山、幕阜山集中连片贫困地区，到江汉平原插花贫困地区，随处可见。

（2）军中无戏言，“完不成任务提头来见”。党政领导干部“官帽”戴得稳不稳，与脱贫成效息息相关。省委、省政府坚持用军队铁律，推进精准扶贫各项政策措施落实。市、县、乡、村层层签订脱贫责任书，层层立下军令状，层层督查暗访，做到铁面对待、铁腕处理、铁规执行。省委督查室、省政府督查室组织开展整合资金等专项督查，省扶贫攻坚领导小组组织开展脱贫攻坚工作专项督查，该问责的问责，该处理的处理，全力督政策落实、督项目落地、督军令状兑现。

（3）军法无情，考核问责。将精准扶贫专项纳入全省地方党政领导班子政绩考评和省直部门履职尽责考核体系，突出减贫成效、突出精准识别、突出精准施策、突出精准使用扶贫资金、突出精准帮扶。2016年，对37个贫困县首开考核问责先例，省、市两级党委、政府严肃约谈减贫成效落后的9位县委书记。

2. 顶层设计

（1）瞄准靶向，构建战略大支撑。围绕脱贫攻坚总目标，湖北构建起“1+N+M”政策支撑体系。“1”即省委、省政府《关于全力推进精准扶贫精准脱贫的决定》；“N”即贫困县约束机制、帮扶机制、考核机制、退出机制、激励脱贫机制、扶贫责任机制、精神支撑机制和用人导向机制；“M”即省直部门出台的精准帮扶措施。目前，省委、省政府及省直部门已出台精准扶贫文件近百个，确保将中央政策措施细化到部门、落实到基层、惠及乡亲。

（2）瞄准靶向，政策资源大配置。出台《湖北省脱贫攻坚规划》（后文简称《规划》）和4个片区实施规划，制定产业扶贫、易地扶贫搬迁、健康扶贫、教育扶贫、生态扶贫、保障扶贫等特惠政策，统筹配置各类资源，市县乡村四级同步制订精准扶贫总体规划和年度计划，层层分解规划目标，层层落实攻坚任务，分类施策、多措并举、多点突破、协同推进。

（3）瞄准靶向，政府主导大投入。建立财政刚性投入机制。省市及插花地区县市分别按当年地方财政收入增量的15%增列扶贫预算，各级财政当年清理回收可统筹使用的存量资金50%以上用于精准扶贫。2016年省、市、县三级财政共安排专项扶贫资金66.6亿元，其中省本级32.89亿元，比全国22省（区、市）平均投入高80.9%，创历史新高。建立整合投入机制。按照省级整合、市州协调、县级统筹的原则，率先在全国建立贫困县资金统筹机制，2016年全省统筹财政资金达892.7亿元。建立贫困地区发展基金。盘活省级财政存量资金，筹措资金5亿元支持贫困地区统筹建立贫困村产业发展基金、贫困村发展乡村旅游基金、贫困地区“双创”基金。建立扶贫开发融资平台。组建省扶贫投资开发有限公司承接金融机构政策性专项贷款，贷款规模365.5亿元。

3. 精准发力

（1）紧扣“六个精准”，扎实推进“五个一批”，闯出精准脱贫新路径。精准识别，建好“明白账”。建扶贫对象识别“明白账”。把“识别要精准”列为“六个精准”之首倾力推进，在全国首创精准识别数据审计，根据审计的问题，进行贫困人口数据大核查、大整改，精准剔除不符合识别标准的“硬伤户”，全省贫困人口数据准确率达98%以上。建贫困退出“明白账”。坚持扶贫对象退出程序与识别程序相一致的原则，制定扶贫对象退出验收指导意见，按照扶贫对象申请、数据采集、民主评议、公示公告、退出销号等程序，严格开展扶贫对象退出管理。建动态管理“明白账”。建立取值准确、信息完整、管理规范的建档立卡数据库，健全建档立卡“回头看”长效运行机制，确保建档立卡数据核查工作日常化、长期化、制度化。全省建档立卡库内数据显示，2016 年存量数由 343.3 万人增至 381.8 万人，易地扶贫搬迁人口数由 85 万人增至 91 万人，贫困人口总数为 579 万人，与全省军令状数据高度吻合。

（2）产业扶贫，打造强劲引擎。全省锁定 330 万有劳动能力的贫困人口，编制省县两级产业扶贫规划，加大产业扶贫投入。与省农行签订金融扶贫框架协议，推进产业精准扶贫工程；设立扶贫小额信贷风险补偿金 6 亿元，发放扶贫小额信贷 46.3 亿元，惠及 10 万贫困户；申报建设光伏电站 88.2 万千瓦，解决无村级集体收入、无劳动能力贫困人口脱贫问题；对接苏宁云商、京东集团，在 15 个贫困县开展电商扶贫试点；实施乡村旅游扶贫，带动 10 万人增收脱贫。产业扶贫的“引擎”动力强劲，让全省贫困群众有了稳定可靠的收入，助贫困乡亲走上脱贫快车道。

（3）搬迁扶贫，铺设脱贫之路。全省将易地扶贫搬迁作为决战决胜“六个一批”中的关键一批、首要战役，各级成立集中统一的搬迁工作指挥部，严守建房面积红线，统一规范户型，锁定人均 25 平方米建房面积。严守不因建房而举债红线，严格控制搬迁户借款建房、贷款建房。严守不得一搬了之的红线，同步谋划脱贫路径。

（4）健康扶贫，打开幸福之门。实施健康扶贫工程，保障农村贫困人口享有基本医疗卫生服务，防止因病致贫返贫。强化贫困地区卫生计生基础设施建设，安排中央和省项目投资 11.11 亿元，其中 6.7 亿元优先安排到连片贫困地区。加强贫困地区人才队伍建设，实施万名医师支援农村卫生计生工程，全省三甲医院一对一支援贫困县医院，每年为贫困地区乡镇卫生院招聘执业医师 200 多名。加大医疗救助，共发放临时救助资金 2.5 亿元，救助困难群众 36.7 万人次。降低贫困户大病保险起付线，贫困户新农合就医报销比例提高 20%。

（5）教育扶贫，斩断致贫穷根。知识改变命运，教育斩断“穷根”。自脱贫攻坚战打响以来，湖北坚持把“发展教育脱贫一批”作为阻断贫困代际传递的根本途径，出台贫困子女精准资助政策，下达资助资金22亿元，全年资助贫困学生150余万人次。争取泛海集团从2016年起连续5年每年捐赠湖北5000万元，对1万名当年考上大学本科的贫困家庭学生每人捐赠5000元。组织37所省内高校、37所优质高职、78所示范高中、37所优质中职与37个贫困县签约帮扶，不让每一个孩子输在起跑线上。

（6）保障扶贫，扎牢兜底笼子。社会的温度，取决于“底线”的刻度。对因病因残丧失劳动力的贫困户，实施社会保障兜底，充分发挥社会保障制度的“兜底”作用。全省连续5年每年安排22亿元低保资金，对220万名农村低保和五保对象进行补助，人均补贴超过国家现有扶贫标准。

（7）生态扶贫，建好绿色银行。党的十八大以来，习近平总书记明确指出：“我们既要绿水青山，也要金山银山。宁要绿水青山，不要金山银山，而且绿水青山就是金山银山。”为践行这一宗旨，湖北以发展生态产业脱贫一批为突破口，结合供给侧结构性改革，实施林业扶贫攻坚规划，拨付天然林管护费3亿元，建设天然林资源保护工程。率先在贫困地区实施森林生态效益补偿，贫困林农人均增加现金收入近千元，让绿水青山成为建在贫困林农家门口的绿色银行。

4. 聚力攻坚

“精准扶贫，你我同行”。全力构建政府、市场、社会协同推进的扶贫大格局，唱响脱贫攻坚“大合唱”。

（1）金融特惠引来活水。鼓励和引导各类金融机构加大金融扶贫力度，在贫困村共建立2791个金融精准扶贫工作站。2016年，全省扶贫再贷款余额15.03亿元。全省银行业扶贫贷款比年初增长20%，高于各项贷款平均增速6.6个百分点，通过加大脱贫投入，为推进脱贫攻坚提供了充裕的资金保障。

（2）区域协作携手共进。湖北出台《进一步加强省内区域协作扶贫和定点帮扶工作的意见》，9个发达市对口帮扶10个民族贫困县市继续不变，同步实施省内经济强县对口帮扶37个贫困县。2016年，9个发达市向10个少数民族县市共援助资金10.7亿元，引导社会无偿捐助资金1205万元。

（3）定点帮扶持续加力。湖北建立与中直帮扶单位沟通协调机制，推进帮扶单位的帮扶政策、帮扶资金、帮扶项目等精准滴灌到贫困村和贫困人口。2016年,17家中直帮扶单位直接投入帮扶资金2.69亿元,帮助引进项目80个、引进资金8.1亿元。

（4）社会帮扶热情高涨。湖北实施“千企帮千村”行动，全省7963家企业参与精准扶贫，直接投资31.9亿元，帮助引进资金18.4亿元，转移贫困劳动力90836人。全省工商联系统组织签约帮扶的企业1526家，结对贫困村1338个，实施帮扶项目1868个，带动贫困人口35.83万人，企业投资总额12.85亿元，捐赠总额达18.37亿元。开展“10·17”全国扶贫日活动，全省共募集扶贫公益捐赠资金7.7亿元。工会、共青团、妇联、科协、残联、红十字会等群团组织纷纷开展精准扶贫主题活动，各界人士扶贫热情高涨。

（5）驻村工作队倾情帮扶。统筹整编全省新农村建设工作组、“三万”活动工作组、脱贫奔小康工作队等农村工作队力量，聚焦精准扶贫，打造一支扎根贫困一线的攻坚主力部队，不脱贫，不收兵。2016年，省市县三级共派出17074个扶贫工作队，93897名驻村干部，累计投入帮扶资金36.2亿元，帮助引进各类资金31.9亿元，实现建档立卡贫困村驻村帮扶全覆盖。

5. 改革创新

锐意改革，勇于创新，形成了颇具影响的湖北脱贫攻坚特色品牌。

在全国率先出台贫困县资金整合意见，明确所有到村到户到人的财政性资金都属于精准扶贫统筹范围，不分下拨年度，不分项目类别，不分来源层级，不分存量增量，做到应统尽统。

首创精准识别数据审计。全省抽调256名审计人员，对94个县开展了精准识别审计全覆盖，确保建档立卡“回头看”数据更准、更实，属全国首例。

创新社会扶贫平台。以兴办产业、资源入股、合作经营、共同开发等为主要方式，大力实施“千企帮千村”行动。全国“万企帮万村”精准扶贫行动现场会在湖北省召开，国家领导人出席会议并充分肯定湖北省的做法。

打造精神脱贫品牌。扶贫先扶志，坚持“富口袋”与“富脑袋”同步推进。出台《关于进一步激发内生动力加快精神脱贫行动方案》，推进“素质”脱贫，构建精神脱贫“硬支撑”。

三、湖北省精准扶贫实施进展

（一）贫困对象精准识别

2014年国务院扶贫办印发《扶贫开发建档立卡工作方案》（国开办发〔2014〕24号），制定扶贫开发建档立卡工作方案，要求通过建档立卡，对贫困户和贫困村进行精准识别，了解贫困状况，分析致贫原因，摸清帮扶需求，明确帮扶主体，落实帮扶措施，开展考核问效，实施动态管理。湖北省扶贫系统认真贯彻落实国务院扶贫办的工作部署，省、市、县、乡、村五级联动，严格遵循方案工作程序、步骤要求，戮力同心打造“一号工程”，合力攻坚建档立卡战役。经过8个月的攻坚克难，圆满完成了建档立卡工作任务，建档立卡数据全部录入、上传信息终端。2015年1—7月，全省建档立卡业务人员开展2014年建档立卡数据清洗工作，针对2014年建档立卡数据使用过程中暴露的识别对象不精准、数据时点不统一、数据录入不完整、动态更新不及时等问题，全省各地自发开展建档立卡“回头看”，严格按照扶贫对象识别标准和程序，剔除2014年错误识别的扶贫对象，纳入真正符合识别标准的贫困农户，将建档立卡扶贫对象真正锁定为最贫困的一群人。2016年初，开展建档立卡“回头望”数据清理工作，剔除非贫困户40万人，按照总量不变原则，新进补充，确定全省贫困人口380万。

（二）精准扶贫项目与重点举措

湖北省以整村推进、扶贫搬迁、雨露计划、扶贫小额信贷、产业扶贫、中央专项彩票公益金支持革命老区建设和恩施市龙凤镇综合扶贫改革试点等工作为重要载体和抓手，实现建档立卡贫困村精准扶贫精准脱贫。

（1）整村推进。大力实施交通扶贫、水利扶贫、电力扶贫、危房改造、扶贫搬迁、人人居环境改善等重点工程，使贫困村整村推进达到“九有”建设标准，“十二五”期间，29个扶贫开发工作重点县1691个村共发展（改造）种植业102.2万亩，发展养殖业362.39万个羊单位。行政村通村公路比例由2011年94%上升为2015年的100%，145个贫困村、1842个自然村通村公路得到解决，建设小型水利 24995 处，新增有效灌溉面积 110 万亩，有效灌溉系数由 2010 年 31% 增加到 2015 年的 69%，解决安全饮水 17.1 万户，解决了 17.8 万人无电问题，危房改造 4.7 万户，建卫生厕所 29 万个，节能灶 28 万个，淋浴设施 29 万个，农村生产生活条件得到明显改善。

（2）扶贫搬迁。以“搬迁有规、安置有法、筹资有道、扶持有别、管理有序、发展有望”为原则，2011—2015 年共完成扶贫搬迁 64852 户 247889 人，投入扶贫搬迁资金 232203.7 万元，人均投入资金 0.9 万元，实现了“搬得出、稳得住、能发展、可致富”的预期目标。

（3）雨露计划。以“精准扶贫、瞄准对象、直补到户、应补尽补、管理规范、提高效率”为原则，“十二五”期间共转移培训农村贫困劳动力 269397 人次，占计划总数 250000 人次的 107.76%。其中 3～6 个月短训人数 34122 人，占总培训对象人数的 12.7%；中职教育人数 186384 人，占总培训对象人数的 69.2%；高职教育人数 48891 人，占总培训对象人数的 18.1%。省投入雨露计划补贴资金 34174 万元，占全省专项扶贫资金比重 3.73%。雨露计划的实施，有效地阻断了贫困代际传递，贫困“两后生”“两证”获得率明显增强，就业率达 95%，就业前两年平均月工资水平在 3000 元以上，贫困家庭稳定脱贫。

（4）扶贫小额信贷。以解决贫困人口资金短缺难题、实现贫困群众稳定脱贫增收为目标，以“省级整合、市州协调、县级统筹”为原则，全省扶贫小额信贷规模从 2014 年的 1.28 亿元发展到 2015 年的 23.93 亿元，增长了 18 倍；全省共有 39 个县建立了扶贫小额信贷风险补偿金，规模总计 36789 万元；全省有 31 个县（市、区）开展了贫困户评级授信工作，授信户数达到 13.05 万户，授信金额达到 28.56 亿元。全省有 32 个县（市、区）开展了扶贫小额信贷放贷工作，放贷总额达 23.93 亿元。力争对符合条件的贫困户“10 万元以内、三年期限、无担保、免抵押、全贴息”基准利率的信用贷款全覆盖。

（5）产业扶贫。实施产业扶贫，是提高扶贫开发整体效益、增加农民收入、壮大县域经济实力的有效举措，“十二五”期间，全省共安排项目贴息资金 32753 万元，发放贷款贴息 1091766 万元，2015 年要求 37 个重点贫困县每年安排贴息资金 300 万元用于扶贫贴息贷款工作，可撬动金融资本 37 亿元用于全省产业扶贫，同时力争全省扶贫小额信贷规模达到 30 亿元，支持贫困户发展产业。

（6）中央专项彩票公益金用于支持革命老区建设。截至 2015 年，全省共安排中央专项彩票公益金 36000 万元，主要用于贫困村基础设施、环境改善和公共服务设施、村级互助资金、贫困村产业发展等。

（7）恩施龙凤镇综合扶贫改革试点。“以龙凤为点、恩施为片，在扶贫搬迁、移民建镇、退耕还林、产业结构调整四个方面先行先试”，2012—2015 年三年来，主要实施“医疗救助、教育扶持、产业扶持、低保提标、就业促进、交通服务、饮水安全、住房保障、社会保障、结对帮扶”十大举措，基本解决了“龙凤试点”群众“看病难”“上学难”“就业难”“住房难”“饮水难”“贷款难”，贫困人口由 2012 年的 24822 人减少至 5800 人，脱贫比例达 76.6%，人均可支配收入达到 7128 元，相比 2012 年增长了 70.3%。

（三）扶贫资金的投入与使用

2015 年中央分配湖北省财政专项扶贫资金 130751 万元，同比增加 10329 万元，增长 8.58%。资金构成：重点老区建设资金 6930 万元，项目管理费 2564 万元，因素法分配资金 93195 万元，集中力量解决突出试点资金 4000 万元，绩效评估奖励资金 10300 万元，扶贫成效奖励资金 9752 万元，27 个中心老区乡镇建设资金 810 万元，其他资金 3200 万元，另有中央彩票公益金 5000 万元单列。省级财政配套安排有扶贫部门管理的财政专项扶贫资金 296370 万元（不含其他部门配套财政扶贫资金投入），同比增长 227000 万元，增长 327.23%。2015 年共解决农村建档立卡 128.11 万贫困人口脱贫问题，超额完成 2015 年年初预计数及各地减贫脱贫倒排工期计划数。

资金投向重点突出，重点投向整村推进村、产业发展、各项试点。每年实施 809 个贫困村整村推进，重点县整村推进的贫困村村均投入财政专项扶贫资金不低于 100 万元，用于培育优势产业；整合相关涉农资金不低于 200 万元，综合解决“水、电、路、气、房”等基础设施方面存在的问题。坚持产业发展与能力建设的“造血式”扶贫理念，实施整村推进项目，2015 年中央及省级财政专项投入资金共计投入贫困村 11100 万元。坚持重点开展各项试点，安排 5000 万元开展雨露计划试点，安排 4000 万元资金由恩施州主导解决武陵山连片贫困地区突出、紧迫的贫困问题，安排 15175 万元省级财政专项扶贫资金对 355 个重点贫困乡镇、插花贫困乡镇开展贫困综合治理，安排 3000 万元确保恩施州综合扶贫试点顺利推进，安排5000万元专项资金竞争性开展革命老区彩票公益金试点。

（四）措施到户的执行情况

2015年9月，湖北省委、省政府出台《全力推进精准扶贫精准脱贫的决定》，围绕精准扶贫、精准脱贫到村到户到人，从产业扶贫、脱贫能力建设、生产生活条件改善、基本公共服务均等化、投融资机制创新等方面提出了重要举措，有力推动了措施到户的执行。

（1）产业扶贫成效显著。按照以工业化理念谋划农业、以产业化方式开发农业的理念，坚持一村一品、多乡一业、一县几个骨干品种的支柱产业梯级结构，支持贫困县发展与本地优势资源相结合的产业和高新技术企业，积极创新“旅游扶贫”模式，近2000个贫困村明确了主导产业发展方向。2015年，启动1000个贫困村整村推进工作，实现贫困村、贫困户双脱贫，在100个贫困村开展旅游扶贫试点，光伏扶贫项目户年均增收3000元以上。

（2）脱贫内生动力不断增强。2015年，支持四大片区新增就业18.69万人，就业困难人员再就业3.16万人，组织劳动力转移就业15.4万人，组织农村劳动力就业培训和创业培训6.93万人。2015年，全省雨露计划培训转移5万人，帮助9926户39704人“挪穷窝”，扶持贫困县开设1.4万多个网店，从业人员6.5万人。

（3）基础设施建设稳步推进。农村公路服务水平和防灾减灾能力不断提高；农村水利薄弱环节得到极大改善，解决了143.49万农村居民和24.88万中小学生饮水安全；基本解决了无电人口用电问题，农村居民生活生产电气化水平明显提高；省政府专门召开全省信息基础设施建设工程行动光纤“村村通”现场推进会，基本实现了全省信息基础设施建设“中部领先、全国靠前”的目标。

（4）公共服务水平不断提升。省级财政安排专项资金22亿元，对农村低保、五保对象，在继续落实现有政策的基础上，省再按人年均1000元的标准给予补助，对建档立卡贫困户住院费用报销比例提高20%，学前教育和学龄儿童入园率不断提高，四大片区养老服务机构、社区日间照料中心、儿童福利机构和81个农村福利院建设加快推进，投入文化专项资金3.89亿元，支持四大片区公共文化服务设施建设。

（5）金融扶贫机制创新深入推进。出台了《关于深入推进湖北省扶贫开发金融服务工作的实施意见》等文件，召开支持片区扶贫攻坚的政银企对接推进会，大力推行金融支持县域经济发展“五个一工程”，开展“一县一品、一行一品”县域融资模式创新。创新发展扶贫小额信贷，2015 年，发放小额贷款 23.9 亿元。

（五）“第一书记”的选派情况

为集中力量、加大力度、更加有效地实施扶贫攻坚、新农村建设和开展“三万”活动等工作，湖北省广泛动员全省各级行政事业单位党员干部积极参与干部驻村帮扶工作，截至 2016 年 4 月，全省共派出 5579 个扶贫工作队帮扶 4821 个建档立卡贫困村，实现建档立卡贫困村全覆盖；选派驻村干部 29709 人，其中省级选派 787 人，市级选派 5375 人，县级选派 14568 人，乡级选派 8979 人。

第四章　湖北省精准扶贫模式探索

湖北省始终把扶贫开发作为重中之重的任务来抓，在政策、资金等方面给予大力支持。湖北省各地积极探索和创新扶贫开发、精准脱贫的新方式、新方法。探索扶贫新模式，给精准扶贫“造血”，是攻坚战，更是持久战，需要各方的积极努力，要发挥政策先行的优势，根据实际情况，制定出符合本地的发展政策，为全省脱贫攻坚提供科学完善的政策支撑。

一、恩施市龙凤镇产业扶贫模式

恩施市龙凤镇抢抓综合扶贫改革试点机遇，立足资源优势，坚持因地制宜，以“专业合作、绿色发展、一村一品、长短结合、因户施策”为思路，以发展生产脱贫一批为目标，以创新合作社发展机制为载体，为连片贫困地区通过发展特色产业带动贫困户增收脱贫探索出有效路径，形成了一定的模式和特色。现通过调研，梳理总结如下。

（一）利益连接模式

龙凤镇按照“政府主导、市场主体、群众参与”的原则，引进具有实力的公司企业入驻，借助公司、专业技术人员、种养大户的带动作用，组织贫困户加入或参与农民专业合作组织，建立农民、合作社、公司之间的利益联结机制。

一是合作式。合作社通过收购农产品与农户建立买卖关系，农民通过出售农产品获得现金收入。联强生猪养殖专业合作社给社员提供仔猪苗、饲料，并免费提供养殖技术和疾病防控，合作社对达到饲养要求农户（包括非社员）的生猪进行收购，扣去成本和饲料款之后，农户每头猪的利润在 80 ～ 100 元。目前，参与合作社农户达 80 户，其中贫困户 20 户，并辐射带动周边农民发展生猪养殖。

二是合同式。农民与合作社通过签订订单建立合同关系，农民按照合作社的相关标准和要求生产农产品，合作社以不低于最低保护价进行收购，确保社员在不亏本的状态下有更高的收入。青堡烟农综合服务专业合作社将农民土地集中租赁后，进行集中连片整治，再分片区返租给专业大户（社员）实行订单生产、产业化经营。目前，合作社将整理后的 1529 亩土地承包给 19 户烟叶种植专业户，并与他们签订订单，提供产前、产中、产后的培训、收购、运输、销售等服务，指导专业大户进行烟叶标准化生产。同时，合作社多方合作，充分利用闲置烟田，与恩施市硒来乐农业开发公司、青堡农业开发有限公司达成协议实行订单农业，种植青椒、茄子等蔬菜，与恩施市华泰花卉苗圃合作种植树苗。

三是股份式。农民通过土地、现金、技术等方式入股合作社建立股份关系，对合作社未分配盈余实行参股分红。恩施市花枝山生态农业开发有限责任公司在龙马村扎保片区成立龙凤花枝茶专业合作社，建立 2000 余亩的标准茶园基地。农民以茶园土地承包经营权和现金两种方式入股，农民变股民。通过合作社牵引，建立了农民、合作社、公司三者的紧密利益联结机制，农户为公司提供鲜叶，公司对收购茶叶进行精深加工，增加农产品附加值，合作社按照农户入股股份进行分红。

（二）金融连接模式

龙凤镇创新金融机制，建立“两社两司一卡一库一平台”（两社：专业合作社扶贫互助联合社、村级扶贫互助社。两司：小额贷款公司、小额担保公司。一卡：农民信用卡。一库：农村信用体系库。一平台：农村产权综合交易平台）模式，突破产业资金瓶颈。

通过专业合作社扶贫互助联合社解决专业合作社融资难题。专业合作社扶贫互助联合社由政府配套财政资金 2000 万元，37 个专业合作社入股 1332 万元，与农村商业银行、农业银行、邮储银行合作，形成互助“资金池”。联合社通过政府助信贷款（助保贷）和入股社员内部互助两种运作方式，入股专业合作社可按其入股资金放大5倍进行贷款，富余的“资金池”资金可内部拆借，实行内部资金短期临时周转。截至2016年，联合社对17家专业合作社发放担保贷款5600多万元，累计互助拆借资金8000多万元。恩施市开心休闲专业合作社助保贷500万元建成600平方米的食品加工厂房，拆借250万元建成2000亩马铃薯基地。

通过村级扶贫互助社解决合作社成员资金难题。以吉心村为试点，19户种养大户入股21.7万元，村委会入股50万元，与农行龙凤分行合作成立村级扶贫互助社，农行按1∶5比例放大贷款额度，社员需要借资时，只需要1～2名社员担保即可。凡被评为“AAA”以上等级信用户的社员，均可获得互助社1万～10万元“助保金”贷款，享受扶贫贴息政策。全村首批授信并发放农民信用卡20户，预计此项工作全部推开后，可为农民贷款1亿元。

（三）科技嫁接模式

龙凤镇以合作社为载体，借力科技优势推广农业生产技术，通过统一聘请技术顾问、举办技术培训，开展新品种、新技术示范，加快先进实用技术的推广应用步伐，有效解决了科技推广到户“最后一公里”的难题。

一是专家大院式。坚持“政府主导、科技人员主动、农民主体”的原则，采用“专家+农技推广部门+农民”“专家+企业（合作社、家庭农场）+农民”等运作模式，促进专家与示范基地、农民的紧密结合。巨鑫现代农业开发有限公司与湖北省农科院以院—地农技合作方式成立博士工作站，扶持二坡、青堡两个专业合作社发展特色蔬菜产业，并逐步辐射带动城郊观光旅游业、餐饮服务业等多产业融合发展。目前，工作站驻站博士2名，挂站博士及专家6名，分别负责蔬菜健康栽培、蔬菜病虫害生物防治、功能微生物应用、健康养殖等方面的技术研发及示范推广。

二是生态循环式。充分利用龙凤镇山地农业资源，运用现代科学技术成果和现代管理手段，创新集成多样化生态循环农业模式。联强、华硒等养殖专业合作社探索建立了“猪—沼—菜、茶、水果”循环农业模式，引导农户每户建有一栋标准化“155”模式猪圈和一个沼气池，再利用沼液、沼渣种植3～5亩无公害蔬菜、茶叶或水果，现已发展“155”模式养殖户206家，并在向家村建立了“三沼”（沼气、沼液、沼渣）综合利用示范果园1000亩。

三是质量安全式。农民专业合作社组织农户开展规范化生产，实行统一管理、统一提供技术服务、统一制定生产标准，有效保障了农产品质量安全。据统计，龙凤镇已建立农产品生产记录、实行质量可追溯制度的合作社达到29.5%，通过“三品一标”质量认证的合作社达71家。其中龙凤镇丰顺家禽养殖专业合作社成功注册“草舍鹊”商标，获得国家农业部无公害农产品证书。鼎乡蔬菜专业合作社生产的葛粉、蕨粉等产品通过国家级有机农产品质量认证。

（四）资源对接模式

龙凤镇围绕富硒资源做文章，以资源对接优势、特色，重点围绕烟叶、茶叶、小水果、蔬菜、生猪等产业，打造“一村一品”。全镇通过企业、合作社、农户合作，共建千亩产业基地10个，发展茶叶30000亩、烟叶2880亩、蔬菜10000亩、葛根1000亩、葡萄1800亩、柚子1000亩，年出栏生猪8万头、家禽62万羽。

一是对接烟叶、漆树资源，建成以青堡为核心的烟叶、漆树基地。把青堡打造成为现代烟草农业中心示范区，配套烟水、烟路、农机具、育苗设施、烘烤设施，建设集育苗、烘烤、收购、专业化服务四大功能于一体的“四位一体”烟叶综合服务中心，2014年建成烟叶基地1500余亩。雨臻林业专业合作社和洪武漆树专业合作社，借助新一轮退耕还林机遇，将自身发展与国家退耕还林工作相结合，在青堡、龙马等村共发展漆树面积9300亩，辐射带动1317户退耕农户受益。

二是对接畜禽资源，建成杉木坝、古场坝为核心的生猪、家禽养殖基地。依托成翔生猪养殖、好又多养殖、天蓬生猪养殖、科牧华综合养殖、联强生猪养殖等多家专业合作社，在杉木坝村建设万头养猪场2家，10万余养鸡殖场1家，发展生猪养殖大户126户，年出栏生猪8万头，年出栏家禽30万羽。

三是对接果蔬茶资源，建设蔬菜、水果、茶叶基地。蔬菜、水果基地以吉心、大转拐、双堰塘、店子槽、三龙坝为核心，借助城郊地理优势，大力发展城郊蔬菜种植，新发展蔬菜12000亩、小水果3000亩。茶叶基地以龙马、碾盘、佐家坝、猫子山为核心，两年间共发展茶园面积15000亩，建设完成保扎高标准茶叶示范园。

（五）电商链接模式

龙凤镇按照“互联网 +”的发展思路，引进湖北供销裕农公司建设电商服务中心，将农村小市场与外部大市场有效对接，为特色农产品销售提供广阔的空间。

一是代销模式。引进涉农企业、专业合作社进驻电商交易中心，在网上销售农副产品和预包装农产品，或者由涉农企业、专业合作社及有农副产品出售的农户与入住的电商公司、网商签订代营运合同，电商公司、网商代其销售。恩施州益植堂生物科技有限公司，代销 30 户农户（其中贫困户 10 户）的 10 多种农产品，解决农产品“难买”的难题。

二是订单模式。电商与农民特别是贫困户签订协议发展订单农产品并开展网上销售，对预售农产品在农户与买家签订交易合同后，由电商公司免费提供资金和设备，为农户安装实时监控视频，买家无须到现场即可实时掌握农作物及畜禽生产生长情况。恩施鑫硒电子商务有限公司通过订单销售模式，发展小杂粮、茶叶等订单农产品 500 亩，带动 180 户发展特色产业，其中贫困户 32 户。

三是自销模式。为调动贫困户积极性，政府为开网店的贫困户免费提供电脑、培训、业务指导，鼓励贫困户以天猫商城、淘宝集市、微信平台、QQ 群等方式销售自产农产品，让贫困户直接变电商。水布垭库区移民向吉昌，因移民导致生产资料缺失，生活困难，通过开网店售卖自己及周边农户农特产品，每月收入过万元，不仅自己实现了脱贫致富，还带动了周边农户。

（六）长短续接模式

龙凤镇扶贫产业多为茶叶、漆树、核桃、银杏等，由于生长周期长，相关农产品在生长初期经济效益不明显，入社农户近期家庭收入较少。为此，龙凤镇产业扶贫坚持“长短结合”，既注重长远收益，又注重近期经济效益。

（1）在产业发展青黄期，农民可获得多渠道的收入。一是获得打工收入。一方面，入社农户可在合作社基地务工，他们享有在合作社优先务工的权利，每天可获得 70 ～ 80 元的劳动报酬；另一方面，合作社通过“以工代赈”形式增加入社农户收入，龙凤花枝茶专业合作社在龙马村下保扎建立高标准茶园核心基地，对严格按照合作社要求规范管理的社员，其茶园管理验收达标后，合作社按每亩450元田间管理费给予奖励。二是通过发展林下经济获得收入。针对龙凤镇扶贫产业生产周期长、见效慢等问题，他们在生长周期长的作物中套种生长周期短的作物，探索“以短养长”模式。洪武漆树专业合作社为保障入社农户的短期经济收益，创新套种方式，在林下发展魔芋等经济作物5000余亩，套种作物收入40%分给入社农户。三是获得政府补助收入。借助新一轮退耕还林机遇，农民入社后进行退耕还林，种植漆树、茶叶，可享受国家退耕还林补助政策，前三年退耕还林农户每年按800元/亩获得补助收入。此外，参加茶叶、漆树等合作社的农户还可通过发展猪、禽等养殖业获得稳定的家庭收入。

（2）产业发展成熟期，农民可获得稳定的经济效益。一是销售农产品收入增加。农民入社前以种植土豆、玉米等口粮为主，几乎没有经济收入，入社后，农民种植茶叶、蓝莓，每亩经济收入增加5000元以上。二是入股分红收益。农户自愿以货币、技术、实物参股龙凤麒麟种养专业合作社经营，合作社每年可分配盈余40%用于社员股份分红或者股息支付，60%按成员与本社业务交易额的比例分配。2013年，合作社按社员交易量二次返利分配11.6万元。此外，依托扶贫产业发展，当地农户还通过发展农家乐、休闲农庄等获得其他收入。

（七）因户承接模式

恩施龙凤镇产业扶贫过程中，根据贫困户拥有劳动能力强弱、技术水平高低、农业资源量多少等情况因户施策，为贫困人口量身制定具体帮扶方法，有效提升精准扶贫水平。

对于有劳动能力但缺乏资金、技术、设备的青年农户，借助合作社的规模、科技、管理等优势条件和政府产业扶持政策来提升自身产业发展能力。青堡村村民蒋昌明，原有田地4亩，以种植玉米等粮食作物为主。自从加入青堡烟草综合服务社，他利用专业合作社的专业育苗基地、标准化烤房等先进设施设备和烟草部门的专业技术指导，采取租赁土地的方式，发展烟叶40亩，家庭年纯收入由以前的5000～6000元增加到现在的5万元。杉木坝村村民桂方元，以前受经济实力和其他条件限制，始终没有把养猪产业发展起来，在市畜牧局的帮助和杉木坝村委会的协调下，租地4亩建成“155”模式猪栏4栋，养殖生猪1000头。目前能直接出栏的有200多头，年利润在6万元以上，并成立了科牧华生猪养殖专业合作社，带动附近贫困户通过发展养猪产业增收脱贫。

对于老人、妇女、残疾人等有一定劳动能力贫困户，通过在合作社打工等方式劳动来实现增收脱贫。二坡村新街组村民刘坤礼（67岁），因病致贫。政府给他安排清洁工的工作，一年有7000～8000元收入；安排他老伴（63岁）在附近合作社务工，每天可获得70～80元收入，一年收入也近万元。恩施市润华蔬菜种植专业合作社基地所处的大转拐村川心店组，是大转拐村的贫困组，合作社将缺少劳动能力的贫困户土地租赁过来发展种植基地，农户可得到每亩300～700元的年租金；土地出租后，有一定劳动能力的农民还可以在基地务工，月收入在1500元左右，合作社2015年上半年工资支出共45万元。

对于几乎没有劳动力的老人、重病者，通过家禽代养等低强度劳动增收脱贫。青堡村茶园沟组村民龚延祥（78岁），以前收入来源主要靠老两口在挂坡地里刨口粮，仅能解决最基本的温饱问题。丰顺家禽养殖专业合作社免费提供260只鸡苗，龚延强利用房前屋后的空地代养土鸡，鸡蛋收入归自己所得，合作社每个月还给他们支付1000～1200元的代养费，2015年，他家的家庭养殖收入达到3万元。

二、通山县大路乡新桥冯村精准扶贫模式

（一）村企共建，互利共赢，千亩花卉苗木富民农业生态示范基地

模式：引进企业、引入市场，二次流转，开发闲置荒山、荒地等资源，村企共建，整村推进。推行“村委会+公司+基地+农户”的“4+”联营模式。

出资：由湖北富民农业生态园有限公司投资5000万元，对本村3000亩限制荒山、荒地整体科学规划、集中统一开发管护，经营30年，共同受益。按照农户和贫困户自愿原则，可吸纳农户闲散资金和贫困户扶贫贷参与基地开发建设。

收益分配：①公司 2016—2017 年支付村委会基地协调经费 8 万元，后续 25 年基地协调经费年均 5 万元；自 2016 年 1 月 1 日起，前 5 年公司按照每亩山地 300 元租金价格支付给村委会；第 6 年至第 15 年，公司除按照每亩 300 元租金支付外，村委会每年还可按照当年公司净利润 10% 的标准参与分红；第 15 年后按照 15% 标准参与分红；②贫困户入股经营，以 5 万元扶贫贷款为例，前 3 年每年可享受 3000 元受益金，后 3 年免费享受每年 1500 元受益金，同时 5 万元本金由公司负责偿还。③“绿满通山”政策的相关资金由村委会享受，相关联的山地惠农政策和产业支持由公司享受。

优劣分析：一是农户无须承担任何风险，就可享受租金、股金、薪金以及其他项目附加比如农家乐、农副产品销售等收入；二是村委会无投入即可坐享分红；三是贫困户、农户均可享受收益；四是带动就业，带动整体发展，带动技能提升。

（二）产业孵化，联办扶贫，多种特色经济作物示范基地

模式：农科院、科协等单位技术支持，驻村工作队负责孵化，带动贫困户一起联办。

出资：市驻村工作队项目资金 30 万元，用于黑木耳、黑菇、火龙果、棒、苗、大棚等；向愿意入股的贫困户提供每户 5000 元扶贫贷款。

效益计算：红心火龙果 12 批果，每亩单产在 1000 ～ 1500 公斤，按采摘及批发均价 15 元计算，每亩收益 3 万元以上，20 亩产值 60 万元以上。

收益分配：实行工作组集中管理、统收统支方式，保证每户贫困户收益分配年均在 2000 元以上。年结余资金用于孵化园的发展壮大。

优劣分析：一是产业孵化，为科技扶贫先行先试，找准发展项目；二是通过与农科院、科协联办，降低技术风险，同时推广应用技术；三是对于今后形成一村一品产生良好的示范引领作用；四是贫困对象无投资风险。

（三）单位援建，靶向扶持，百亩杨梅采摘示范基地

模式：驻村工作队单位援建 100 亩采摘基地。每亩 30 株杨梅，直径 6 厘米（当年可挂果），单株 100 元；整理土地 500 元 / 亩；栽种 3 万元，附属基础 10 万元，等等，总共投资 55 万元左右。

经营：采取发包或管护分红方式，由本村或外地有技术能力的人负责管理，实现所有权和经营权分开，解决过去集体基地管护缺失，最终荒废的现象。（智敏果业拟承包）

效益概算：按杨梅 3 ～ 5 年进入旺果期单株产量 50 ～ 100 公斤计算，按单价 10 元 / 公斤算，单株产值 500 ～ 1000 元，每亩均均 30 株，亩产值在 1.5 万～ 3 万元，百亩基地的产值在 150 万～ 300 万元。

受益分配：与村委会协商决定，以每年 30 万元的承包费包干，或以村委会 60% 的股份参与分红，仅此一项，村委会长期收益在 90 万元以上，减去 100 亩土地流转租金，年均净收益保守在 70 万元以上。

优劣分析：一是集中力量办大事，解决村集体发展后续问题；二是选择杨梅作为采摘品种，主要是杨梅可以作为果树产鲜果，采摘不完的又可全部回收加工杨梅酒，还可作为景观树，具有保值增效价值；三是解决部分想发展生产的本村大户无本钱投入的问题和外地有技术的能人不敢来投资问题。

（四）混合所有，共建共享，50 亩草莓采摘示范基地

模式：混合所有，共同建设，公司化管理，企业化运作。

出资：武汉兴达草莓公司负责种苗、技术、肥料及草莓销售，村委会负责土地流转、平整土地、搭建大棚，概算投入 100 万元左右，贫困户扶贫贷款户均 5000 元，村委会产业扶贫资金 30 万元，驻村工作队争取项目资金 30 万元。

股份：武汉兴达草莓有限公司占股 50%；新桥冯村村委会占股 40%；武汉兴达草莓公司指派 2 名技术人员配股 10%。

效益概算：武汉兴达草莓有限公司确保亩草莓产量不少于 1250 公斤，按采摘及批发均价 30 元 / 公斤计算，亩收益 37500 元，50 亩产值 187.5 万元，村委会和贫困户合计年均可受益 75 万，贫困户户均可分配 5000 元。

优劣分析：一是解决外地到异地投资难回收的风险；二是解决本地想发展又无技术和销售渠道的问题；三是充分利用财政奖补与免息贷款相结合的方式，既实现贫困户脱贫，同时也很好地解决了村级集体经济发展不足的问题，一举多得；四是流转土地对象既可收入租金、打工资金，同时还有基地发展后带来的流动现金，比如通过农家乐、农副产品销售等增加收入，学会种植技术后也可以自己发展生产。

（五）集中管理，均户收益，300 千瓦“迷你小电站”助推精准扶贫

模式：在光照有保证的地方，集中建立“迷你小电站”，实行集体所有、集中管护、社团经营、均户收益的办法。

投资：93 户贫困户扶贫贷户均 1 万元，乡政府产业扶贫资金支持 15 万元，村产业扶贫整合资金 30 万元，合作社贷款 50 万元，市工作组争取项目资金 40 万元，总共 228 万元，项目按 3 期建设。

效益概算：在正式与国家电网并网运行后，可以以每千瓦时 0.46 元的价格卖给国家电网，加上国家对光伏发电用户的补贴每千瓦时 0.42 元，省补贴每千瓦时 0.25 元，卖 1 千瓦时电，可以拿到 1.13 元。300 千瓦装机容量的电站，合同保证每千瓦装机发电量不少于 1100 千瓦时，预计发电 330000 千瓦时，年收益约 38 万元。

收益分配：

（1）村委会前 5 年不享受电站的任何收益，五年后电站收益全部由村集体所有。

（2）村委会保证参与共享的 93 户贫困户自并网发电后的 5 年内，每年分配 4000 元受益金，每户 1 万元扶贫贷也由村委会负责通过扶贫到户资金偿还。若每年实际发电收益不足，不足部分资金由村委会从其他村集体经济中调剂解决，每年实际发电收益在分配到 93 户贫困户外的多余部分，划归村级新能源合作社所有，用于管理和维护电站设施。

（3）在并网发电的 5 年中，贫困对象家庭因不可抗力原因自然销户的，其受益金自动消除，受益金归集体所有。

优势分析：一是解决部分贫困户光照不足的问题，并且便于安装、维护和管理；二是充分利用财政奖补与免息贷款相结合的方式，既实现贫困户脱贫，同时也很好地解决了村集体经济发展不足，一举多得；三是光伏板保用 25 年，免费保修 10 年，使用时间长，管维简单，不用投劳投工。

（六）五合一体合力攻坚，迦南农业黄牛养殖项目

模式：在咸安区政府大力支持和指导下，湖北迦南农业科技开发公司以“银行 + 公司 + 基地 + 农户 + 保险”的模式，五合一体，合力扶贫。“五”是

政府支持、银行放贷、公司购牛、农户代养、养殖保险，“一”是指一个目标，脱贫致富，共同发展。

投资：在国家政策的引导下，银行放贷给公司（拟为每个贫困户争取 3 万～ 5 万元贴息贷款），公司进行担保，并将这项转款用于精准扶贫，通过村镇合作社或者直接将肉牛发放给农户代养，农户获得代养收入，公司为农户购买肉牛养殖保险，分担养殖风险。公司是该项目的实际组织实施者，为农户提供架子牛、能繁母牛、疫苗接种、关键饲料以及技术咨询、管理指导等，最后回收成品牛或者小牛犊，让养殖户没有后顾之忧。

效益概算：品种为西杂或夏杂牛。买牛成本 9000 元，养殖周期 259 天，饲料成本 4760 元。牛出栏末重 650 公斤，按肉牛售价 26 元 / 公斤，平均毛利润 3140 元。

收益分配：

（1）就地代养肉牛：①代养小公牛：在小公牛移交给农户代养和公司回收养成牛时，结交双方共同称重确认，增重部分由公司和农户按照 2 ∶ 8 的比例分享所得。代养周期一般为 8 ～ 12 个月。②代养能繁殖母牛：按照每户三头的标准实施，农户在 3 年内向公司上交 4 头 18 个月龄的架子牛，即为还清成本，剩余部分为农户所得。

（2）集中代养肉牛：公司免费提供肉牛饲养棚舍和饲养员宿舍，农户负担水电费和生活费，所得部分同样按照 2 ∶ 8 分享。

（3）参加劳动：公司聘请有意愿、有动手能力的贫困户在公司或者合作社从事体力劳动，每月报酬 1200 ～ 2000 元，公司为其购买人身意外险。

三、孝昌县精准扶贫“二十法”

为解决扶贫政策到村到户不精准的问题，实现扶贫资金、扶贫项目不“漂移”等，孝昌县按照“资源政策化、政策模式化、模式流程化、流程责任化”的思路，以扶贫政策资源精准到村、精细到户为目标，整合各级扶贫政策资源，将全县精准扶贫“五个一批”政策文件精准细化为 20 个具体扶贫模式，建立路径清晰、收益稳定、责任具体的清单式扶贫体系，变“大水漫灌”为“精准滴灌”，为全县 107 个贫困村全部出列、12.44 万贫困人口整体脱贫提供了有效路径。

模式1：光伏产业扶贫模式

模式概述：按照“政府主导、规划引领、企业代建、各方投入、相对集中、试点先行、分类推进、规范流程”的指导思想，以百村联建和百户联建为重点，有序推进全县光伏产业扶贫工作。百村联建以政府投资为主，集中连片建设光伏发电基地，每个基地可实现100个左右贫困村集体经济收入达到5万元。百户联建以贫困户小额贷款投入为主，政府补贴为辅，贫困户按股分红，每个贫困户每年可实现增收3000元以上。

实施条件：联村建设适用于村级没有支柱产业、村“两委”战斗力较强、有发展意愿的贫困村，按规划预计可实现300个以上村集体经济收入达到5万元；联户建设适用于可获得小额贷款、无其他脱贫途径、无劳动能力的重点贫困户。

模式说明：该模式是精准施策首推模式，具有见效快（当年投入当年见效）、收益长期稳定、覆盖人群广、操作简便等特点，是一种保底型的产业模式，适用于几乎没有集体经济收入来源的村和无劳动能力的贫困户。百村联建以政府投资为主，参与联建的村由县光伏领导小组审核通过后，统一规划建设、统一分配收益；百户联建由政府集中连片建设，贫困户小额贷款入股，每年按股分红。

模式2：稻虾综合种养模式

模式概述：利用农田水域资源，发展稻虾共生、稻虾连作。一方面，县政府每年整合项目资金450万元，建设千亩连片稻虾综合种养基地5000亩（每亩补贴900元），以村为单位流转基地给合作社经营，村集体按股分红，参与的农户和贫困户可获得流转费、务工费等收益，预计每亩保守可增收2650元。另一方面，采取“合作社+基地+贫困户”的方式，引导农户和贫困户自建基地发展稻虾综合种养，政府设立专项建设补贴资金100万元，对自建10亩以上基地的农户和贫困户给予相应的补贴（贫困户每亩补贴1000元、农户每亩补贴100元）。

实施条件：该模式适用于稻田水源条件较好，进、排水方便，无洪涝，地势较平坦的乡镇村，计划每年在全县各乡镇推广稻田综合种养面积1万亩，其中在小河、王店、卫店、花园、白沙、花西等乡镇集中建设5000亩，鼓励农户自建种养基地5000亩。

模式说明：该模式是县政府大力推广的“一高三新”农业产业模式，具有成熟度高、综合收益高、见效快、方式活、风险低的特点。全县水源条件好的稻田均可推广，部分条件适宜的池塘也可发展池塘养虾。

模式3：温氏生态养猪模式

模式概述：贫困村中选取5个贫困户组成一个养猪组，与温氏公司合作养猪，每组提供1～2名劳力负责养猪。养猪组在公司的指导下，选址建设可饲养600头生猪的猪舍1000平方米，建舍所需的45万元由公司补助、政府补贴、贫困户自筹来共同解决，不足部分由温氏公司垫资。温氏公司垫付猪仔、饲料等生产资料，免费提供技术培训，并保底收购。县政府每年整合资金150万元，用于建舍补贴和保险补贴。其中，建舍补贴100万元（每平方米补贴50元），保险补贴50万元（每头补贴10元）。每个养猪组每年饲养2批，出栏1200头，每个贫困户可实现年收入2万元。

实施条件：有空闲土地用于建设圈舍的贫困户，土地符合设施农业用地要求，选址符合畜牧法、环保法要求，贫困户有一定的劳动能力，并能够获得小额贷款。温氏公司计划每年在全县范围内发展养猪组20个以上，三年发展60个养猪组以上，预计带动300个贫困户脱贫。

模式说明：该模式是与温氏公司合作，发展新型无污染规模化生猪养殖，具有前期投入大但后期见效快、回报高、收益稳、风险低的特点，适合在县规划适养区内有意愿、有劳力的贫困户选择。

模式4：鸿翔养鸭模式

模式概述：贫困户利用鸿翔公司白合、中胡、仰山、东河四个养殖小区，与鸿翔公司合作养鸭。公司提供50栋90000平方米的鸭舍，免费租给贫困户，鸭舍的改造及水电路等基础配套设施建设，由贫困户、鸿翔公司、贫困村和驻村扶贫工作队共同解决。县政府每年整合资金60万元，对鸭舍改造按20元/平方米实行补贴。贫困户每户出劳力1～2人，鸿翔公司垫付鸭苗、饲料、药品等生产资料，免费提供技术指导，对贫困户饲养成鸭保底收购。每户单批饲养6000只肉鸭，每年养4批，出笼肉鸭2.4万只，每年可获纯利2万元以上。

实施条件：该模式适用于花园、季店、王店、卫店、陡山、邹岗及上述四个养殖小区周边乡镇的贫困户。贫困户要有一定的劳动能力，愿意发展养鸭产业。鸿翔公司计划三年内在全县发展天紫鸭养殖贫困户 300 户，帮助其实现脱贫。

模式说明：该模式是孝昌县公司 + 农户的传统养鸭模式，经过了多年的探索和完善。当前重点在鸿翔公司闲置鸭舍辐射区域内发展，具有投入低、见效快、收益稳的特点，适合有意愿、有劳力、有经验的贫困户参与。

模式 5：青禾园养牛模式

模式概述：青禾园肉牛养殖合作社采取代养和贫困户在合作社的支持下自养的方式，带领贫困户脱贫致富的一种模式。代养是以贫困户通过自筹、小额贷款等方式筹集资金入股合作社合作养牛，合作社年终按贫困户投入资金的比例进行分红。自养是以贫困户以小额贷款投资为主，利用荒山荒岗资源，从事母牛、肉牛养殖，青禾园提供优质牛仔和免费技术指导，并保底回收。县政府每年整合资金对能繁母牛和标准化牛舍建设进行补贴，贫困户每年每头可获利 4500 元左右。

实施条件：代养方式要求贫困户有筹措资金的能力、愿意入股青禾园合作社发展肉牛养殖，自养方式适合有充足荒山荒岗面积的东北部乡镇、有一定的劳动能力的贫困户。青禾园三年内在全县带动 100 户贫困户从事母牛、肉牛养殖，帮助近 300 名贫困对象脱贫。

模式说明：该模式是该县养殖业的重点推广模式，也是公司 + 银行 + 贫困户的新型扶贫模式。具有进入门槛低、覆盖人群广且方式活、见效快、回报大、收益高、风险低的特点。全县能够取得小额贷款的贫困户均可参与。

模式 6：连片开发的绿色板块模式

模式概述：按照“县整合、组团建、企业包、村受益、户脱贫”的思路，由县政府整合各方资源，选择有条件的贫困村，每年连片建设千亩以上特色农业产业基地 6000 亩，配套完善基础设施，租赁给有经营实力和诚信的企业或大户经营，发展油茶、苗木、中药材等绿色产业，每年收益转化为村集体经济收入，企业和大户安排贫困人口就业。实现统一开发、大户经营、村集体和贫困户共同受益。

实施条件：适宜山场岗地比较充足、交通方便、水源充足的贫困村。全县计划三年发展各类板块基地 2 万亩，使 2000 个左右贫困户脱贫、100 个左右村集体经济收入达到 5 万元以上。

模式说明：该模式是孝昌县推出的既能迅速发展绿色生态产业，又能增加村集体经济收入的双赢扶贫模式，具有投资较大、收益稳定、无风险等特点，主要由政府整合资源建设，市场主体租赁经营，村级和贫困户均可获得一定收益。

模式7：支部引领的七里模式

模式概述：结合本地苗木花卉、油茶产业发展，实行“村支部＋合作社＋大户＋贫困户”的种植模式，由村党支部成立合作社，组织全村党员示范带头，吸纳专业种养大户、农村经纪人及致富能人，带动贫困户加入合作社兴建产业基地，每名合作社成员联系1～3个贫困户。县政府整合项目资金250万元，用于基地建设补贴和油茶种苗补贴。其中，对村级自主开发100亩以上的产业基地给予每亩200元的基地建设补助，对油茶种苗补贴150万元，鼓励村级发展小型特色产业基地。

实施条件：低山丘陵岗地、荒山荒坡较多的村，且村支部战斗力较强、有合作的能人大户、自有或可流转土地的地方适宜发展。预计三年全县建设1.5万亩特色产业基地（每年发展5000亩），可覆盖5000户贫困户、8000个贫困人口。

模式说明：该模式是通过政府奖补的形式来鼓励贫困村和贫困户发展特色产业的一种扶贫模式。具有灵活性强、投资适中、收益稳定等特点，适用于有一定产业基础的贫困村带动贫困户脱贫。

模式8：农户代管的京穗模式

模式概述：对有一定生产经验的贫困户，无偿提供附加值高的优质高档造型树、景观树种苗，在其房前屋后空闲场地和承包地代种代管。公司上门辅导栽培造型技术，经过培育升值后，按照贫困户意愿帮助其完成销售。京穗公司预先与贫困户签订代培苗木合同，明确代培时间、最低代培收益和双方责、权、利等，保障贫困户稳定收益。

实施条件：全县有空闲场地、轻微劳动能力的贫困户参与，预计三年覆盖贫困户2000户（京穗公司推广1000户、其他公司推广1000户），可代培苗木5万株，三年后可使贫困户年增收达3000元。

模式说明：该模式是发挥该县重点苗木企业的带动作用，引导贫困户因地制宜种植特色苗木实现脱贫的传统模式。除收益期较长外，基本上属于零投资、无风险模式，可以与其他见效快的模式搭配选择。

模式9：联村种植的太子稻模式

模式概述：围绕太子米品牌，以“龙头企业 + 种粮大户 + 贫困户”的方式，鼓励农产品加工企业带领农户，联村种植优质稻。县政府列支180万元专项资金，对种植广两优香66、川优6203、骏优522、丰两优4号、太子玉玻等品种的贫困户按80元/亩的标准、种植户40元/亩的标准，进行补贴；县农业局提供技术服务，乡镇、村负责实施“一村一品种”规模化种植，农户按种植技术规程标准化、无害化生产，农产品加工企业全程参与太子米生产。

实施条件：该模式是由农产品加工企业通过政府补贴引导农户和贫困户发展该县传统品牌种植业，实现用产业发展推动精准扶贫的有效之路，具有投入小、风险低、收益稳、见效快的特点。

模式说明：该模式主要是通过政府补贴的方式，来鼓励农民种植优质稻，增加农民收入。

模式10：自主发展的果茶模式

模式概述：以“农户自建、政府扶持、部门指导、企业带动”的思路，引导贫困户发展优质果、有机茶等特色产业。农户利用自己的土地资源或适度流转土地自建基地。县财政列支专项资金600万元，对当年新建果茶基地，贫困户补贴800元/亩，非贫困户补贴400元/亩；县农业局提供技术服务，确保特色产业基地建设质量；相关农业龙头企业积极参与，解决贫困户特色农产品销售问题。

实施条件：全县自愿发展特色产业的农户。预计每年发展1万亩，覆盖贫困户8500户、贫困人口3万人。

模式说明：该模式主要是通过政府奖补，鼓励贫困户自己发展特色产业的一种自我造血扶贫模式。属于政策奖补型模式，具有自主性强、发展灵活的特点，适合有一定种植技术、种植经验的贫困户发展。

模式11：生活保障模式

模式概述：对全县建档立卡对象中收入低于最低生活保障线的贫困户实行差额补助，其中对因主要劳力完全丧失劳动能力或因主要劳力重病、重残无发展潜力的重点贫困户11000人，实行最低生活保障兜底；对其他符合农村低保条件的保障对象，按照农村低保保障线实行按标施保、差额补助；对给予最低生活保障后仍有困难的重度残疾人、重病患者、高龄老年人、未成年人等实行贫困人员重点救助，按照不低于最低生活保障标准 20% 的比例增发补助金。建立贫困供养标准和农村低保补助水平自然增长机制，按照孝感市政府公布的农村五保供养标准及农村低保保障标准，提高农村五保、孤儿、低保补助水平。到 2018 年，最低生活保障标准不低于国家同期扶贫标准，实现五保和低保全部脱贫。

适用对象：适用全县建档立卡对象中的重点贫困户，包括农村五保、农村孤儿和农村低保贫困家庭；其他符合农村低保条件的保障对象（实行动态管理、应保尽保）。

模式 12：医疗保障模式

模式概述：对全县精准扶贫对象一般疾病患者提供医疗服务，对因病致贫的开展集中诊治。实现大病患者能够住院治疗、慢性疾病患者可持续治疗、特殊疾病患者病情得到控制、地方病得到有效防治。主要通过以下 7 条医疗保障线解决精准扶贫对象因病致贫、返贫情况：①由财政、民政部门根据政策为精准扶贫对象代缴参合费用。②由卫计部门为精准扶贫对象开展健康体检，对重大疾病、门诊重症患者开展医疗救治。③将新农合门诊重症病种扩大到 30 种，补偿标准提高到不低于 2000 元 /（人 · 年）。④减免住院补偿起付线，政策范围内补偿比例提高 20%，住院补偿封顶线由 10 万元提高到 13 万元 /（人 · 年）。⑤理赔起付线从 8000 元下降为 5000 元，年度补偿封顶线由 30 万元提高到 40 万元。⑥按人均 10 元标准为全县农民购买意外伤害保险。⑦按人均 100 元标准为精准扶贫对象购买大病医疗补充保险。

适用对象：全县所有贫困户，重点人群为因患长期慢性病和大病的精准扶贫对象。

模式 13：教育保障模式

模式概述：对全县建档立卡重点贫困家庭学生，从幼儿园开始到完成高中、中职教育，实行减免学费、补生活费和交通费等政策，对考取和就读高等院校的贫困家庭子女，按奖、贷、助、减、补等政策给予多元资助。确保贫困家庭学生不因贫失学。①学前教育阶段，每人每学年补贴交通费、生活费共计 2800 元。②小学阶段每人每学年补贴交通费、生活费共计 4000 元。③初中阶段，每人每学年补贴交通费、生活费共计 4800 元。④普通高中教育阶段，每人每年补贴交通费、生活费共计 4400 元。⑤中等职业教育阶段，每人每年补贴交通费、生活费共计 4400 元。⑥高等教育阶段，每人每年办理生源地贷款 8000 元，补助补贴生活费、交通费共计 5200 元。

适用对象：适用全县重点贫困家庭在校学生 4880 人，其中学前教育阶段 484 人，小学阶段 1810 人，初中阶段 947 人，高中阶段 681 人，中职阶段 61 人，大学阶段 897 人。

模式 14：住房保障模式

模式概述：对建档立卡贫困户实施扶贫搬迁、危房改造、易地扶贫搬迁等住房保障措施，确保贫困户住有其所。对农村分散供养的五保户、低保户、贫困残疾人家庭及其他重度贫困户需建房的，实施集中建房安置或分散自建房安置，最低补助标准为每户 3 万元，最高 5 万元；对一般贫困户需建房的实施危房改造补贴，户均补助 7500 元；对贫困户生活、生产现状恶劣有意愿迁建的实施易地扶贫搬迁，以政府投资为主，采取分散安置和集中安置相结合的办法来推进，按每户 20 万元的补助标准综合测算（含建房、配套基础设施等）。

适用对象：全县贫困户中，符合危房改造条件，或纳入扶贫搬迁贫困户。全县计划危房改造 2000 户、扶贫搬迁 314 户、易地扶贫搬迁 1050 户。

模式 15：金融贷款扶贫模式

模式概述：县财政建立 2000 万元扶贫信贷风险补偿金，以放大 10 倍的标准，与承贷金融机构开展合作，对有贷款需求的贫困户，按照授信额度，推行“10 万元以内，三年期限，无担保、免抵押、全贴息贷款”金融产品服务，实现全县符合条件的建档立卡贫困户“贷得到、用得好、还得上、逐步富”的目标。

适用对象：全县有贷款意愿、就业创业潜质、技能素质、一定还款能力和讲信用的建档立卡贫困农户。

模式 16：就业创业扶贫模式

模式概述：实施积极的就业创业政策，推动支持建档立卡贫困人口就业创业工作，实现贫困人口就业创业政策落实全覆盖。①创业担保贷款政策。城乡建档立卡贫困人员创业者个人可以申请两年全额财政贴息的创业担保贷款，贷款额度为 5 万～ 10 万元。②贫困大学生创业补贴政策。自毕业学年起 3 年内自主创业的高校毕业生，创办小微企业或从事个体经营，领取工商营业执照，正常经营6个月以上、带动3人及以上就业的，可向工商注册地人社部门申请5000元的一次性创业补贴。③贫困人员创业补贴政策。对就业困难的贫困人员新增自主创业的，在其办理工商营业执照和税务登记后，可按规定享受每人2000元的一次性创业补贴。④困难户毕业生求职补贴政策。对享受城乡居民低保家庭、社会孤儿、烈属和残疾待遇的年度高校及职业院校、技工院校毕业生，按规定按以每人800元的标准给予一次性求职补贴。

适用对象：全县所有就业创业的贫困人口、贫困家庭大学生、吸纳贫困人口就业的企业。

模式17：就业培训扶贫模式

模式概述：整合县教育、扶贫、农业、科技、人社等部门培训资源，对贫困对象开展订单、定岗、定向、菜单式免费培训，到2018年实现有需求的贫困户劳动力全部得到免费培训。①就业技能培训。结合“春风行动”，开展建筑装修、电子装接、电器制造、电脑应用、服装加工、餐饮服务、商品服务等就业技能培训。突出“建筑劳务输出大县”品牌，集中各类培训资源对建筑劳务技能进行重点培训，带动贫困户就业脱贫。②新型职业农民培训。结合各地产业特点，围绕茶叶加工制作、果树苗木种植、食用菌栽培与加工、养殖等特色产业，按照生产经营、专业技术等不同的从业方向，开展农业公共基础、专业技能、实践操作培训。③创业培训。开展以创业意识、风险评估、注册登记、相关法律法规、市场经营等为主要内容的创业培训，并提供创业项目推介、开业指导、企业孵化、后期跟进等“一条龙”服务。

适用对象：全县贫困户中，有培训需求的贫困人员。就业技能培训以新生代贫困家庭农民为重点，新型职业农民培训以从事农业生产贫困劳动力为重点，创业培训主要是对有创业意愿的贫困家庭劳动力。

模式18：农家乐扶贫模式

模式概述：坚持“政府引导、企业联动、农户自愿、贫困户受益”的基本原则，通过加大资金投入，采取扶持创业就业的办法，整合扶贫专项资金，争取奖励优惠措施，支持贫困户利用山水、红色、人文等现有资源，发展乡村旅游经营活动，重点发展农家乐旅游业，带动就业创业。县政府每年列支专项资金300万元，对全县建档立卡贫困人口新开办（2015年1月1日以后）农家乐创业，带动就业3人、正常营业半年以上的，每户给予1万元的一次性创业补贴。对全县吸纳建档立卡贫困人口就业半年以上的农家乐经营户（包括建档立卡贫困人口及非建档立卡贫困户开办），按照每吸纳一人补贴2000元、每户农家乐补贴不超过2万元的标准，给予吸纳就业补贴。

适用对象：全县所有发展农家乐的农户和贫困户。

模式19：农村电商扶贫模式

模式概述：以县供销社、湖北京穗农林网等电商平台为主体，组建县级农产品批发市场和电子商务运营中心。大力推进村级综合服务社建设，重点在全县107个重点贫困村建设村级综合服务社，开展日用消费品、农资、农产品的线上、线下销售，以及话费充值、邮件收发、存取款等便民服务。实施电商精准扶贫，对有意愿开办网店的贫困户，免费提供电脑、接通光纤网络。全县扶持开办扶贫网店50家，引导1000户贫困户参与电商产业链，推动全县农特产品从线下走向线上，促进贫困户增收。

适用对象：光纤网络通达、交通相对便利的村，贫困户家中有一定文化程度、年龄较轻的贫困对象。

模式20：郭氏基金扶志模式

模式概述：按照“改变人的思想素养、增强村民自主脱贫精神动力”的要求，采取“合作社+基地+爱心产业带头人+贫困户”的扶贫模式，选择村内有能力、有意愿、有产业的“能人”当示范户，由郭氏基金会培训他们技能，提高他们素质，将他们培养成爱心产业带头人，资助他们建示范基地。组织贫困户及村民组建合作社，共同发展脱贫致富产业，实现持续自主脱贫。

适用对象：郭氏基金会在全县选择小悟乡桥湾村及田山村、邹岗镇民利村为示范村，小悟乡中分村、周巷镇五泉村为复制村，王店镇高岗村为准示范村，选定56个示范点，作为郭氏基金扶持模式的推广范围。2016年，预计可帮助贫困村发展农民专业合作社5个，建设产业基地12处，带动287人脱贫。

四、十堰市湖北口回族乡社会扶贫模式

湖北口回族乡地处鄂西北边陲，三面环陕，是十堰市唯一的少数民族乡镇。全乡区域面积252平方公里，22000人，其中回族5000人。2014年底，农民人均纯收入4930元，当年贫困户建档立卡2301户7030人，高于全县贫

困人口平均值 5 个百分点。由于境内资源有限，农民 80% 的收入来源于务工收入。从 20 世纪 90 年代背井离乡外出务工的人中，成长了一大批颇有实力的企业家和老板，这些在外成功人士在家乡建设中慷慨解囊，近年来通过各种途径支持家乡基础设施建设千余万元。为更加有效凝结成功人士力量、更深地激发他们在扶贫帮困中的参与感，一个由成功人士组建的乡亲扶贫协会应运而生。

（一）规范化运作，畅通成功人士反哺家乡的渠道

湖北口回族乡外出务工人员多数集中在陕西、河南、甘肃一带，创业成功人士产业多以矿山、建筑、餐饮等为主，早在 2004 年湖北口就在陕西潼关建立一个流动党支部，随后又成立了商会。借助这两个平台，通过乡情感召，联结了一大批外出务工者，形成了互帮互助氛围。因而，此次组建乡亲扶贫协会，倡议一出便一呼百应。为规范协会运作，一是成立机构，50 多名成功人士共同推选出会长 1 名，常务副会长 1 名，副会长 6 名，秘书长 1 名。二是建章立制，表决通过了协会章程和年度活动计划，章程对全体成员职责和行为提出了明确规定，要求全体协会成员要严格按照章程开展活动。协会理事会人员每季度召开一次碰头会，协会成员每年召开 1 ～ 2 次大会，共同商议扶贫措施。三是明确要求，协会向全体成员发起倡议，共同承诺五项内容，即优先招用家乡的务工人员；回乡投资创业；牵线搭桥引资引智；为家乡建设建言献策；对贫困户进行“1+N”的对口帮扶。

（二）精细化对接，激活成功人士牵手共建的潜能

为更精准扶贫济弱，重点做好三个方面的对接：一是建立完善了企业成功人士信息库和外出务工人士就业意向信息库，把成功人士企业需求和外出务工人员的期盼相对接，优先保障了乡内就业需求。一些老板还承诺因人设岗，即对有一定劳动力，但劳动力不强的贫困对象，可照顾在劳动强度较小的岗位工作，适度提高工资标准，把纯粹的给钱给物变成价值交换。如在县城开星级酒店的何文友和开星级农家乐的马春国，承诺酒店服务人员优先从家乡招聘，所有菜品原材料能从家乡采购的一律从家乡采购。二是建立了乡内产业发展项目库，根据产业发展现状，根据在结合走访中了解收集的群众意

愿，建立了动态的中长期和短期产业项目库，为成功人士提供信息。比如在了解省国土资源厅已批复坎子山万亩石林地质公园后，在西安的魏峨嵋立刻表示，迅速请人规划，投资坎子山乡村旅游。三是建立了协会成员对口帮扶贫困对象信息库，采取“1+N”的方式，以村为单位，由成功人士在本村对口帮扶。如东川村老板王正平提出联系5户贫困户，不管发展什么产业，优先给予产业扶持资金，所有种植或养殖的产品，由他负责收购销售。同时，建立了扶贫信息微信群，实现信息和资源共享，探讨和促进更为有效的帮扶举措。

（三）经常化互动，搭建成功人士回馈家乡的平台

成功人士回乡扶贫虽是一种奉献，但也是一种强大的号召力，如何让群众在获得感中增强参与感，必须形成多元互动。一是给其荣誉，激励有为有位，增强感召力。通过颁发“荣誉村主任”“荣誉村民”，聘请担任村主任助理等方式，让成功人士真正成为村上一员，参与到村上事务管理决策中来，把他们的信息、经验等应用到扶贫工作中。二是征询意见，激发观念碰撞，增强向心力。在产业发展、项目选择和帮扶方式上，尽可能让成功人士多发表意见，让他们把成功经验传导给村民，提升村民对村集体决策的信任度。三是示范引导，依靠典型引路，增强内动力。产业发展难在开端，因而鼓励成功人士拿出闲散资金进行产业示范，消除村民发展产业的疑虑，增强发展信心。如在乡内的个体工商户协会成员纷纷表示，主动响应县里“户均10只羊，脱贫不用忙；户有3头牛，小康不用愁”的号召，加入乡牛羊合作社，发展山羊和秦巴黄牛产业。

用乡亲扶贫协会形式推动社会扶贫，把原来老板零散式的帮扶转变成为有组织的帮扶，分散力量变成集中力量，纯粹的给钱给物转变成参与式扶贫，实质就是一个变授人以鱼为授人以渔的过程，充分调动了成功人士和贫困户两个层面的积极性，成为一股强有力的社会力量。工作中有四点启示：一是社会扶贫是精准扶贫一支强有力的生力军。将贫困村、贫困户的需求信息与社会各界的扶贫资源、帮扶意愿进行有效对接，为社会各界参与扶贫、奉献爱心搭建组织动员平台，有助于形成“大扶贫”格局。社会各界力量的有效参与，更容易提升社会各界对扶贫工作的认知度和认同感。二是成功人士回乡参与扶贫是一次思想和理念的大碰撞。成功人士不仅仅有发展资金、信息和理念，

他们自身的创业过程和成就就是一面旗帜、一种导向、一个目标，当他们竭尽全力帮扶乡亲时，这种正能量会有倍增效应。三是乡情带动是一场发动群众的运动战。创业成功人士走出深山又回归家园，他们更清楚家乡人、家乡事、家乡情，他们与群众之间彼此更加熟知、信任。他们带回来的项目、资金是实实在在的，对群众而言更加具有说服力，因而帮扶措施更能够真正走进群众心里。四是基层组织是因势利导多方力量参与扶贫的主战场。成功人士能否回归家乡，在于基层干部的号召力，只有基层干部善于谋划、勇于奋斗、敢于突破，让他们感受到家乡发展的决心和精神，才能义无反顾参与进来。因而，基层干部必须以更加务实的作风感染更多的人员回乡。

第五章　湖北省县市精准扶贫典型经验

2016年底，课题组通过座谈、查阅资料、实地走访、问卷调查等多种方式，对武陵山片区14个贫困县（含1个插花贫困县）以及孝昌县2016年经济社会发展与精准扶贫实绩进行实地调研，总结典型经验如下。

一、恩施州精准扶贫典型经验与做法

（一）恩施市精准扶贫情况

恩施市位于湖北省西南部、武陵山腹地、神秘的北纬30度，是全国最年轻的自治州——恩施土家族苗族自治州首府所在地。全市区域面积3972平方公里，辖13个乡镇、3个街道办事处、172个行政村、36个社区。总人口82万，土家族、苗族、侗族等少数民族占总人口的40.6%。城市规划面积308平方公里、建成区面积50平方公里，城区常住人口45万。2016年，全市实现生产总值185亿元，增长8.2%；全社会固定资产投资完成170.8亿元，增长17%；地方公共财政预算收入完成20.3亿元，增长2.3%；旅游综合收入实现114.1亿元，增长20%；农村常住居民人均可支配收入9101元，增长10%。

拥有5A景区1个、4A景区3个，是中国优秀旅游城市、国家园林城市；物产资源丰富，拥有“世界硒都”称号，被称为“天然植物园”“烟草王国”“华中药库”，是中国名茶之乡、湖北省“茶叶大县”、全国“生猪调出大县”。

1. 2016 年扶贫工作情况

根据 2015 年初恩施市与州委、州政府签订的精准脱贫军令状，2016 年，恩施市减贫任务为：完成 48 个村脱贫出列、38709 人脱贫销号。后根据州委工作安排并结合恩施市实际，科学调整全市 2016 年脱贫规划：一是龙凤镇出列；二是 58 个重点贫困村脱贫；三是 13311 户 40388 人销号；四是完成省下达 1853 户 5922 人易地扶贫搬迁任务。12 月中旬，恩施市组建五个脱贫验收专班，对龙凤镇出列、58 个重点贫困村脱贫、贫困户脱贫销号进行了抽样核查；12 月底，省、州对恩施贫困村和贫困户脱贫进行了抽检和第三方评估，初步可以确定龙凤镇出列、58 个重点贫困村脱贫、13787 户 40953 人脱贫销号、完成易地扶贫搬迁 2307 户 6651 人的脱贫工作任务。未脱贫还有 22642 户 64714 人。

2. 典型做法

（1）创新项目统筹机制。按照“部门联动、源头整合，统筹安排、集中使用”的思路，整合财政扶贫资金、金融资金、社会资金等各类资金 21 亿元，统筹安排贫困村、贫困户的基础设施建设、产业发展、村集体经济发展；对 2016 年脱贫的 58 个重点贫困村明确了“115”项目统筹办法，累计下拨专项扶贫资金 10584 万元，实施项目 177 个，完善基础设施，壮大产业链条，增强了贫困村、贫困户的发展后劲。

（2）创新金融扶贫机制。出台了《恩施市创新扶贫小额信贷贴息实施方案》，落实扶贫小额信贷风险补偿资金 2000 万元，对已享受扶贫小额信贷资金的农民专业合作社、能人大户、小微企业的贷款实行 3% 的贴息补助，对建档立卡贫困户扶贫小额信贷资金给予全额贴息，在 145 个重点贫困村组建了金融精准扶贫工作站。全市总计放贷 2.8 亿元，有效缓解了贫困户、专业合作社、农村小微企业融资难、贷款难问题。

（3）创新社会扶贫机制。争取武陵山试验区建设单位安排政策性扶持资金 14.98 亿元，争取“616”对口帮扶资金 5.13 亿元，争取孝感市对口支援项目资金 901 万元，为全市经济社会发展注入强大动力。完善了“干部职工结对帮扶、专业合作社带动帮扶、新型电商引领帮扶、公益机构资助帮扶、市场主体链接帮扶、社会人士认领帮扶、亲戚邻里互助帮扶”7 种社会扶贫模式，全市 88 家“规上”企业、130 余家“限上”企业、86 家农业产业化龙头企业、

1055家农民专业合作社成为精准扶贫重要力量。共青团、妇联、工会、工商联、统战部及各类社会组织和爱心人士以赞助、捐赠等多种形式参与扶贫，汇聚了精准扶贫强大合力。

（4）创新电商扶贫机制。积极搭建农产品电子商务平台，大力推进电商进村，拓宽农产品交易渠道，逐步缓解农产品销售难、效益低等难题。目前，全市注册登记各类电商企业、服务企业超30家，网店、微商等逾1500家，农产品电子商务平台21个，直接从事农村电商产业人员超过1万人。

（5）创新产权交易机制。搭建农村综合产权交易平台，对全市农村集体经济组织的资产、资源的经营权或所有权，农户的山林、土地、宅基地及其他可依法交易的农村产权进行交易，把贫困户的资源变资产、资金变资本，把农民变股民，激活了农村产权要素。

（二）巴东县精准扶贫情况

巴东县位于湖北西部，区域总面积3354平方公里，辖12个乡镇、1个经济开发区、322个村（社区），总人口49.86万。2016年，巴东县全县实现地区生产总值97亿元，同比增长9%；地方财政总收入完成8.49亿元，同比增长3.9%，其中公共财政预算收入完成5.91亿元，同比增长0.9%；全社会固定资产投资完成102.1亿元，同比增长21.2%；社会消费品零售总额达到57亿元，同比增长12%；城镇居民人均可支配收入达到23164元，同比增长10%；农村居民人均可支配收入达到8761元，同比增长11%。

全县按照"产业片区+公司+基地+专业合作社+贫困户"的"五+"产业化扶贫模式推动产业发展。全县规划五大片区，一是茶叶产业片区，重点在溪丘湾乡、沿渡河镇、东瀼口镇、金果坪乡、水布垭镇、大支坪镇6个乡镇45个贫困村建设茶叶核心示范园基地。二是反季节蔬菜产业片区，全县322个村蔬菜播种面积30万亩。三是药材产业片区，建成绿葱坡、水布垭两个药材专业乡镇，实现药业总面积22.51万亩。四是干鲜果产业片区，柑橘重点管护面积10万亩，全县12个乡镇75个村新增核桃面积1.5万亩。五是畜牧产业片区，全县全年生猪、山羊、牛、家禽出栏分别稳定在80万头、27万只、0.6万头、200万羽的规模水平。通过公司、基地、专业合作社、贫困户相互对接，带动贫困户增收脱贫。

1. 2016 年扶贫工作情况

巴东县共有重点贫困村 118 个，非重点贫困村 373 个（系统中以合并前的 491 个村为依据）。通过贫困人口精准识别，最终锁定建档立卡贫困对象 54716 户 173203 人。2014—2015 年已脱贫 16793 户 56247 人;2016 年减贫 39 个重点贫困村 13831 户 44807 人;2016 年底留存 79 个重点贫困村 24092 户 72149 人。

（1）统筹资金，合力攻坚。巴东县集中财力实施精准扶贫、精准脱贫，按照聚财力、分年度、分梯次实施精准扶贫的脱贫方案。2016 年度分三批统筹资金 26.15 亿元,投入 18.3 亿元用于精准扶贫项目建设 73 个。遵循“谁用钱、谁负责、谁报账”的原则，实行发改、财政、扶贫、民宗、交通、国土、水利、水保、农业、林业、畜牧、移民等项目主管部门全覆盖。并撬动金融资本和社会帮扶资金投入，集中用于贫困地区生产条件改善、基础设施建设、特色产业发展。

（2）实施“五个一批”。一是产业扶贫。实施产业扶贫“121”计划，在全县 118 个重点贫困村中建立或对接了 118 个产业合作社、16 个金融互助社、92 个龙头企业。积极引导贫困户因地制宜发展烟叶、茶叶、畜牧业、柑橘、核桃、药材、蔬菜等特色农业,并依照《产业扶贫实施细则》及时兑现奖补资金，带动贫困户精准脱贫。二是易地搬迁。2016 年全县共启动 4126 户 13136 人，启动集中安置点 114 个，启动户数和人数占任务比为 126.22% 和 119%。全县共建成集中安置点 95 个，共完成 3989 户 12592 人的易地扶贫搬迁工作。三是教育扶贫。全面落实教育扶贫政策，2016 年秋季学期在读建档立卡贫困资助对象 23033 人,共兑现资助资金 1923.6 万元;积极引进“儿童大病医保”“菁华助成 · 美丽乡村”“一校一梦想”“泛海行动”等优秀扶贫公益品牌，2016 年累计接受各类社会资助金额近 500 万元，近 5800 名贫困家庭学生受益。加强扶贫能力培训，累计组织各类扶贫培训 20 多场次，参训人员超过 7000 人次。四是生态补偿。落实贫困户生态公益林补偿政策,兑现资金 707.08 万元，涉及 238 个村，惠及贫困户 24912 户 71821 人。从建档立卡贫困人口中选聘 1060 人，转化为生态护林员，已兑付工资 48.38 万元。五是保障兜底。坚持动态管理,做到按标施保、应保尽保。落实低保政策,全县有五保对象 3214 人、低保对象 26521 人，发放五保资金 1500 余万元、低保资金 5700 余万元；落实医疗救助政策，按时发放基础养老金549万余元，涵盖贫困对象31000人；落实残疾人补贴654万元，涵盖建档立卡贫困户8876人。

（3）推动专项扶贫。一是金融扶贫。制定《巴东县小额信贷金融扶贫实施方案》，县财政累计拨付2000万元小额信贷风险保证金，撬动2亿元贷款规模，通过扶贫小额信贷增加贫困户自身发展的造血功能，加快贫困户脱贫步伐。2016年，贷出小额信贷资金达1.93亿元，2146家贫困户和195家新型农村经营主体受益。二是旅游扶贫。打造牛洞坪、朱砂土、石桥坪、穿心岩、北界村等5个乡村旅游示范点，带动周边贫困户在家门口就业；发展从事乡村旅游行业企业45家，涵盖贫困对象811户3650人，带动388户1750人脱贫致富；发展农家乐30家，其中3星级3户，带动100余人贫困人口就业。三是信息扶贫。通过一系列扶持政策，全县118个建档立卡贫困村实现光纤通达，建档立卡贫困村覆盖率100%；信息化基础设施建设成效显著，通信讯号基本实现全覆盖，累计建4G基站643个，4G网络建设不断加快。四是光伏扶贫。"国网阳光扶贫行动"落户巴东，目前，谭家湾、马家村、绿竹筏光伏电站已并网发电，总装机容量7兆瓦。五是电商扶贫。巴东县制定出台了电商扶贫规划，建立健全了县乡村三级服务网络及物流体系。以宽带乡村为依托的电子商务发展迅速，注册电商企业近500户，成功举办18期信息赶集活动，参加农民15万余人，带动农产品交易2亿元，让更多土特产网销山外；建设贫困村村级电子商务服务站60个，2016年脱贫的39个重点贫困村村级电子商务服务站实现全覆盖。

2. 典型做法

按"八步走"标准召开屋场院子会。为确保全县的扶贫对象精准，巴东县委向全县发出召开扶贫攻坚屋场院子会的"指令"，以"三进五出"为标尺，"一把尺子量到底"。县领导带头参加屋场院子会，全县共召开屋场院子会5000余场次，收集村民意见建议6万余条，拟定帮扶措施近10万条，拍下现场照片万余张，发出视频和微信近2万条。同时，制定出"八步走"的扶贫攻坚屋场院子会议程标准版，即"选主持、定地点、明对象、讲政策、听意见、贴公示、核信息、留痕迹"，指导全县按照合法合规、公开透明的程序，再次进村入户宣讲精准扶贫相关政策，让老百姓当"裁判"，民主评议筛选贫困户对象，精准识别到人，脱贫计划制订到户。

3. 扶贫工作存在的问题

（1）村级发展不平衡。重点贫困村与非重点贫困村投入不均，村与村发展不平衡。随着脱贫攻坚力度日益增强，“五个一批”政策兑付落实，很多重点贫困村发展条件越来越好，与之形成对比的是，起点好不到哪里去的一些非重点贫困村，发展相对比较缓慢，客观上延迟了这里的贫困户脱贫摘帽的进程。

（2）产业发展优势不足。产业扶贫是实现脱贫致富的重要方式，能从根本上解决贫困地区和贫困群众的生存和发展问题。巴东县大多数贫困人口集中在边远区、深山区、高寒区。一是地理条件差，产业规模化发展受限。自然条件恶劣和农业生产设施脆弱，产业基地规模小，分散不成片，组织化程度低，标准化生产差。二是贫困户发展能力不强，产业发展后劲不足。巴东县大部分有文化、有体力、有能力的青壮年劳动力都外出打工，返乡创业的青年农民只是极少数，留守农民的科技文化素质普遍偏低，甚至体力都明显偏弱。在家发展特色产业脱贫致富愿望不大。三是市场主体不强的问题还十分突出。现有农业龙头企业中，资产规模小，生产能力小，市场开拓小，利润效益小，对全县经济的拉动能力和带动农户脱贫的辐射能力还非常有限。农业合作社虽然发展很快，但发展质量不高，运行能力不足，运转规范的农民合作社所占比例偏少。四是农业产业链不长，产业发展的集约化程度不高。大部分农副产品还停留在出售初级产品和原料上，产品缺乏附加值。

（三）利川市精准扶贫情况

利川市地处鄂西南边陲，是国家扶贫开发重点县市和武陵山扶贫攻坚片区县，集老少边穷于一体，区域面积 4603 平方公里，辖 7 个镇、5 个乡、2 个街道办事处、1 个开发区，585 个行政村（社区），户籍人口 91.7 万，是恩施州面积最大、人口最多的县级市。2016 年，市域生产总值达到 109.1 亿元，完成地方公共财政预算收入 10.7 亿元，三次产业结构比由 2011 年的 38.4 ：23.7 ：37.9 调整为 2016 年的 30.5 ：27.8 ：41.7。城镇化率由 2011 年的 32.1% 提高到 41.5%，城镇、农村常住居民人均可支配收入分别达到 24098 元、8686 元，分别比 2011 年增长 68.3%、80.6%。六大产业链包括绿色富硒食品、生态文化旅游、清洁能源、生物医药、信息物流、大健康产业。

1. 2016 年扶贫工作情况

2016 年利川全年实现 14699 户 46063 人的贫困人口稳定脱贫销号（超年度减贫目标 8463 人）、47 个贫困村脱贫摘帽、都亭街道办事处整体脱贫出列，围绕“五个一批”精准发力，因人施策落实帮扶措施。

（1）立足特色实施发展生产扶贫，以六大产业链（绿色富硒食品、生态文化旅游、清洁能源、生物医药、信息物流、大健康）为重点，实施一个企业连接两个专业合作组织、发展一个主导产业、带动一批贫困户的举措，对有劳动能力、能够通过生产和就业实现脱贫的贫困户实施发展生产脱贫。2016 年，全市统筹资金 1.6 亿余元，建成特色农业产业基地 146 万亩、“一村一品”特色专业村 136 个，培育龙头企业 56 家，14 个产品获得“湖北省名牌产品”称号。积极探索“电子商务 + 精准扶贫”路子，实施农村淘宝项目，发展电子商务的市场主体 1417 个，服务平台 8 个，电子商务运营中心 3 个，镇（乡）村级站点 582 个，销售额超过 3 亿元。

（2）聚散结合实施易地搬迁扶贫，采取建创业门店、建特色民居、建产业基地等方式，对居住生存环境恶劣、不具备基本发展条件以及居住过于分散、基础设施和公共服务设施难以配套的贫困户实施易地搬迁脱贫。2016 年全市启动了 33 个集中安置点建设，住房建设共启动 3769 户 12220 人，已实现交钥匙 3101 户 10177 人，其中已入住 1060 户 3376 人。

（3）突出实效实施生态补偿扶贫，出台专项实施意见，完成生态公益林补偿面积 195.46 万亩，兑现资金 1788.76 万元；完成退耕还林补偿 15.1216 万亩，资金 4017.96 万元，12973 户 39828 名贫困人员受益。聘请 163 名贫困人员承包公益林管护工作，选聘 1336 名贫困群众担任生态护林员，发放护林员工资共计 529.56 万元。有效促进了贫困群众脱贫增收。

（4）多措并举实施发展教育扶贫，按照“重点建设不落一校、困难资助不落一生”的要求，全面落实资助政策，资助学前教育学生 2470 人 123.5 万元，资助义务教育阶段学生 16479 人 884.4 万元，资助高中、中职、大学等其他学生共计 692.3 万元，发放 2016 年春季学期雨露计划补助资金 158.76 万元，惠及 1059 名贫困家庭学生；全面实施薄弱学校改造，累计投入建设资金 15213 万元，新建、改建校舍 68507 平方米，添置设备 108690 台（件）；全力推进教育均衡发展，完成教育均衡发展装备类 AB 包采购项目招标，中标金额 972.5578 万元，共 95 个云计算教室，涉及 93 所义务教育阶段学校。

（5）提标扩面实施社会保障兜底扶贫，全面启动农村低保按标施保工作，提高大病报销比例和救助标准，对丧失劳动能力和因病致贫等无法实现脱贫的贫困户实施低保兜底扶贫。农村低保从 2300 元提高到 3200 元，农村五保分散对象从 2500 元提高到 5100 元，集中供养对象从 3300 元提高到 5100 元。农村五保按自付合规费用实行 100% 兜底，农村低保按自付合规费用 70% 救助且不设封顶线。2016 年全市共对 21732 人农村低保对象发放低保救助金 6605.67 万元、对 3927 人农村五保对象发放五保资金 1456.98 万元、对贫困群众参合全额资助代缴 557 万元、发放贫困人员门诊救助金 196.15 万元、发放医疗救助金 1508.98 万元。

目前全市留存未脱贫贫困对象 33177 户 95595 人，贫困发生率下降至 11.5%。

2. 典型做法

利川市将旅游扶贫作为精准扶贫的主攻方向，走出了“旅游 + 扶贫”的扶贫攻坚新路。坚持因地制宜，发挥资源优势，探索建立了“以旅游为载体，以脱贫为目的，以‘十村百企万户’民宿旅游工程为抓手，大力实施旅游扶贫助推全市精准扶贫”的扶贫攻坚工作思路，制定出台了《大力实施旅游扶贫的意见》，把旅游扶贫上升为全市战略。以市委全会、市政府常务会议形式研究工作，将旅游扶贫纳入全市重点工作和年度工作目标综合考评范畴，举全市之力开启扶贫攻坚新征程。以避暑休闲、健康养生、文化体验为主题，以全力打造全国知名生态旅游目的地为目标，集中力量打造一批功能完善、魅力彰显的精品景区，扶植建设一批具有历史、地域、绿色、民族特点和观光、休闲、度假功能的特色旅游村镇，培育一批业态丰富、特色鲜明的乡村休闲旅游产品，创新形成了“景区带动型”“乡村旅游型”“养生度假型”“创业就业型”“产业融合型”等旅游扶贫模式，覆盖 228 个村，每年带动 1.3 万余人脱贫致富。

借力全域旅游大发展之机，在充分调研论证的基础上，确立以发展民宿为重点的旅游扶贫举措，主打“旅游 + 民宿 + 扶贫”牌。启动实施“十村百企万户”民宿旅游工程，东城白鹊山、毛坝兰田、南坪营上、凉雾马前等一批民宿示范村快速崛起，脱贫效果异常突出。截至目前，全市首批 11 个民宿示范村共完成民宿改造 993 户，其中建档立卡贫困户 147 户，自 2016 年“五一”开业以来，共接待游客 70 万人次，实现旅游综合收入 3.9 亿元；共吸纳就业 3200 余人，其中贫困人口就业 638 人，间接带动就业 11200 余人。

（1）坚持政府主导。编制出台《利川市“十村百企万户”乡村民宿旅游启动工作实施方案》《利川市民宿建设标准》和《利川市“十村百企万户”乡村民宿旅游暂行扶持办法》，把乡村民宿建设作为推动旅游扶贫的重点工程来抓。成立乡镇、办事处民宿旅游建设工作专班，建立“五位一体”（专项领导、目标导向、会商调度、督办通报、考评奖惩）的协同推进机制和市“四大家”领导联系民宿旅游村机制，实行任务清单、挂图作战，以周保月、以月保季、以季保年。组建龙船调民宿旅游开发有限公司，全力开展民宿旅游发展各项工作，对民宿实行“四统一”（统一标准、统一管理、统一经营、统一营销），推动民宿旅游有序发展。

（2）强化资金保障。针对贫困村基础设施建设滞后和贫困户资金投入困难实际，加大财政投入和社会资本引进力度，共筹措资金 4.6 亿元投入民宿村建设，其中投入基础设施建设及相关配套设施建设资金近 9000 万元，建成污水处理厂 2 个、大型停车场 6 个、游客接待中心 11 个、旅游公厕 16 个、文化活动广场 11 个，极大地改善了贫困村条件。制定民宿改造政府投入标准，对实施改造的农户进行资金补助，并针对贫困户资金困难实际，将贫困户扶持标准上浮 20%。截至目前，共发放民宿改造补助资金 1825 万元。

（3）注重彰显特色。在推进民宿经济发展过程中，充分尊重村情实际、村民意愿和贫困户家庭情况，注重彰显地域特色，使每个民宿村都能吸引游客、为困难群众增收。首批启动的民宿村都创出自己的特色和招牌，如：团堡镇以野猫水村宜影古镇为核心，在 318 国道沿线大力发展民宿观光体验游，2016 年共接待游客 6 万人，实现综合收入 300 万元，带动 120 户 385 人实现脱贫；凉雾乡以马前新村建设为基础，积极探索“莼渔”新种养模式，推进农旅融合，村委会成立的康家寨民宿旅游发展服务有限公司已为集体经济创收近 6 万元；南坪乡结合实际，在国道沿线发展农家乐、休闲垂钓、荷塘观景等体验形式，亦农亦景，丽森农业生态观光园解决就业 110 余人；东城以白鹊山为重心，着力打造城郊散步、纳凉、土家风俗体验等形式，175 户农户直接受益土地流转资金 57 万元，且逐年上浮。

（4）强化宣传营销。为让参与民宿改造的贫困户在最短时间内得到收益，大力开展线上线下民宿宣传营销活动，投入资金500多万元，多形式、多渠道、全方位开展民宿推介活动，邀请中央电视台拍摄制作民宿旅游形象宣传片，与锦绣麒麟传媒有限公司合作开展民宿旅游营销策划，在省、州、市等主流网络媒体上攻头条，与携程、去哪儿等网站合作推广“在线旅游”抢商机，组建民宿营销“小分队”赴重庆、武汉、成都等一级客源市场开展推介活动，举办第一届民宿文化旅游节，形成了“铺天盖地”的宣传氛围。特别是2016年6月，利川市成功举办首届中国山地马拉松利川站赛事，精美的民宿、宜人的风景和特色的土家文化在中国“大赛”上亮相，对推广利川民宿起到了推波助澜的作用。

（四）来凤县精准扶贫情况

来凤因凤凰飞临的传说而得名。清乾隆元年（1736年）“改土归流”建县。全县面积1344平方公里，辖2个乡、6个镇、1个经济开发区，185个村，1800个村民小组，总人口32.5万人，其中农村人口27.5万人。以土家族、苗族为主的16个少数民族占总人口的61%以上。来凤具有十分鲜明的区位、资源、文化特点。2016年地区生产总值63亿元，增长9%，规模以上工业增加值13.3亿元，增长7.5%，财政总收入7.39亿元，增长0.5%，地方公共财政预算收入3.75亿元，增长0.5%，全社会固定资产投资68亿元，增长18.8%，社会消费品零售总额35.98亿元，增长12.5%，城镇常住人口人均可支配收入23527元，增长10%，农村常住人口人均可支配收入8729元，增长12%。

2013年全县建档立卡贫困规模为46个贫困村，21913户贫困户，79074名贫困人口。经过建档立卡“回头看”、扶贫审计整改和灾后返贫核实，剔除不符合条件的贫困户3561户13455人，纳入符合条件的贫困户3174户9753人，全县贫困规模调整为21526户75372人。2014年脱贫3408户11931人，2015年脱贫7164户25025人，2016年脱贫20个村8321户29124人。3年减少贫困人口66080人，贫困发生率由27.4%下降到3.3%，减少24个百分点。2017年未脱贫9290人。

2016年，来凤县按照“六个精准”“五个一批”“不落一人”的总要求，认真落实中央、国务院和省、州的党委、政府的决策部署，聚焦短板差距，创新扶贫机制，整合扶贫资源，突出合力攻坚，扎实推进精准扶贫、精准脱贫工作。经省、州考评验收，实现4个乡镇20个村8321户29124人预脱贫。3年共计减少贫困村20个，减少贫困人口66080人，贫困发生率减少24个百分点，为2017年整县脱贫打下了坚实基础。主要做了以下工作。

（1）统一思想，加强领导。一是认真学习习总书记关于扶贫开发工作的系列重要讲话精神，全面落实中央、省、州精准扶贫部署安排，把脱贫攻坚作为全县“头等大事、第一民生”。二是统筹谋划精准扶贫工作，强力推进“双带双跨三个五精准扶贫”，以精准党建带精准扶贫，以收入倍增带精准扶贫，实施“五网覆盖”（水、电、路、讯、公共服务全覆盖），“五措并举”（精准识别、驻村帮扶、机制创新、要素保障和脱贫管理），“五批脱贫”（发展生产、易地搬迁、发展教育、社会保障和生态补偿），确保2017年减贫摘帽。三是切实加强组织领导。成立扶贫攻坚领导小组，统筹整合项目资金，落实驻村帮扶机制，建立月周调度制度，组织扶贫攻坚“百日会战”，推进扶贫重点项目建设。

（2）补齐短板，夯实基础。以农村基础设施建设为突破口，着力补齐水、电、路、讯、公共服务的短板。一是建立饮水网。围绕“大水厂、大管网、全覆盖”的目标，成立来凤县水投公司，采取PPP项目模式，整合资金3.5亿元，实施27个大水厂、717公里大管网建设，确保从根本上解决农村安全饮水问题。二是巩固电力网。围绕农村保障用电，实施项目506个，改造农村电网1745.38公里，总投资19281.53万元，实现农村用电“无卡口、无低压”。三是织密交通网。全力打造县城至乡村“1小时交通圈”，整合资金3.5亿元，推进830公里村组公路和产业路建设，实现农村公路“村村通、组组通”。四是拓展通信网。按照“村通光纤、户通宽带”要求，切实加强农村通信建设，实现185个村通光纤、15000户通宽带。五是提升服务网。深化“来凤之狠”改革成果，推进行政服务向基层延伸。完成43个贫困村阵地建设，实现185个村农民办事不出村。

（3）落实措施，强化帮扶。狠抓“五个一批”，强化帮扶措施落实。一是发展生产促增收。落实产业发展9526户33038人。建设大循环线、“讨橙线”产业带和一批产业村，突出藤茶（绿茶）、油茶、蔬菜、药材、畜禽等特色产业。坚持把精准扶贫与商旅文化发展相结合，以乡村旅游和农村电商为载体，统一规划、统一建设，推进“三产”融合发展。二是易地搬迁挪穷窝。加快推进易地扶贫搬迁，落实搬迁2078户8017人（其中：集中安置点36个，安置人数1054户4180人，分散安置1024户3837人）。36个集中安置点全部开工，11个集中安置点完成房屋主体建设。三是生态补偿利长远。落实国家公益林补贴贫困户247户，受益贫困人口739人，户均年补贴资金378元，落实全部为贫困人员组成的森林管护员390人，年均工资4000元。四是发展教育治穷根。实施雨露计划，开展劳动力教育培训，落实教育资助政策，加强农村"三支"队伍建设。1.2万户贫困户、12641名子女分别落实各类教育资助和雨露计划补贴，开展农村实用技术技能培训3.4万人次。五是加强社会保障兜底。低保户、残疾人、五保户实行"双线合一"、政策兜底，落实大病救助政策。全县保障"五保户"1021人，低保户10147户16524人，残疾人保障2948人、保障率达到100%，实施贫困人口医疗救助4773人、大病救助1151人。

（4）创新机制，统筹推进。一是强化精准识别。坚持标准，严格程序，对全县贫困户进行建档立卡"回头看"和扶贫审计整改，剔除不符合条件的贫困户，新纳入符合条件的贫困户，确保在精准识别环节不漏一户、不落一人。二是加强系统管理。实施"卡内无硬伤、卡外无贫困户"的动态管理，建立县、乡、村三级贫困信息采集队伍，实施贫困信息季度、年度更新制度；建立精准扶贫大数据平台和精准扶贫统计制度。加强扶贫档案管理，建成"户有袋、村有档、乡有库、县有室"的标准化精准扶贫档案系统。三是夯实驻村帮扶。按照"一村一队、一次确定、全面覆盖、分年考评、限期脱贫"的原则，整合县、乡（镇）帮扶资源，建立"单位组队驻村、干部驻村联户"的帮扶制度，一定三年不变，换人不换村，不脱贫不撤队。省、州、县、乡镇4级189个工作队、1426名驻村干部与192个村（社区）的21526户贫困户、75372名贫困人口结成帮扶对子，形成了驻村帮扶长效机制。四是加强扶贫评估。县委、县政府与8个乡镇、21个县直部门签订精准扶贫军令状。建立第三方考评机制，今年3月对全县46个贫困村按照省规定的贫困村脱贫标准进行逐项评估，找差距，补短板；10月，委托中南财经政法大学江汉减贫研究院进行精准扶贫绩效综合评价。坚持"旬查、月督、季评、半年拉练"的精准扶贫督办制度，对脱贫户、脱贫村按照验收标准进行提前评估。制定出台《来凤县精准扶贫工作问责办法》，实行"反向问责、提头来见"。

（5）整合资金，强化管理。落实资金整合政策，制定方案，建立制度，助推脱贫。一是遵循原则。坚持规划引导，项目主导，建立“大类间整合、打通使用”的整合机制。二是明确目标。将整合资金集中用于年度扶贫项目建设，实现年度脱贫任务。三是确定项目。将政策明确整合的农村基础设施建设等资金全部整合用于精准扶贫。四是明确路径。将4.8亿元整合资金分为10大类项目，建立8个运作平台，统筹用于农村基础设施、产业发展、公共服务、政府保障等精准扶贫项目。五是加强融资。对重点项目缺口资金实行融资，做大交投平台，组建水务投资，融资7亿元，实施村组公路和农村安全饮水项目；建立2300万元贫困村集体经济发展基金，注入农业龙头企业，实行年度分红，既促进优势产业发展，又解决贫困村集体收入问题。六是强化管理。搭建整合平台，创新整合方式，建立“统一规划、统一实施、统一验收、统一报账”的整合机制，严格执行财政扶贫专项资金管理办法，实行国库集中支付管理，规范项目资金监管流程，建立项审计问责、责任追究制度。

（五）咸丰县精准扶贫情况

咸丰县地处鄂西南边陲，全县面积2550平方公里，总人口38.5万人。受区位条件和发展基础制约，在过去较长一个时期，县域经济发展一直处于“慢车道”。用三个字可以概括咸丰的“底色”：一是“闭”。咸丰是湖北省离省城最偏远的县，境内以高山、二高山为主的山地面积占77%。二是“农”。咸丰是传统的山区农业县，一产业占比一直在44%左右，分别高出全州、全省平均水平6个、28个百分点以上。三是“贫”。咸丰是国家扶贫开发工作重点县，全县建档立卡贫困村66个，贫困户45895户145038人。

近年来，抢抓脱贫攻坚机遇，以干求助，推动实现了全县经济社会又好又快发展。一是经济大发展。2016年实现地区生产总值74.34亿元，年均增长12.11%；地方公共预算收入达3.86亿元，年均增长14.75%；社会消费品零售总额40.8亿元，年均增长22.56%；外贸出口完成6200万美元，年均增长21.74%，分别是2011年的1.77倍、1.99倍、2.77倍、2.67倍。全社会固定资产投资完成73.2亿元，年均增长24.57%。城镇、农村常住居民人均可支配收入分别为23000元、8877元，比2011年分别增加9490元、4137元。三次产业结构比由2011年31.2：26.7：42.1调整为20.6：30.5：48.9，实现产业结构的优化转型。二是农村面貌大改善。实施以“五改三建”为核心的生态家园建设，农村从“散乱差”变成了“绿富美”。黄金洞乡麻柳溪村入选“全国美丽乡村”创建试点，小村乡成为“全国环境优美乡”，咸丰成功入选“全国休闲农业与乡村旅游示范县”。三是人民生活大提高。随着恩黔高速公路建成通车，黔张常铁路开工建设，公路里程由1986年的414公里延伸到2691公里，从此咸丰山不再高、路不再远。

1. 2016年扶贫情况

建立了“五个一”（一个指挥系统、一张作战图、一本计划书、一套政策体系、一个扶贫模式）扶贫工作格局，形成了“万众一心、决战贫困”的强大气场。

（1）以机制创新为动力，坚定落实精准扶贫“六个精准”。积极创新精准扶贫体制机制，扎实推动“六个精准”要求“咸丰化”。一是一个集团军作战。成立由县委书记任指挥长、县长任常务副指挥长的高规格精准扶贫作战指挥部，建立“1311”部门帮扶、“321”干部帮扶机制，组建66个“尖刀班”，选派66名“第一书记”，精准帮扶贫困村、贫困户。县帮扶干部刘延安结对帮扶工作获国务院扶贫办副主任洪天云同志“点赞”，同时，还涌现出好支书谢启田等扶贫先进典型。二是一张时间表聚焦。按照“2015—2019年集中攻坚，实现整县脱贫；2020年巩固提高，实现全面小康”的目标，制订精准扶贫脱贫计划表，将时间、任务、责任分解到乡镇、贫困村。全县建档立卡贫困村66个，建档立卡贫困人口45895户145038人，已全部按年度将任务进行分解。其中，2016年减贫22个贫困村9562户31250人，超额完成军令状（30420人）目标任务。三是一套规划管总。科学编制全县精准扶贫总体规划，配套完善11个乡镇（区）和66个重点贫困村脱贫方案，各行业扶贫部门分别制定精准扶贫帮扶方案，形成“1+X”的脱贫规划体系和政策保障体系。四是一批项目集成。“十三五”时期，全县规划精准扶贫项目7128个，计划投资206.7亿元（包括黔张常铁路、咸来高速、咸利高速等一批重大扶贫项目）；2016年实施项目1179个，计划整合资金8.88亿元，目前，已完成整合资金9.31亿元。五是一根指挥棒考核。把精准扶贫纳入乡镇和县直部门年度综合目标责任考评，占80%的比重，同时，实行“一票否决”。建立精准扶贫大督查机制，坚持“一月一调度、一月一督查、一月一通报”。六是一本资料整合。投入资金150万元，按照统一标准、统一要求，全县对“县、乡、村、户”四级档案进行了进一步的规范整理，将所有入户资料编印成一本册子，便于统一保存。

（2）以精准发力为核心，全力推进精准扶贫“五个一批”。坚持因地制宜、因户施策，将“五个一批”与建档立卡贫困户精准对接，确保所有贫困户扶贫有措施、脱贫有支撑。一是发展生产换穷业。实施“旅游+”“电商+”“金融+”，探索“家庭农庄型”“专业合作组织型”“龙头企业带动型”等产业发展模式。二是易地搬迁挪穷窝。“十三五”期间，全县计划实施扶贫搬迁7131户22590人。2016年度1251户易地搬迁户已全部完成“交钥匙”工程。三是完善设施改穷貌。按照脱贫验收标准，建设完善一批基础设施。同时，认真落实生态补偿政策，今年以来，全县共发放生态补偿资金2463.33万元，815名贫困人口转化为护林员。四是教育扶贫斩穷根。建立教育扶贫基金300万元，发放“两免一补”资金3475万元、中职免学费和中职普高助学金565万元、生源地助学贷款327万元，解决20580户贫困家庭子女“上学难”问题。五是社会保障兜穷底。认真落实社会保障兜底政策，全县20944户36455名低保对象、137名孤儿、1706名五保对象，实现了应保尽保。建立大病救助资金500万元，惠及2.2万贫困群众。

（3）以信息技术为抓手，深化建立精准扶贫“数据平台”。以“农民办事不出村”信息化便民服务平台建设为载体，建立覆盖全县、互联互通的扶贫信息系统，实现了资源共享和动态管理。一是强化组织保障。成立县委书记任组长、相关县领导任副组长的项目建设领导小组，制定下发《关于在全县推行“农民办事不出村”信息化便民服务的通知》，公开了“三个清单”（服务事项清单、服务流程清单、办理时限清单）。二是搭建阵地平台。按照“乡镇主体、示范先行、逐步推进、整体覆盖”的思路，在全县构建起县、乡、村“三级一网”格局。整合扶贫、党建、政法、行政审批服务部门的服务管理职能，构建起集“精准扶贫、网格化管理、信息化支撑、民主化治理、社会化服务”为一体的信息化管理服务平台。三是优化软件设计。完成精准扶贫作战指挥系统、精准扶贫对象管理系统、精准扶贫查询系统建设，打造县乡村三级指挥体系、政策体系、规划系统、作战动态等10余个模块设计，基本实现了“坐不出户”一键掌握贫困户致贫原因、贫困属性、帮扶措施、脱贫成效等信息和干部落实情况。同时，“咸丰精准扶贫”微信公众号上线运行，党员干部可通过微信公众号关注精准扶贫动态、上传帮扶记录、发帮扶心得。

2. 典型做法

创新建立了“121+3”［“121”即每个贫困村对接1个龙头企业、组建2个社（金融互助社、专业合作社）、发展1个主导产业。“3”即3个社（县里1个专业合作社联合社、每个乡镇1个供销合作社、每个贫困村1个村集体经济股份合作社）］产业发展模式，形成了精准扶贫“咸丰模式”。

（1）创新组织方式，实施“抱团式”扶贫。全力打造“121+3”产业扶贫模式，形成“抱团式”产业发展格局。一是市场主体“带动”。吸引和鼓励农业龙头企业、农民专业合作社、家庭农场、专业大户等带动贫困村建立产业基地。全县186家龙头企业、605个农民专业合作社，带动发展特色产业面积达87.9万亩。二是担保体系“撬动”。在全省首创组建农民专业合作社联合社，恢复重建乡镇供销合作社，在村级组建金融互助社，县财政出资与自筹资金共同组成联合社、供销社和互助社的担保基金，撬动10倍的银行信贷投入，形成县、乡、村三级金融担保服务体系。三是主导产业“联动”。按照“短中长”产业发展模式和“因地制宜”原则，实施“一村一个致富产业”行动，推动66个重点贫困村村均建成持续稳定增收的主导产业基地500亩以上。

（2）建立利益联结，实施“红利式”扶贫。建立“市场主体+村集体+贫困户”利益联结，形成三方共同受益的“红利式”产业发展格局。一是政府奖补入股分红。制定《咸丰县特色农业扶贫基地“以奖代补”实施办法》，政府把奖补资金作为村集体股份，对带动贫困村、贫困户发展产业基地的市场主体实行“以奖代补”入股。二是资源资产入股分红。组建村集体经济股份合作社，村集体以资金、资产、资源入股村级产业合作社；贫困群众以土地经营权、劳动力等入股村级产业合作社；企业以种苗、肥料、技术等入股村级产业合作社，形成利益联结，按照固定比例进行利益分红。三是土地流转入股分红。农民将土地经营权流转给村集体，村集体再将土地经营权流转给市场主体，流转资金作为股份入股，建立产业基地，通过土地二次流转，建立农民、村集体、市场主体三方利益联结机制，形成利益比例分红。

（3）注重产业融合，实施“链条式”扶贫。推进实施“旅游+”“光伏+”“互联网+”等扶贫行动，构建“链条式”产业发展格局。一是“旅游+”推动“绿水青山”变成“金山银山”。推进“一乡一麻柳溪”“一乡一现代农业产业园”建设；围绕县城和县内重要景点，着力打造一批旅游扶贫示范点、示范线和示范区。清坪“梦里龙潭水乡”“花海茶园泗坝”“排风园林走廊”等一批乡村旅游扶贫亮点正在凸显。二是“互联网 +”推动“网货下乡”和“农货进城”。充分发挥“国家电子商务进农村综合示范县”的作用，完成“一园一馆两中心”（“一园”：农村电子商务产业园暨创业孵化园。“一馆”：以公共品牌为主的特色农产品线下体验馆。“两中心”：县级电商运营中心、电商网货配送中心）规划，建立县乡村三级电子商务平台。咸丰县高位截瘫残疾青年向思江通过电商扶贫，不仅实现了自身脱贫，还带动10余户贫困户实现脱贫致富。三是“光伏 +”推动“清洁能源”变成“扶贫资源”。采取集中建设模式，投入资金4.8亿元建设50兆瓦农光互补光伏电站（村级电站5兆瓦、地面电站45兆瓦），项目建成后，可带动66个村村均实现村级集体经济收入5万元以上，带动566户1920名建档立卡贫困人口实现脱贫。

（4）激活社会资本，实施“开放式”扶贫。发挥政策资金的杠杆作用，构建政府、市场、社会协同推进的“开放式”扶贫格局。一是撬动金融资本。县财政建立小额信贷担保基金2000万元，按1∶10比例撬动10倍以上农商行信贷投入，政府、银行、保险按照2∶3∶5比例承担风险，为评级授信的建档立卡贫困户提供扶贫贷款。截至目前，农商行已发放小额扶贫贷款1.58亿元。二是发挥商会作用。成功搭建北京、广东、武汉、温州等地咸丰异地商会平台，积极为咸丰县在外就业贫困群众提供服务。截至目前，异地商会为咸丰县外出务工人员提供就业岗位5000余个；成立咸丰企业商会扶贫助学基金会，募集爱心种子基金40万元。三是用活财政资金。充分利用财政“过桥资金”、产业发展资金，有效缓解企业发展难题，全县已为39家企业提供过桥资金3.6亿元。同时，抢抓“农业部结对帮扶”、省政府“616”对口帮扶等政策机遇，借助帮扶资源助力精准扶贫。全县通过上级结对帮扶，实施扶贫项目300余个，涉及资金近4亿元。

（六）宣恩县精准扶贫情况

宣恩县地处湖北省西南边陲，位于武陵山区腹地，于清朝乾隆元年（1736年）建县，寓“传布恩德”之意。区域面积2730平方公里，辖5个镇、4个乡，279个行政村、5个社区、1个省级工业园区和1个国家级自然保护区——七姊妹山自然保护区，总人口36.5万人。2016年，全县特色农业产业基地达到 68 万亩，有机农产品认证基地达到 2.15 万亩，建成全省生猪调出大县，农业主导产业产值突破 15 亿元。实现地区生产总值 60.24 亿元，是 2011 年的 1.7 倍；实现地方财政总收入 4.63 亿元，是 2011 年的 2.2 倍；实现公共预算收入 3.27 亿元，是 2011 年的 2.2 倍；城镇居民人均可支配收入、农村居民人均可支配收入分别达到 22666 元、8702 元，分别是 2011 年的 1.8 倍、2.2 倍。其中财政总收入、公共预算收入和农村居民人均可支配收入在 2011 年基础上翻一番，部分核心指标年均保持两位数增长，全县经济总量与运行质量明显提高，综合实力显著增强。

一年来，宣恩县紧紧围绕精准扶贫、精准脱贫目标任务，认真贯彻落实中央、省、州精准扶贫工作会议精神，坚持把精准扶贫、精准脱贫作为最大政治责任和最大工作任务来抓，坚定脱贫信心，强化责任担当，明确思路，强化措施，完善规划，举全县之力，压实责任，全县精准扶贫工作取得明显成效。成功承办了“中部六省金融扶贫现场会”“全州精准扶贫暨易地搬迁宣恩拉练会”，推行的“脱贫指标按部门职能划分扶贫责任的行业扶贫模式”在全省推广（在宜昌召开的“全省扶贫项目管理及干部驻村帮扶培训会”上作典型发言）；“金融扶贫益贷”模式得到了省政府曹广晶副省长的肯定性批示；顺利通过了国务院扶贫开发领导小组对宣恩县脱贫攻坚督查，并获得书面肯定（国办发〔2016〕23 号）。宣恩县如期完成了 25020 名贫困人口脱贫销号，28 个建档立卡贫困村脱贫出列，3 个乡镇整体脱贫的减贫目标任务。

1. 典型做法

（1）聚焦精准识别，做实扶贫对象文章。

按照全省要求，针对贫困识别中的主要问题，及时进行“回头看”，做到识别和脱贫程序到位，对象精准真实，“不落一人、不错一人”。在“回头看”中利用“大数据”核查，精准锁定“六个对象”，实现了贫困对象和脱贫对象精准识别。全县有建档立卡贫困户 27592 户、贫困人口 88576 人。其中：2014 年已脱贫对象 3615 户 12126 人，2015 年已脱贫对象 9420 户 31684 人，2016 年脱贫年度留存未脱贫对象 14495 户 44766 人。其中：2016 年预脱贫对象 7863 户 25020 人，新识别因灾致贫对象 299 户 951 人；剔除不符合条件对象 1073 户 3295 人，通过比对不符合条件但未作剔除处理的对象 132 户 429 人；纳入符合条件对象 492 户 1555 人。

（2）聚焦“五个一批”，做实因户施策文章。

为确保“五个一批”扶贫政策落到实处，户户有政策，人人能享受，按期可销号，宣恩县分别出台了“五个一批”实施方案，精准锁定了“五个一批”到户对象，其中：发展生产脱贫一批17529户55914人，易地搬迁脱贫一批11068户34632人，生态补偿脱贫一批8577户27516人，发展教育脱贫一批4666户16271人，社会保障兜底一批7501户21162人。

狠抓发展生产脱贫一批，一村一品格局基本形成。设立产业发展基金，整合资金用于产业发展1.3亿元。在原有茶叶、白柚、黄金梨产业链建设基础上，新打造了长潭河乡杉木树—诺西—涌动河茶叶片区，3个贫困村集中发展茶叶3000余亩，培植茶叶企业4家。县兴农合作社扶持勾腰坝村种植无公害蔬菜1000亩，带动周边300户农户脱贫致富；在推进全域旅游示范区建设中，成功打造了珠山镇东门关—土鱼河乡村旅游片区，前期投入3000余万元，每月接待游客3000余人次。同时，9个重点村的旅游扶贫项目建设已经启动；成功探索出山区农民“就地城镇化”模式，成功打造工业园区就业平台，入园企业总数达到100家，提供就业岗位5000余个，吸纳贫困人口就业1100余人。目前，全县烟叶面积6.9万亩、茶叶面积22.2万亩、畜牧业仅生猪2016年出栏64万头、黄金梨和白柚（含小水果）面积17.92万亩、蔬菜面积15万亩主导产业基本形成。宣恩县共有56家企业、96个农民专业合作社、78个扶贫互助社参与结对帮扶，通过发展茶叶、白柚、蔬菜、药材等产业，带动贫困户脱贫。贫困户人均种植经济作物面积2.42亩，覆盖贫困户19394户64633人。依靠发展生产，增强贫困人口的内生动力和“造血”功能，已成为宣恩县农村贫困人口实现稳定脱贫的主要途径。

狠抓生态补偿脱贫一批，惠农政策落实生效。实施生态公益林补偿面积156.86万亩，年补偿资金1610.28万元，其中覆盖建档立卡贫困户17103户、贫困人口49719人，补偿面积657758亩，年补偿资金536.97万元。退耕还林8.4万亩，其中覆盖贫困户4653户，贫困人口13863人，退耕面积17896亩，为建档立卡贫困户兑现第一轮退耕还林资金331.8万元。在建档立卡贫困人口中落实森林管护人员640人，年度管护资金256万元，年人均管护费4000元。

狠抓发展教育脱贫一批，教育救助实施精准。资助学前教育学生475人，义务阶段学生6645人，发放助学金3782人，贫困生减免学费3152人，发放生活补助 9134 人，共计落实资金 1644.5 万元。资助大学新生建档立卡贫困学生 276 人，资助金额达 104.1 万元。落实大学生贷款 1017 人 710.2 万元。努力推进“全面改薄”工作，投入资金 1371.1 万元。投资 2219 万元实施 53 个校园校舍建设类项目。实现 10 个村级小学（教学点）的光纤宽带接入。完成“雨露计划”1334 人，落实补助 200.1 万元，实现了应补尽补和按时发放。投入资金 300 余万元建成了 99 套教学点“班班通”设备。推进职业教育资源进一步向贫困村、贫困家庭倾斜，秋季职业高中招生人数达 626 人，创中职就读人数历史新高。完成从贫困户家庭的应届高中毕业生中定向招录“定向专科师范生”46 名，城区学校教育布局有序推进，新增小学学位 1500 个、初中学位 500 个。

狠抓易地搬迁脱贫一批，困难群众安居乐业。宣恩县按照易地搬迁与特色产业发展结合、易地搬迁与全域旅游创建结合、易地搬迁与城镇化建设结合、易地搬迁与务工就业结合、易地搬迁与政策兜底结合，全方位保障搬迁户后续生产生活，确保搬迁资金使用成效，确保搬迁来、稳得住、能致富。全县锁定搬迁对象 11068 户 34632 人，全县规划集中安置点 91 个。省州下达 2016 年计划 2134 户 7056 人（县计划 3013 户 9919 人）。全县 2016 年计划开工建设 36 个安置点，已启动建设的安置点 39 个，共建房屋数为 4360 户 14139 人，其中集中安置点建房数为 3617 套 11383 人，分散安置建房数为 743 户 2756 人，集中安置率为 83%。已按进度目标完成了搬迁入住。

狠抓社会保障兜底脱贫一批，落实民生民利政策。全县社保兜底脱贫涉及 1.27 万户。2016 年 5 月开始，将农村低保调整为每年 3300 元，五保供养调整为每年 5100 元，按月进行动态管理；县级财政筹集 1000 万元救助资金，解决重特大疾病患者因病致贫、因病返贫问题；落实发放残疾人两项补贴 242 万元，覆盖 5571 人次；2016 年全县新型农合参合率为 99.23%，对建档立卡贫困户中的五保户、低保户、孤儿、重点优抚对象全额资助新农合 17696 人，代缴新农合个人基金 212.4 万元，划拨新农合大病保险费用 737.2 万元，兑现 2015 年大病医疗救助资金 174.3 万元；2016 年补偿门诊医药费用 257 万元，补偿比例达到 70% 以上。

（3）聚焦体制机制，做实创新文章。

创新实施金融扶贫。以互助社为平台，以互助社资金为风险抵押金，按1：10比例将互助社本金信贷规模扩大10倍，解决贫困户、专业合作社、企业融资难的问题。目前，金融扶贫发展势头强劲，建立金融扶贫资金池2135万元，申请加入县级金融扶贫互助社的企业、农民专业合作社达到121家，其中2016年新增31家。全县完成评级授信2.7万户，其中贫困户授信4100户，累计发放到户贷款2.3亿元，其中2016年新增贷款0.6亿元，覆盖贫困户1230户。金融扶贫已成为宣恩县贫困户精准脱贫的有效措施。

创新设立村级精准扶贫专干。为加大村级扶贫工作力量，宣恩县除配强县、乡扶贫队伍力量外，经县委常委会研究决定，按照村主职干部原则上不得兼任的要求，在每一个村选配了1名扶贫专干，并从本级财政按村主职干部年待遇的50%标准落实村扶贫专干待遇，专门从事村级精准扶贫工作，从而填补了村级无扶贫干部的空白。同时，县精准扶贫指挥部进一步强化村扶贫专干管理，明确工作职责，将村扶贫专干的管理与考核纳入县对乡镇的考核内容，有力地促进了全县精准扶贫工作落实落地，形成县乡村三级联通的工作体系。选拔村级扶贫专干在恩施州尚属首创。

创新搭建信息化管理平台。为实现各级精准扶贫规范化管理，宣恩县精准扶贫指挥部在明确精准扶贫指挥部及其办公室、帮扶牵头单位及参与单位、行业扶贫单位、乡镇党委政府、村党支部书记及村第一书记、帮扶干部的精准扶贫职责的基础上，结合宣恩精准扶贫工作实际，成功建立运行了具有宣恩特色的"宣恩县精准扶贫信息化管理平台"，在确保信息安全的基础上，实现了县、乡镇、村、行业扶贫单位对贫困户、贫困村信息资源数据共享。目前，信息系统具备网上作战、政策解读、分析汇总、信息查询、项目管理、精准帮扶、督查巡查、资源共享等多种功能。2016年共通过系统宣传各级扶贫政策文件近100份，上传各类扶贫信息近1000条，帮扶责任人上传帮扶记录4.4万余条，实现了宣恩精准扶贫精准脱贫信息化、精准化管理。

创新脱贫评估验收办法。2015年，宣恩县有7个建档立卡贫困村在全州率先整村脱贫出列，为做好脱贫验收工作，宣恩县总结出了"行业部门把关+第三方复核"的评估验收办法，对出列的村和户进行评估验收，为全州脱贫评估验收工作探索出一条公正、公开、透明途径。2016年11月中旬，宣恩县出台了《关于开展2016年度贫困户、贫困村脱贫评估验收和做好州对县党政线精准扶贫考核准备工作的通知》(宣恩办电〔2016〕23号),各级严格对照方案开展脱贫初选和县级核查。12月上旬,宣恩县又以购买社会服务的方式,聘请中南财经政法大学湖北江汉减贫与发展研究院为第三方评估验收机构,对28个重点贫困村实现评估验收全覆盖,抽查非重点贫困村23个,抽样贫困户1103户;以随机抽样评估验收的方式,28个建档立卡贫困村、3个乡镇、25020名贫困人口实现了出列、脱贫销号。

创新制定差异化扶持政策。一是切实增强帮扶单位的帮扶手段。允许县内帮扶单位结余的公用经费用于精准扶贫结对帮扶,改善贫困户生存环境和生活条件,全县各单位共投入结余的公用经费485万元,为贫困户购买电视机、电饭煲、床被、打灶台、修入户路、购米油和走访慰问,使全县652户贫困户的生活条件获得有效改善,生活质量得到大幅提升。二是提高重点贫困村非易地扶贫搬迁贫困户危房改造补助标准,在原住建部门危房改造户均7500元的基础上,由县整合结余的生态移民资金,将标准提高到户均2万元,由乡镇因户施策,统筹安排使用,共实施差异化贫困户危房改造397户。对2016年3个整体脱贫乡镇的非重点贫困村中266户非易地扶贫搬迁贫困户的危房改造对象,报县扶贫办备案后,按户均2万元的标准,由乡镇因户施策,统筹安排组织实施,并经县扶贫办牵头组织有关部门逐户验收合格后捆绑资金兑现。通过这一政策的实施,使全县663户贫困户的居住条件获得较大改善,有效提高了贫困群众满意度。三是"清零"回收各单位历年项目结余财政存量资金18648万元,用于精准扶贫统筹4320万元,安排实施精准扶贫项目29个,覆盖贫困人口3000余户。四是对发展产业的贫困户,在所在村登记造册,由当地村委会出具证明到信用社贷款购种,发展产业实行扶贫办贴息贷款、县农业局对疫病防控统防统治等补贴政策;对贫困户流转土地发展产业,除无偿提供种苗外,对流转的土地按照30%流转费标准连续奖补4年;对贫困户发展"4450"生猪养殖的,验收后每户奖补5000元。

创新村集体经济发展模式。村级集体经济发展,是各级党委、政府精准扶贫绩效考核体系中的重要指标,就各乡镇调查摸底的情况来看,2016年预脱贫的重点贫困村中尚有17个村集体经济发展不足,难以达到省、州相关要求。因此,宣恩县需要采取更强有力的措施对该问题进行解决。从2016年整合资金中解决510万元作为17个重点贫困村集体经济发展基金，通过参股国有企业分红的方式发展村级集体经济。2016年，每村按30万元股金委托县国有资产管理局参股地方国有企业，由县国有资产管理局行使股东权利。自2016年开始计算，县国有资产管理局每年从参股公司分得的股利收入中为每村安排5万元作为集体经济收入，由国有企业直接按股权收益分配给参股的重点贫困村。

（4）聚焦作战措施，做实攻坚整合文章。

集结力量，合力攻坚。坚持把组织各方力量参与扶贫作为重点，发动精准扶贫“联合军”。选派70名机关干部到贫困村任“第一书记”，工作与单位原工作脱钩。组建70个扶贫工作队，4444名党员干部参与贫困群众结对帮扶。同时，注重吸纳社会力量参与。组织动员了1家中直单位、4家省直单位、16家州直单位、104个县直部门以及60余家企业参与到驻村帮扶中。各乡镇动员乡镇直属单位的党员干部结对帮扶贫困户，实现了全县贫困户和贫困村结对帮扶全覆盖，形成村村有驻村帮扶单位，户户有结对帮扶人员的帮扶工作体系，成效显著。2016年，省、州、县各帮扶单位举自身之力引进各类帮扶资金4178万元，帮助项目133个。

多措并举，加大整合。立足贫困村整村推进和精准扶贫到户，打造资金整合统筹使用平台，推进各类资金有效整合使用。按照“九有”脱贫标准，2016年，整合投入行业部门项目资金、工作队帮扶资金、中央省州专项扶贫资金17.4亿元用于精准扶贫，其中产业发展资金1.3亿元，基础设施建设资金4.8亿元，公共服务设施建设资金11.3亿元。为优化项目建设程序，提前谋划2017年资金整合工作。已完成2017年20个预脱贫贫困村项目建设所需资金整合，于12月底下达资金计划。

探索模式，增强活力。一是积极探索“互联网+扶贫”模式。沙道沟镇二坪村设立了“草根吟”微信群。一年来，共接受来自恩施、武汉、廊坊等地300人次捐助，募集资金1.9万元，物资折价1.8万元，改善了二坪村28名留守儿童的生活困境。二是探索实施“1+x+y企业链”模式。宣恩维民实业公司联合晓关乡所有大小茶叶企业组成晓关乡有机农业专业合作社，采取“规模企业帮助小微企业做大做强，小微企业带着贫困户致富奔小康”的模式，对全乡贫困户实施产业帮扶全覆盖。湖北土家爱有限公司、湖北谭家村酒业有限公司等公司也分别在高罗等乡镇建立基地，对贫困户实施产业精准帮扶，着力提升造血功能，从根本上解决脱贫不返贫。三是大力打造“乡村旅游”模式。宣恩县伍家台村依托丰富的茶叶资源，积极打造集生态农业观光、贡茶体验、土家风情、度假娱乐、休闲养生为一体的农业观光、休闲娱乐景区。已扶持贫困户发展农家乐 21 家，吸引 1230 人从事零售业，带动全村 138 户贫困户脱贫，实现乡村旅游 7200 万元。

（5）聚焦突出问题，做实排难排困文章。

为确保如期实现减贫 2.5 万人，28 个村脱贫出列，3 个乡镇整体脱贫目标，切实改善贫困户生产生活条件，提高群众满意度和获得感。2016 年以来，宣恩县委、县政府共召开精准扶贫专题会 6 次，出台会议纪要 6 期，开展精准扶贫调研 10 次，撰写精准扶贫调研报告 3 份。召开督查督办会议 12 次，开展精准扶贫专项督查 9 次；从 2016 年 5 月起，县长习覃基本上每周五的下午召开易地扶贫搬迁督办会。一系列督查巡查和专题会议，着力解决了人员编制、专干待遇、资金整合、易地搬迁、到户措施、集体经济等 6 个突出问题，有力有序推进了宣恩县精准扶贫工作。

2. 存在的主要不足

宣恩县虽然按计划完成了 2016 年精准脱贫任务，取得了精准脱贫的阶段性脱贫实绩。但也存在一些问题和不足，主要表现在：一是参与精准扶贫的力量有限。宣恩县是全州精准扶贫任务最重的县之一，但由于全县公务员总编制不足，影响了直接参与精准扶贫工作的力量投入。二是精准脱贫评估验收时间提前，贫困群众有意见。宣恩县在 2016 年 11 月中旬就安排了全县 2016 年预脱贫对象的入户按程序进行贫困户收入测算和“一有两不愁四保障”评估，以及贫困村的评估验收，并且县人民政府聘请了第三方评估验收，但在老百姓的眼中的 2016 年是农历年，而不是公历年，老百姓说：“你们脱贫时间算到当年的 11 月，而在我们的生活中才农历十月，我们的很多收入都还没实现，当年的收入都还统计不上来。”三是精准扶贫资金投入仍然不足。重点贫困村都是全县最偏远、发展基础最薄弱、基础设施条件最落后的村，贫困户都是扶贫攻坚最难啃的“硬骨头”，虽然上级出台了整合涉农资金政策，但整合的资金离贫困村解决生存生产生活实际困难和问题的需求还有很大差距；尤其是国家普惠政策多，而针对贫困户的差异化扶持政策除易地扶贫搬迁和保底外仍然欠缺。四是帮扶手段较弱，帮扶干部压力大。客观上说，帮扶干部普遍还不富裕，帮扶干部不可能自掏多少钱帮扶贫困户，而国家的到户政策有限，又要限期实现脱贫，“赊账扶贫”的现象仍然存在；加上督查巡查多、验收评估的次数多、工作套路多，扶贫工作负担重。五是部分贫困户等靠要的依赖思想严重，帮扶干部不掏钱就不让入户的现象时有发生。六是贫困户精准识别“回头看”的“进出相宜”政策影响了基层干群关系，虽然没漏掉真正的贫困户，但把一些难以区分的“边缘贫困户”纳入其中，人为地增加了基层工作难度和干群矛盾。七是要实现易地扶贫搬迁户与产业配套发展难，真正实现搬迁一户、配套一项产业、稳定一户、脱贫一户的难度很大。

（七）建始县精准扶贫情况

建始县位于湖北西南边陲，北邻重庆巫山、奉节两县，有“楚蜀咽喉”之称，距恩施机场 59 公里，318 和 209 国道、宜万铁路、沪渝高速公路、清江黄金水道及即将建设的银北高速贯穿县境。县域面积 2666 平方公里，辖 6 个镇 4 个乡 410 个村（社区），总人口 51.3 万，其中农业人口 45.8 万，土家族、苗族等少数民族人口占 36.3%。全县 2016 年实现生产总值 85.56 亿元、一般公共预算收入 5.36 亿元、社会消费品零售总额 55.7 亿元、旅游综合收入 29.5 亿元。城镇常住居民、农村常住居民人均可支配收入分别达到 22844 元、8791 元，年均增长 11.1%、13.3%。

2016 年，建始县全国生猪调出大县和全省产粮、产油大县地位持续巩固，魔芋、茶叶、干鲜果、畜禽四大特色产业链初见成效。累计培植农业企业 274 家、专业合作社 1011 家、种养大户 1100 余户。创建中国名优硒产品 17 个、中国特色硒产品 20 个、湖北省名牌产品 5 个、湖北省著名商标 11 件。

1. 2016 年扶贫工作情况

建始县有建档立卡贫困村 92 个、有建档立卡贫困人口 4.1 万户 13.7 万人，贫困发生率 29.93%。经过全县贫困人口精准识别整改与锁定工作，截至 2016 年 12 月，全县贫困人口总数为 4.35 万户 136639 人，2016 年已脱贫对象为 11428 户 35068 人。

（1）强力推进易地搬迁。全县采取集中一户一宅、分散一户一宅、集中单元房安置、进县城工业园区单元房安置和空置房安置等 5 种安置方式，补助标准实行 720 ～ 880 元 / 平方米的差异化补助。截至 2016 年底，全县已开工建设集中安置点 43 个，安置户建设已启动 4229 户 13171 人。

（2）紧抓产业扶贫。一是实施贫困村村级主导产业培育和贫困户产业到户扶持的特色产业发展扶持措施，制定《建始县精准扶贫发展生产脱贫一批项目验收办法》。全年安排 3000 万元到户财政奖补资金，与金融扶贫小额信贷政策形成“组合拳”，共发展各类特色产业面积 9 万多亩，养殖禽类 13 万羽、生猪 7 万头、山羊 3 万只、肉牛 1500 头。推进“121”模式共发展 100 亩以上连片村级主导产业（含管扶主导产业）4 万多亩，66 个重点贫困村成立农民专业合作社，总量达到 113 家。二是主动对接华中农业大学定点扶贫，校地联合完善《华中农业大学定点扶贫建始县工作规划（2013—2020 年）》，出台《华中农业大学定点扶贫建始县 2016 年工作计划》，新发展猕猴桃、甜柿、枸杞、蔬菜、茶叶等特色产业基地 6.6 万亩，新发展景阳鸡养殖户 320 户，2016 年可直接帮扶建档立卡贫困人口 5000 余人脱贫。三是整合旅游项目资金 3900 万元开展旅游扶贫工作，着重推进石门河—岔口子村、马坡—扎鱼口村乡村旅游扶贫试点，54 个村入选 2016 年全国乡村旅游扶贫重点村，被省旅游委表彰为“全省乡村旅游及旅游扶贫突出贡献单位”。

（3）落实扶贫资金保障。一是科学制定统筹财政资金实施精准扶贫工作方案，出台统筹财政资金管理办法。2016 年，全县共统筹资金 324283.71 万元用于精准扶贫，其中：财政资金 131178.71 万元，社会资金 54769 万元，企业及贷款 138336 万元。建立生产发展和就业扶持项目、基础设施建设、公共服务及民生事业发展项目、社会保障政策兜底、医疗救助扶持、教育助学扶持、扶贫攻坚片区建设、非重点贫困村扶贫等 8 个扶贫项目平台，有效地缓解了全县精准扶贫的资金压力。二是统筹安排 1523 万元支持金融扶贫发展，92 个重点贫困村成立金融互助合作社，创新“银行减责、政府增责”机制和第一书记、帮扶责任人承担有限责任机制，确保银行“愿贷敢贷”、贫困户“能贷能还”。至 11 月底，全县发放扶贫小额贷款 840 户 9234.645 万元。其中：直接给 741 户建档立卡贫困户发放 3397.645 万元；给 88 个农村新型经营主体发放 1297 万元，与 537 名建档立卡贫困人口签订帮扶协议；给 11 个涉农小微企业 4540 万元，与 43 名建档立卡贫困人口签订帮扶协议，带动脱贫致富。

（4）创新大数据管理。采用县级层面规划设计、各级各部门共同参与、帮扶责任人具体落实、平台建设分步实施的模式，率先在全州、全省创造性开发“建始县精准扶贫大数据管理系统”，成为全县精准扶贫工作移动的作战指挥部。系统平台囊括了全县92个重点贫困村、4.35万户贫困户、13.7万贫困人口的基本信息和117支驻村工作队分管负责人、工作队长、固定队员和7012名帮扶干部、92名村党组织第一书记等帮扶信息及各级党委、政府的帮扶政策、惠农政策6大类85小项等政策信息，建立了按贫困户姓名查询的索引体系，通过手机端移动APP可随时随地查询贫困户、帮扶责任人以及贫困户享受到的帮扶政策等信息。

2. 典型做法

建始县立足扶贫工作精准服务和精准管理，开发了“建始县精准扶贫大数据管理平台”，构建了集信息查询、决策指挥、痕迹记录、过程监管、成效评估等功能于一体的精准扶贫“单兵作战系统”，实现了精准扶贫信息化、规范化、科学化管理，为打好打赢脱贫攻坚战注入了强劲“网动力”。

（1）在充分对接湖北省建档立卡贫困户数据库的基础上，将92个重点贫困村、4.1万户贫困户、13.7万贫困人口的基本信息纳入了大数据管理平台；全县117支驻村工作队的分管领导、工作队长、固定队员和7012名帮扶干部、92名村党组织第一书记的基本信息均与贫困村、贫困户一一对应录入；将省、州、县“1+N”涉及的帮扶政策及其他惠农政策细化为6大类85小项，统一名称、统一编号、统一录入、统一公开。所有信息由分散杂乱的粗放信息变为精准有序的数字信息，让各级党委政府、帮扶责任人、贫困户都“心中有数”。

（2）在信息数字化的基础上，打通各类信息关联渠道，形成了集姓名搜查、逐级翻查、地图寻查、项目筛查等于一体的索引体系，实现了权限范围内的信息互连互通互查。基于云计算技术，系统按照致贫原因、“五个一批”等要素进行智能解析，自动生成各类统计报表、进展图示，并按权限推送给各级负责人；各级负责人通过手机端移动APP、大屏端电子作战图查询查阅，全面掌握情况，及时研究对策。系统按设置条件进行结果比对，并自动向乡、村及帮扶责任人发送督战指令，实现了县、乡、村、人（户）四级之间点对点、一对一的直接指令。

（3）在贫困户信息和政策信息数字化的基础上，帮扶责任人通过查询、走访、座谈等方式，与贫困户一道对照政策清单中收录的6大类85小项帮扶政策，结合贫困户的致贫原因、生产条件、个人能力和发展意愿，因户因人制订脱贫计划、确定帮扶政策，并通过手机端移动APP将精准项目现场录入，经村、乡、县逐级审核后纳入大数据平台统一管理，实现了脱贫计划个性化、帮扶措施项目化，既增强了贫困户对帮扶责任人的信任度，又确保了惠农政策的执行度，更提高了帮扶措施的精准度，极大地提升了帮扶责任人的“单兵作战能力”。

（4）立足监管精准，搭建了以填报时间、工作描述、现场图片、电子地图定位为主要要素的帮扶日志模块，驻村第一书记与驻村工作队、帮扶责任人须按规定填写帮扶日志，并通过手机端移动APP定位上传至PC端中控中心存储备案，大屏端电子作战图滚动播报当天各地上传的扶贫日志，实现了帮扶痕迹化、监管即视化。同时，依托大数据管理平台索引体系，各级负责人可通过PC端中控中心、手机端移动APP、大屏端电子作战图，随时抽查所辖地区的工作动态，如发现“僵尸户”，即刻通过平台发送提醒通知。特别是通过四个要素，可以较为真实地还原帮扶场景，最大限度确保了帮扶责任落地落实。

（5）立足考核精准，以大数据管理平台中的各项数据为重点，建立了事前、事中、事后的链式评价机制。事前评价主要是对项目是否合理、群众是否知晓等情况进行核查；事中评价主要以帮扶日志为重点，核查其真实性；事后评价主要通过平台查询、实地查看等方式核查帮扶责任人上传的精准成效及有关佐证材料。同时，为最大限度保证平台数据的真实性，通过PC端中控中心对权限进行了科学设置，县、乡、村和帮扶单位、帮扶责任人都有对应的登录账号和查看权限，而且所有填报记录包括修改记录都在PC端中控中心存储备查。

（八）鹤峰县精准扶贫情况

鹤峰县认真落实省委省政府、州委州政府重要部署，按照“精准扶贫、不落一人”和“六个精准”“五个一批”总要求，将精准扶贫精准脱贫工作作为最大任务、最大民生和最大机遇来抓，取得了阶段性成效。

鹤峰县位于恩施州东南部，区域面积2892平方公里，辖5个镇、4个乡、1个经济开发区，205个行政村、12个社区，共22.4万人，其中农村居民

19.2万人。2016年，实现县域生产总值52亿元、人均2.32万元，固定资产投资54.7亿元，地方一般公共预算收入3.3亿元，规模以上工业总产值58亿元，社会消费品零售总额29.1亿元，招商引资到位资金28亿元，直接利用外资569万美元，农村常住居民人均可支配收入9300元，较2015年增长13.3%。

2016年，全县特色农产品板块基地达到130多万亩、人均7.6亩，其中茶叶35万亩、烟叶4.8万亩、箬叶68万亩、药材7万亩、特色蔬菜19万亩。全县“万亩乡镇”达到9个，“千亩村”达到185个，特色农业产值突破20亿元，特色产业收入占农村居民可支配收入的85%。全县农业产业化龙头企业38家，专业合作组织385家，农产品加工业产值占农业总产值比重达218%，位居全省第一。到2016年，全县有60个农产品获得绿色食品、有机食品认证，认证面积31万亩；先后被评为“全国绿色食品原料（茶叶）基地示范县”“全国有机农业（茶叶）示范基地”“湖北省首批农产品（茶叶）出口示范基地县”。被中国茶叶学会授予“中国名茶之乡”“全国十大生态产茶县”称号。屏山等9个村纳入国家旅游扶贫村、涓坪等32个村纳入全国乡村旅游扶贫重点村建设范畴。

1. 2016年扶贫情况

（1）阶段性任务超额完成。全县最终锁定建档立卡贫困村51个、贫困户23328户72387人，2014年已脱贫3039户9448人，2015年已脱贫7086户21390人，2016年已脱贫8407户27092人、贫困村出列21个，2016年底，全县留存未脱贫贫困人口4796户14457人，留存未出列贫困村30个。

（2）“五个一批”政策全面落实。发展生产脱贫一批。累计为182个市场经营主体和2.18万户贫困户发放各类贷款3.7亿元、产业发展补助3000万元，发放财政县域经济调度资金4.2亿元，发展茶叶、蔬菜等特色产业基地2.3万亩及生猪、土鸡、山羊、中蜂等特色养殖业，带动6399户19251人脱贫。易地搬迁脱贫一批。全县锁定的易地扶贫搬迁对象为8185户26501人，2016年计划完成任务4909户15342人。截至12月底，全县累计开工6619户21487人，计划内主体竣工率100%。生态补偿脱贫一批。全县贫困户生态补偿827.1万元，其中：退耕还林5585户、补助资金262.6万元，生态公益林7732户、补偿资金564.5万元。聘请贫困户护林员740人，落实生态管护补助资金296万元，护林员人均年收入可达4000元。发展教育脱贫一批。资助户籍家庭经济困难学生10613名，已发放助学金2132万元，免除中职学费140.9万元，“泛海计划”资助贫困大学生413人206.5万元，全县没有学生因贫辍学。社会保障兜底一批。2016年全县共有城乡低保人口17864人（农村低保16740人、城市低保1124人），占总人口的8.1%，共发放低保资金4177万元；为1039名五保户发放兜底资金530余万元。确认新农合救助门诊重症对象2282人，已救助7305人次，新农合基金补偿396.6万元。

（3）农村人居环境明显改观。2015年以来，鹤峰县统筹捆绑资金6.9亿元用于贫困对象水、电、路、地、信息等设施建设，解决贫困对象饮水安全问题330户；实施电网改造升级涉及19个重点贫困村；新增硬化道路430公里，新增砂石路213公里；土地整治1.6万亩；实施危房改造3754户；宽带入户8348户。农村发展基础进一步夯实，群众生产生活条件大幅提升，村容村貌明显改观，细杉等10个村成为“省级宜居村庄”，白果等5个村入选中国传统村落名录，大路坪村被评为“全国文明村镇”，走马镇入选全国100个小城镇建设重点镇。

（4）贫困群众收入大幅提高。通过发展产业、实施生态补偿和社会保障兜底等政策，贫困对象收入大幅增长。2016年51个重点贫困村居民人均可支配收入9595元，较2015年增长23%，达全省预计人均可支配收入13300元的72.1%。

2. 典型做法

产业扶贫是精准扶贫的核心动力，鹤峰县围绕2017年在全州率先脱贫目标，不断完善创新农业龙头企业与农民之间的利益联结机制，引导企业参与扶贫并充分发挥其主动性、创造性，走出了一条以农业企业为龙头、以“161”模式为支撑、以千家万户为支点的产业扶贫之路。

（1）发挥感召力，变扶贫责任为扶贫动力。鹤峰县采取强效措施，充分调动企业参与精准扶贫的思想自觉和行动自觉，使全县256家企业、214家专业合作社、100家家庭农场成为精准扶贫的中坚力量。一是宣传发动，问计于企，让企业主动扶贫。以“万名干部进万企”“千企帮千村”等活动为契机，围绕“精准扶贫、企业主力”主题，通过宣传引导、座谈交流，让企业转换思想观念，积极响应党委政府号召，形成主动参与精准扶贫的热潮。二是政策推动，问需于企，让企业聚力扶贫。在领导上给予优先支持，帮助企业破解融资难、用地难、用工难、销售难等实际困难和问题。在投入上给予优先保障，2015 年以来，共统筹捆绑资金 6.9 亿元用于贫困村基础设施建设，为企业建大建优特色产业基地破除了基础设施这一大难题。在政策上给予优先倾斜，出台激励政策，对参与扶贫的企业在安排项目资金时优先支持。2015 年以来，累计为 182 个市场经营主体和 2.18 万户贫困户发放各类贷款 3.7 亿元、产业发展补助 3000 万元，发放财政县域经济调度资金 4.2 亿元。三是环境促动，筑台于企，让企业放手扶贫。各级党委政府积极为企业扶贫创造良好环境和必要条件，让企业能放手扶贫。为企业扶贫给环境，要求各级各部门对企业进村开展精准扶贫工作必须大力支持、全力配合。为企业扶贫给手段，把发展产业的指导功能让给企业。为企业扶贫给荣誉，在全县范围内大力弘扬企业的扶贫善举，一批扶贫企业负责人不仅在县内被评为“最美鹤峰人”，还被推介到全国表彰。如多年致力于茶业扶贫的湖北鑫农集团董事长周吉然，被评选为 2016 年度首期“中国好人”；鹤峰县金阳公司总经理朱永翠家庭被评为“全国最美家庭”；洪富农牧业公司董事长许群群获“全国向上向善好青年”荣誉提名称号。

（2）释放原动力，变被动参与为主动创新。在强烈的责任之心、感恩之心、求进之心的催动下，企业以其独具的市场眼光和务实精神，在扶贫实践中不断探索，通过“六加六结合”，扣紧企农利益联结纽扣，探索了“161”模式的企业主力扶贫机制。一是“企业 + 加工厂 + 农户”模式。企业在贫困村无偿投资援建茶叶加工厂，建成后由农户无偿经营管理，并在公司、加工厂、贫困户之间层层签订脱贫协议，形成以公司带加工厂、以加工厂带贫困户“三位一体”的扶贫责任体系，使加工厂成为公司永远不走的扶贫据点。二是“公司 + 合作社 + 农户”模式。企业采取领办或联办专业合作社的方式，因村而导，宜果则果、宜林则林、宜药则药，使农民的土地集约利用，农村劳力集约投入，有效提高了农民组织化程度和收入水平。三是“公司 + 基地 + 农户”模式。企业利用基地的作用把分散的农户集中起来，以合约的形式把农户和公司结合在一起，公司引导农民干、指导农民做、帮助农民销，走规模化、标准化、现代化的路子，实现“产业规模化、管理标准化”。四是“公司 + 大户 + 农户”模式。企业通过扶持具有示范作用的种植、养殖大户，使一批敢闯敢干的贫困对象率先脱贫，再以他们为示范，带动周边贫困户发展特色养殖业。五是

"公司 + 就业 + 农户"模式。企业优先接收当地农民进厂务工，既增加了农民在家门口就业的机会，也让企业获得了一批稳定可靠的工人，还在一定程度上缓解了空巢老人、留守儿童等社会问题。六是"公司 + 电商 + 农户"模式。青翠源、八峰、集优、金阳等企业抢抓鹤峰县成为"电子商务进农村综合示范县"的难得机遇，建成 5 个 O2O 电商体验店，第一批 50 个村级电商服务网点建设工作已启动，电商平台"土家购"已正式上线，方便了农产品交易，提高了农产品附加值，提升了企业效益，带动了农民增收。

（3）激活内生力，变政府扶持为企业撑腰。在企业的带动下，广大群众变被动扶助为主动参与，变政府扶持为企业撑腰，自我发展的内生动力明显增强。一是真情之举，汇聚企农之间的"鱼水情"。企业通过实实在在的举措和成效，赢得了广大群众的信赖，建立起企农之间的鱼水深情，贫困群众主动脱贫的愿望和热情被激活点燃。二是领航之船，树起脱贫致富的"方向标"。贫困对象往往学历低、眼界窄，找不准脱贫致富的方向，企业通过带头发展、扶植大户等方式，用榜样的力量帮助贫困对象找准致富方向。2015 年以来，全县企业带动 6399 户贫困户新发展茶叶、烟叶、中药材等特色种植业 2.5 万亩，养殖生猪 5.1 万头、土鸡 4.2 万只、中蜂 1.6 万群、山羊 1.4 万只，贫困户年人均增收 1000 元以上。三是科技之光，照亮贫困对象的"致富路"。企业在产业扶贫中积极开展科技培训，带领群众认识科技、掌握科技、运用科技，通过一次次的技能培训，群众逐渐掌握了发展生产所需的科学技术，科技之光，照亮了他们的脱贫致富之路。

3. 存在的困难问题

脱贫攻坚存在的困难。由于鹤峰县贫困对象面广量大，要实现全面脱贫目标，需大量资金投入，但是县级财政和群众自筹发展资金较难，资金筹措压力很大；由于鹤峰县山大人稀，基础设施尤其是道路、农田水利基础设施欠账较多。希望中央、省、州进一步加强贫困县、贫困村的交通、水利等基础设施建设的资金投入，进一步改善贫困对象生产经营和居住生活条件。

扶贫工作存在的不足。虽然对所有帮扶部门和扶贫干部印发了《鹤峰县精准扶贫精准脱贫指导手册》，对所有建档立卡贫困户印发了《鹤峰县精准扶贫精准脱贫简明政策》，但在政策宣传解读上仍然不够，下一步将进一步加大力度予以改进。

二、宜昌市精准扶贫典型经验与做法

（一）长阳土家族自治县精准扶贫情况

长阳土家族自治县地处鄂西南武陵山区、清江中下游，是“长阳人”发现地、土家族发祥地和农村合作医疗发源地，区域面积 3430 平方公里，总人口 398886 人，其中农业人口 343581 人，其中土家族约占 65%，是一个集老、少、山、穷、库于一体的国家扶贫开发工作重点县和武陵山扶贫攻坚片区县。2015 年底建档立卡贫困户 26622 户 76259 人。

近年来，县委、县政府全面贯彻党的十八大和十八届三中、四中、五中、六中全会精神，深入学习贯彻习近平总书记系列重要讲话精神，牢固树立五大发展理念，统筹推进“五位一体”总体布局，协调推进“四个全面”战略布局，坚持“精神区位领先，发展环境领先，体制机制领先，干部作风领先”不动摇，深入实施“生态立县、产业强县、开放活县、富民稳县”战略，牢牢把握脱贫攻坚这条主线、向宜昌靠拢这个首要路径、绿色崛起这个底色、创新创造这个根本动力，加快建设都市后花园，走在全国民族自治县（旗）和武陵山片区发展前列。长阳先后被授予全国民族团结进步模范集体、全国发展民族教育先进县、全国科技进步先进县、全国农业标准化示范县、全国新型农村合作医疗先进县、全国文化先进县、中国民间文化艺术之乡等荣誉称号，被批准为国家可持续发展实验区、全国第三批低碳示范城市、国家新型城镇化试点县。

2016 年地区生产总值 133 亿元，地方公共财政预算收入 7.55 亿元，完成全社会固定资产投资 107 亿元，外贸出口 7179 万美元，社会消费品零售总额 48.9 亿元，农村居民人均可支配收入 9253 元，同比增长 13.56%，实现了“十三五”良好开局。

1. 2016 年扶贫工作情况

2016 年，是全面打响脱贫攻坚战第一年。县委、县政府秉承“守望山水，思源行远”理念，把脱贫攻坚作为经济工作的主战场和第一民生工程来抓，超额完成了 2016 年脱贫攻坚任务。

（1）各项指标完成情况。

减贫任务超额完成。截至 2016 年 12 月 31 日，全县当年出列 11 个村、减贫 7817 户 23202 人，超额完成 2016 年度 20569 人减贫任务。2016 年底建档立卡贫困户 18805 户 53067 人。

易地扶贫搬迁安置任务超额完成。三年易地扶贫搬迁任务数 5927 户 17122 人，2016 年湖北省下达搬迁计划数 422 户 1226 人，宜昌市下达搬迁计划数 603 户 1752 人。全县把易地扶贫搬迁作为脱贫攻坚战的首要战役来抓，积极推广榔坪镇梓榔坪村易地搬迁经验，全面实施“交钥匙”工程，宜昌市易地扶贫搬迁第一次现场推进会在长阳召开。截至 2016 年底，全县易地扶贫搬迁房屋建成 1617 户 4048 人、搬迁入住 1240 户 3052 人，超额完成了任务。

脱贫户人均可支配收入达到脱贫标准。按照项目安排精准、资金使用精准、措施到户精准、因村派人精准、脱贫成效精准要求，坚持长短结合，通过发展生产、外出务工、惠民补偿、社会保障等综合施策，确保销号的贫困户人均可支配收入达到了 4000 元以上标准。

贫困人口识别准确率顺利通过大数据比对。按照“七纳入”“九不纳入”识别标准，通过看房屋算家当、看产业算后劲、看劳力算收入、看医教算支出方法，确保了贫困户识别的精准，顺利通过了湖北省纪委和审计厅开展的大数据比对和专项审计，并扎实开展了整改工作。

贫困人口严格按标准和程序退出。对照“一有两不愁四保障”标准，严格执行“户申请、村民代表大会评议、村委会审核、乡镇人民政府批复、县复核验收”的脱贫程序，并将贫困户脱贫名单在村公示栏张榜公布，在县级主流媒体公示公告，做到了程序公开、结果公正。

帮扶工作群众满意度高。向全县所有建档立卡贫困户深入细致宣传国家和湖北省、宜昌市的精准扶贫、精准脱贫相关政策，深入细致宣传和落实全县围绕产业扶贫、劳务输出、易地搬迁、危房改造、医疗保障（包括新农合、贫困大病慢性病救助）、教育保障（包括义务教育阶段救助、雨露计划）等方面出台的相关具体措施，切实加大对建档立卡贫困户救助力度，用实实在在的政策和踏石有印的工作作风确保了群众政策知晓率和脱贫认同率。

扶贫考核成效明显。认真落实县级扶贫开发主体责任，坚持党政“一把手”负总责，县乡村三级联动，层层签订责任状，一级抓一级，层层抓落实。贫困地区党政领导扶贫工作责任制考评连续 3 年为优秀等次。

（2）重点工作情况。

按照“精准扶贫，不落一人”总要求，举全县之力向贫困发起总攻，全力推进“1156”脱贫攻坚模式，大力实施“六个一批”工程，积极争创湖北省精准扶贫示范县。

建强基层党组织，固本强基齐攻坚。村看村、户看户，群众看的是支部。支部是脱贫攻坚的主心骨。注重选拔政治素质强、能吃苦、敢担当的农村党员担任支部书记，采取走出去、请进来的方式加大培训力度，全面提高村支部书记待遇，让他们全天候、职业化，安心工作在脱贫攻坚一线。对工作成效突出的优先录用为国家工作人员，由县委严格把关，配齐配强村“第一书记”，让他们送政策、带队伍、进农户、扶真贫、真扶贫，让支部发挥核心作用。

严格程序评低保，底线思维惠民生。与建档立卡贫困户相衔接，对共同生活的家庭成员人均收入低于当地最低生活保障标准，且符合当地最低生活保障家庭财产状况规定的家庭，给予最低生活保障，严格按程序评定对象。全县低保实现“按标施保”和“动态管理”，打破“指标”限制，实现了保障线范围内的“应保尽保”。全县农村低保 15947 户 21413 人，保障率达到 6.33%。从 2015 年 1 月起，城市低保、农村低保、农村五保、孤儿等社会救助资金均按月实行社会化发放，于每月 10 日前直达救助对象个人“一卡通”账户。

织密扶贫“五张网”，增强自身造血功能。一是筑牢项目资金统筹网。坚持“整合资金办大事”，统筹各类项目资金 1.7 亿元，持续实施特色产业示范工程，对建档立卡户产业扶持不设“天花板”，新建魔芋、茶叶、栀果、木瓜等高标准示范基地 3.6 万亩，特色农业基地突破 100 万亩。大力推广 3 个“121”养殖到户工程，成功创建国家级生猪调出大县、全国肉羊生产大县和全省现代畜牧业示范区创建先进县。二是筑牢龙头企业带动网。积极培育壮大农产品加工主体，打造农民持续增收的核心支撑。老巴王等 9 家省级龙头企业命名为“扶贫开发龙头企业”。清江画廊为景区规划范围内的农民人均纯收入提升贡献率达到 40% 以上。三是筑牢合作组织互助网。大力发展农民专业合作组织，全县农民专业合作社 995 家，其中国家级示范合作社 4 家。位居宜昌市第一，湖北省前列。充分发挥全国“扶贫互助资金”试点县优势，大力实施“银社对接”工程，对建档立卡贫困户制定种植养殖贷款实施办法，对贫困户贷款实行无担保、免抵押、贴息贷款。四是筑牢示范大户帮扶网。深入开展“示范大户创建创业”活动，培育创建1000个致富领头人，每人联系帮扶3～5个贫困户，让1万多贫困群众脱贫致富；积极支持鼓励示范大户继续创业，由政府贴息，最高贷款10万元，大力发展庄园经济，全县已注册家庭农场132家。五是筑牢实用科技培训网。大力开展实用技术、劳务技能培训，培训农民5万多人次，力争每家每户有一个政策、科技和信息方面的明白人，掌握一门发家致富的好技术，实现了“培训一人，脱贫一户，带动一方”。

推进“六到户”工程，精准到户全覆盖。一是“互联网+”进农户。大力推进电商扶贫项目，在每个村培训3～5个电商带头人，做到全县154个村全覆盖。二是金融扶贫进农户。全县设立风险补偿基金2200万元，按照1 : 10的比例，贷款规模可达到2.2亿元，对潜力大、示范好、产业强的专业合作社最高贷款100万元，由政府贴息鼓励发展，努力实现“131”目标，即全县农民专业合作社超过1000家，带动3000个贫困户、1万多贫困群众脱贫。三是技术服务进农户。整合县乡农业技术人才资源，每个村聘请一个首席技术负责人和产业指导员，以茶叶、药材、核桃、养殖等为重点开展实用技术培训；开办电工、电焊工、缝纫车工等培训班，对有就业能力和就业愿望的贫困户实行就业扶贫。四是精神文明进农户。坚持扶贫先扶志，大力开展“十星级文明户”创建活动，进一步强化贫困群众主动脱贫内生动力。五是法治建设进农户。在全县1个公共法律服务中心、11个法务指导中心、160个法务工作站的公共法律服务平台设置法律咨询工作室，积极开展法律援助行动，积极赴外地为农民工维权。六是党员帮扶进农户。采取“党员示范户+贫困户”“党员中心户+贫困户”的“一对一”或“一对多”的“一户一策”的帮带模式，实现贫困户结对帮扶全覆盖。

为顺利推进“1156”模式，确保“五张网”全网住，“六到户”全落实，进一步强化帮扶力量，狠抓基础设施建设，着力构建大扶贫工作格局，确保措施到户精准。

一是强化帮扶力量。154个行政村实现扶贫工作队入驻率100%。其中，国家电网总部组派1个，湖北省直部门组派4个，宜昌市直部门组派8个，县组派141个，共安排538名干部常年驻村，实现重点贫困户结对帮扶全覆盖。落实了帮扶责任，制定完善了驻村帮扶管理办法。各级工作队全年直接投入帮扶资金3500万元，帮助引进各类项目资金3100万元。

二是狠抓基础设施建设。着力改善交通条件，完成农村渡口达标41处，清江等级航道达到182.7公里，硬化农村公路632公里，全县基本实现乡乡通国道省道，村村通达客车。着力提升农业生产条件，积极争取实施中小河流治理、国土整治、生态效益补偿、退耕还林、石漠化治理、城乡电网改造等项目，完成村庄整治10个，土地整治8666公顷，完成造林绿化33650亩，生态环境持续改善，全县整体水质达到国家Ⅱ类水质标准以上，二级以上空气优良天数保持在264天。积极推进水库移民避险解困搬迁，投资3.2亿元，采取集中安置与分散安置相结合，建好三个移民新区，集中安置水库移民4435人。

三是着力构建大扶贫格局。湖北省直统一战线把长阳作为省直统一战线参与精准扶贫精准脱贫试验示范区，组织省市统一战线和省外商会、慈善组织为长阳捐资近3000万元，实施20多个捐赠援助项目，产业扶贫项目签约投资额近40亿元，同时通过“千企帮千村”平台，结对帮扶长阳重点贫困村。国网公司定点帮扶长阳，大力实施“国网阳光扶贫行动”，投资1.1亿元建成土地坡、西坪两个装机6兆瓦的光伏电站试点项目，其他重点贫困村的村级光伏电站2017年建成并网运行，并无偿移交贫困村。

2. 典型做法

认真贯彻落实中央和湖北省、宜昌市脱贫攻坚工作的一系列文件精神，在上级部门的指导帮助下，立足长阳实际，积极探索脱贫攻坚新模式、新方法，并取得了一定成效。

（1）脱贫攻坚“1156”模式。按照“精准扶贫，不落一人”总要求，秉持“守望山水，思源行远”的发展理念，全力推进“1156”脱贫攻坚模式（建强一个基层党组织、筑牢一个政策托底线、织密产业发展“五张网”、实施精准扶贫“六到户”），通过特色产业扶持一批、易地搬迁安置一批、政策兜底保障一批、大病关爱帮助一批、助学启智资助一批、生态补偿脱贫一批，因人施策，精准帮扶，确保2018年“全面脱贫、全面摘帽”。脱贫攻坚“1156”模式受到了时任国务院副秘书长江泽林充分肯定。

（2）“英子姐姐”网络助学荣获中国消除贫困奖提名奖。党的十八大代表“英子姐姐”刘发英11年来坚持网络助学，累计募集善款1600多万元，“一对一”资助县内外2800多名贫困学生圆梦大学，受到习近平总书记的亲切接见，被表彰为全国先进工作者、全国十大美德人物，获得2015年中国消除贫困奖提名奖。在“英子姐姐”网络助学的带动下，全县社会扶贫成效显著，“新农合”惠及31万农民，大病关爱筹集资金1290万元，医疗救助贫困群众15900人次。助学启智筹集社会捐助资金999万元，资助贫困学生6460人次。河仁慈善基金计划3年出资1200万元对口帮扶4个贫困村产业发展。

（3）农村贫困残疾人精准脱贫经验全国推广。贫困残疾人是社会最弱势群体，是脱贫攻坚的重点难点。为破解这一难题，长阳以榔坪镇梓榔坪村为试点，充分发挥集体的力量，探索建立了以支部为核心，集体资产为纽带，互助合作社为基本方式，安居、产业、就业“三位一体”为抓手，贫困残疾人幸福为目标的残疾人精准脱贫新路子。2016年9月，长阳作为全国唯一扶贫助残先进单位代表，在国务院扶贫办、中国残联召开的全国贫困残疾人脱贫攻坚工作会上交流发言。

（4）农村党员“一亮三创”工作受到中组部督导组的充分肯定。坚持党建引领，在农村开展以“党员亮身份，创党员文明户、创党员中心户、创党员示范户”为主要内容的“一亮三创”工作，大力推行“党员主事”，发动农村万名党员立足生产生活贴心联系服务群众，将服务延伸到了10万农户身边，充分发挥农村党员参与村级事务管理、联系服务群众、带领群众脱贫致富的先锋模范作用。

（5）“空中红旗渠”脱贫攻坚经验在全国县级机关党建工作研讨会上交流。高家堰镇木桥溪村党总支团结带领党员群众不等不靠、艰苦奋斗，6年找水2年引水，建成穿越两大峡谷、飞跨七座山峰“空中红旗渠”的脱贫攻坚事迹感动湖北、影响全国，得到中组部调研组充分肯定。2016年6月，“空中红旗渠”脱贫攻坚经验在全国县级机关党建工作研讨会上交流。

（6）精准识别“四看四算”工作法全省交流推广。2015年，在全省率先开展贫困户精准识别工作，5000余名党员干部脚印10万农户，通过“四看四算”工作法和“一看二算三会四评”程序，对标“七纳入”“九不纳入”的“硬杠杠”，全县共核查收集“贫情”大数据600余万条，系好了扶贫攻坚第一颗纽扣。

（7）乡村旅游扶贫工作受到全国表彰。牢固树立“全域旅游、大众旅游”理念，充分发挥生态资源、文化资源优势，大力推进“景村共建”模式，建立了“核心景区＋专业合作社＋农家乐＋贫困户”的旅游扶贫机制，乡村旅游成为贫困群众脱贫致富的重要引擎。郑家榜村被表彰为全国乡村旅游模范村，长阳成为全国乡村旅游扶贫重点县、全省乡村旅游扶贫突出贡献单位，郑家榜、高家堰等 11 个村成为全国旅游扶贫重点村，木瓜花都、金福红栀花园、清江盆景园被列入湖北省“乡村旅游指南”推介主题线路。

（二）五峰土家族自治县精准扶贫情况

五峰土家族自治县地处湖北省西南部，与湘鄂两省六县市（石门县、松滋市、宜都市、长阳土家族县、鹤峰县、巴东县）交界。五峰是大山区。属武陵山区，全境皆山，最高海拔 2320 米，平均海拔 1100 米。五峰是少数民族聚居地区。区域面积 2072 平方公里，总人口 20.8 万人，其中以土家族为主的少数民族人口占 84.8%。五峰是革命老区，是湘鄂西革命根据地的中心之一，贺龙、廖汉生等先辈曾经在五峰境内领导革命斗争，1979 年被首批确定为全国革命老区县。五峰是国家集中连片贫困地区。贫困面广、贫困程度深、返贫率高，是全省全市扶贫开发重点县。县域经济社会发展相对落后，突出表现为“穷在财政，弱在工业，根子在交通”。全县现有建档立卡贫困村 24 个，贫困人口 2.1 万户 6.3 万人，贫困发生率为 34.19%，在全省县市区中排第 9 位，在全省片区中排第 8 位，在武陵山片区中排第 4 位，在宜昌市排第 2 位。

五峰的发展虽然面临不少困难，但也具有众多发展机遇和政策，发展潜力巨大，后发优势明显。一是生态优势。全县森林覆盖率达 81%，列全省县域之首。二是资源优势。特别是旅游资源丰富，具有“土、凉、茶”特质，柴埠溪、后河、白溢寨等景区极具开发价值。三是特色产业优势。适宜发展生态农业和生态旅游业。特别是茶叶优势明显，五峰已跻身“中国名茶之乡”“全国重点产茶县”行列，“采花毛尖”“五峰绿茶”荣获“中国驰名商标”。四是自治优势。五峰执行有关政策经批准可以变通，可以通过立法来营造有利于发展的环境，可以利用民族政策广泛争取支持。五是政治政策优势。拥有国家武陵山集中连片贫困地区扶贫开发、国家主体功能区建设及湖北省“616”工程、武陵山少数民族试验区、武汉市对口支援等重大政策机遇。

1. 强化组织领导，责任上肩

配齐配强领导班子。成立由县委书记任第一指挥长、县长任指挥长的县扶贫攻坚指挥部，明确县委副书记、县委常委县委办公室主任、分管农业副县长三名县级领导主抓精准扶贫工作。调整优化全县扶贫机构，增设县扶贫开发办公室副主任领导职数1人并落实到位，增设由县扶贫办管理的全额拨款事业单位（县扶贫开发及老区建设发展中心）；现配备有12名在编人员，外加3名“三支一扶”人员从事扶贫开发工作。各乡镇成立乡镇扶贫办，明确1名乡镇班子成员任乡镇扶贫办主任，并落实扶贫专干人员专项从事精准扶贫工作。压实压细责任担子。继续落实县领导扶贫联系点制度和部门扶贫工作责任制，8个乡镇都有1名县委常委联系、24个建档立卡贫困村都有县级领导联系，对所有行政村实行驻村工作队派驻全覆盖；强化工作队的跟踪管理，落实保障措施，建立激励机制，实现帮扶长期化、制度化。组建专班专人推进。成立“十大行动”“十大工程”“五个一批”“九大产业”工作专班，部门各司其职，资源整合，共同谋划推进全县精准扶贫各项工作，形成了上下一心、整体联动的良好氛围。

2. 夯实脱贫基础，有序推进

做到扶贫对象精准。始终将精准识别作为精准扶贫最基础、最重要的工作抓紧抓细抓实。结合专项审计整改疑点，对2015年建档立卡贫困户进行全面“回头看”，严格比照九大负面清单，认真筛选硬伤疑点需剔除户，并按照贫困户识别标准将因灾致贫、因灾返贫及其他因素漏录的贫困人口予以补录；剔除808户2602人，新增845户2436人，最终锁定全县建档立卡贫困户21413户63089人，扣好精准扶贫精准脱贫的“第一粒扣子”。做到脱贫流程清楚。进一步明确村出列、户脱贫程序。严格遵循村出列三查五公开（一普查二核查三复查；乡、村两级公示，省、市、县三级媒体公告）和户脱贫四个步骤四公开（脱贫初选、县引入第三方评估、市级组织第三方评估、省抽样核查；乡村公示，省、市、县三级媒体公告）程序，从根本上保证脱贫出列要求严格，程序规范。做到户政策落地。2016年落实到户扶贫项目资金1.59亿元，其中产业扶贫和雨露计划到户资金1460.57万元；教育助学扶智到户资金171.74万元；健康扶贫到户资金2580.45万元；生态扶贫（包含退耕还林和贫困户生态管理员）到户资金589.95万元；民政兜底到户资金192.53万元；危房改造到户资金1810万元；易地扶贫搬迁到户资金9160万元。做到档案整理规范。在省市精准扶贫档案建设基础上，细化村出列“九有”佐证材料和扶贫手册的填写标准，聘请档案公司专业人员对重点贫困村、脱贫户档案进行整理，促进县、乡、村、户精准扶贫档案逐级规范，做到贫困村出列、贫困户脱贫程序到位、资料齐全、有据可查。2017年，“全省精准扶贫精准脱贫培训暨现场推进会”和“宜昌荆门片区2017年度整村推进重点村党支部书记培训班”均在五峰选择现场，对本县脱贫攻坚基础规范化建设成果进行推介，10多个兄弟县市组团到五峰参观学习。

3. 强化资金整合，聚力攻坚

结合县“十三五”规划和脱贫攻坚规划，制定出台《五峰土家族自治县2016年脱贫攻坚财政资金统筹整合方案》。全县共整合资金10.19亿元，用于精准扶贫精准脱贫。其中基础设施项目5.32亿元，特色产业发展项目0.34亿元，公共服务均衡化项目1.15亿元，生态建设项目0.71亿元，能力提升及其他项目2.67亿元。整合资金以建档立卡贫困村为投放重点，24个村共整合资金6.86亿元，其中2016年拟脱贫出列的8个村整合资金2.04亿元。同时，县级财政每年筹措资金5000万元用于精准扶贫，为顺利实现户脱贫、村出列、县摘帽提供了坚实的资金保障。

4. 创新方式方法，彰显特色

不断完善省级产业扶贫创新试点工作，大力推广“专业合作式”产业扶贫模式，大力发展效益高的茶叶、蔬菜、五倍子、中药材、花卉苗木、生态养殖、乡村旅游等“九大”支柱产业，全县特色产业基地达到55万亩，通过“一卡通”直补财政扶贫资金到建档立卡贫困户1380万元，特色产业带动贫困户增收比例达到95%以上。引导、鼓励社会资本进入贫困村发展生态农业、高效农业、智慧农业、休闲农业；对吸纳农户参股、贫困人口务工及带动贫困户增收的新型农村经营主体，优先给予财政资金扶持和信贷支持，健全利益联结机制。鼓励返乡人员创办各类新型农村经营主体，确保每个建档立卡贫困村拥有2～3个专业合作社和家庭农场，对村主导产业实现贫困户全覆盖。全县已创建各类专业合作社600余家，网络贫困户1.3万户；其中2016年出列的8个村已建专业合作社17家，网络贫困户3500余户。

5. 深入开展宣传，营造强大气场

树立扶贫先进标杆。积极推荐五峰先进典型和先进集体，着力打造五峰扶贫新形象、新标杆。其中，退休干部罗官章被表彰为全国优秀共产党员，获得全国脱贫攻坚奉献奖、湖北省扶贫开发工作先进个人、宜昌市扶贫功臣等荣誉。谭敦峰等5名干部分别获得湖北省、宜昌市扶贫开发先进个人表彰，县扶贫办被颁发优秀基层党组织等荣誉称号。专班开展扶贫宣传。成立扶贫攻坚宣传组，全面负责精准扶贫成效的对外宣传工作。细化扶贫宣传责任分解，加大信息、宣传稿件采写报送力度，为扶贫攻坚营造良好的舆论氛围。截至2016年，已编发《战报》44期，累计刊发信息300余条，市级以上主流媒体刊发154条，其中《湖北日报》2篇，《三峡日报》头版头条7条，三峡电视台24条，省委农办简报信息1条，省扶贫攻坚简报5条，市扶贫攻坚简报17条。在省政府办公厅《湖北政务信息》和省扶贫办《扶贫开发工作简报》发表经验交流文章各3篇，精准扶贫宣传工作取得突破性进展。

（三）秭归县精准扶贫情况

秭归县是国家扶贫开发工作重点县、武陵山扶贫攻坚片区县。全县辖12个乡镇、186个行政村、7个居委会，38.01万人（其中农业人口31.27万人），区域面积2427平方公里，耕地面积38.5万亩。全县素有“八山一水一分田”之称，“路无一里直，地无三亩均”，地理条件十分恶劣。全县有重点贫困村47个，建档立卡贫困户2.27万户6.02万人。

2016年，秭归县在中央和省、市的正确领导和大力支持下，紧紧围绕长江经济带“桥头堡”省级战略，立足建设全省山区生态经济强县的奋斗目标，积极抢抓发展机遇，以“两园三区”为主战场，着力打造四大百亿产业，全县经济社会发展稳中向好，实现了“十三五”良好开局。2016年，实现地区生产总值120亿元，同比增长9.0%，地方公共财政预算收入7.29亿元，固定资产投资123亿元，同比增长37.6%，农村居民人均可支配收入达到9201元，增长14.12%。全县重点贫困村下降到24个，建档立卡贫困户下降到1.51万户3.92万人。2016年10月，荣获“全国扶贫系统先进集体”。

1. 2016年扶贫工作情况

（1）脱贫目标全面实现。不断创新完善“1119”扶贫品牌，变“1119”为“111N”。通过创新资金捆绑机制和县级领导现场办公，持续加大对脱贫攻坚的资金投入，共为23个村整合项目资金3.28亿元，村均投入1426万元，创历史新高。贫困村道路畅通、饮水安全、电力保障等基础设施和信息化、文化建设等公共服务全面达标，贫困村面貌焕然一新，发展活力大为增强。2016年，全县实现了23个贫困村出列、7626户20945人脱贫销号的目标，完成年度计划的105%。

（2）安全住房全面保障。坚持把易地扶贫搬迁作为打赢脱贫攻坚战的首场战役，逐级分解任务，细化推进措施，高位推动落实。搬迁工作实行统一规划、统一程序、统一管理、统一分配“四统一”制度，坚持靠近中心村、集镇、旅游区、产业园、城区“五靠近”安置模式。建立完善了“政府主导、公司运作、乡镇实施”的工作机制。2016年全县完成易地扶贫搬迁1787户4499人（完成省计划的174.5%、市计划的122%），建设居民点107个，集中安置率62.3%，完成危房改造2122户。实行依托优势资源和特色产业、新型农业经营主体、旅游资源、村集体土地、工业园区、光伏发电“六个依托”加强搬迁后续扶持，为每个搬迁户配套一个脱贫方案，做到“挪穷窝”与“换穷业”并举、安居与乐业并重、搬迁与脱贫同步，确保了搬迁户“搬得出、稳得住、能致富”。

（3）特色产业全面优化。始终把培育支柱产业作为精准扶贫的重点和核心，统筹整合现代农业、退耕还林、财政扶贫、三峡后扶等项目资金1.5亿元，用于贫困地区群众发展脱贫致富的主导产业。大力推广“龙头企业+合作社+基地+农户”的产业扶贫模式，全年发展和改造以柑橘、茶叶、核桃为主的经济林园3.8万亩；积极探索乡村旅游脱贫，对贫困户新开办农家乐和吸纳贫困人口就业的农家乐给予补贴，旅游扶贫带动贫困户收入增长率达到40%以上；大力建设农村电子商务配送及综合服务网络，建立农村电商服务体系，支持贫困户发展电商；积极推进光伏扶贫工程，拓展贫困村和贫困户增收新渠道。

（4）精准到户全面覆盖。为切实打通扶贫到户“最后一公里”，制订出台了精准扶贫到户工作方案，2016年切块安排财政专项扶贫资金2000万元，按照每户4000元的补助标准，支持5000户贫困户发展生产脱贫销号。按照“缺什么、扶什么，差什么、补什么”的要求，对贫困户因户施策，因人施法，实行一户一策、一户一扶。通过医疗保障、教育扶贫、民政兜底、社会救助、危房改造、雨露计划等各项扶贫措施和政策叠加，使每个贫困户都享受了1项以上扶贫政策措施，实现了贫困户扶贫项目资金、帮扶措施全覆盖。

（5）发展动力全面提升。坚持扶贫与扶志相结合，不断加强宣传引导和典型带动，走出了一条“先富带后富、手拉手共富”的精准扶贫新路子，努力用自强的志气消除思想上的贫困，用精准的方略消除物质上的贫困。创新金融扶贫机制，设立财政风险补偿金1000万元，对有需求、符合条件的贫困户和落实扶贫责任的新型农业经营主体给予贷款支持，建立新型农业经营主体与贫困户利益链接机制，增强贫困户造血功能，提升贫困户自身发展动力。全县发放金融扶贫贷款8106万元，其中贫困户贷款950余万元，解决了贫困户发展生产资金短缺难题，带动了2100户贫困户脱贫。

（6）党建扶贫全面发力。建立健全了“书记抓、抓书记”的责任机制，始终坚持把党旗牢牢插在脱贫攻坚战场上，做到脱贫攻坚与基层党建工作同研究、同部署、同考核。在精准扶贫到户工作中，充分发挥支部的作用，驻村第一书记带领驻村工作队、村“两委”干部、结对帮扶党员深入每家每户，帮助贫困户发展脱贫项目。全面加强村级基层组织服务阵地建设，完善了党员群众服务中心、文化活动广场、村卫生室等公益设施。采取盘活三资、兴办实体、创新服务、投资入股等方式，强力推进贫困村集体经济创收，23个贫困村集体经济收入均达到5万元以上。

2. 典型做法

（1）用最精锐的队伍打赢脱贫战役。坚持把脱贫攻坚作为全县头等大事和第一民生工程来抓，实行领导挂帅、大员上阵、全员参与、精兵作战。县、乡均成立由党政主要领导任组长的脱贫攻坚领导小组，抽调精兵强将组建扶贫攻坚专班，分乡镇组建12个扶贫攻坚作战团，每个作战团负责一个乡镇的脱贫攻坚工作，全县186个村都有帮扶单位，每个单位都有帮扶任务。选派优秀干部到贫困村担任第一书记，组建47支扶贫工作队驻村帮扶，实现贫困村帮扶全覆盖。抽调党员干部职工8000余人参与结对帮扶，实现了贫困户帮扶全覆盖。确定23家县级企业，引进22家市级企业和商会参与精准扶贫“村企共建”，奏响了全社会共同参与脱贫攻坚的“大合唱”。

（2）用最精准的举措保障脱贫成效。加强脱贫攻坚的顶层设计，先后召开县委常委会议、县政府常务会议、精准扶贫规划编制会、贫困村现场办公会、驻村工作队员座谈会、作战团队长单位联席会、脱贫攻坚现场推进会等会议50多次，专题研究部署脱贫攻坚工作。围绕“扶持谁、谁来扶、怎么扶”等问题，出台《关于打赢脱贫攻坚战的决定》，大力实施产业发展、基础设施、保障救助、教育扶智、金融扶贫五大脱贫工程。制定涉及道路交通、安全饮水、电力改造、特色产业发展、精准扶贫到户、教育扶贫扶智等19个配套专项工作方案，构建了脱贫攻坚一揽子政策支撑体系，实现了脱贫攻坚工作全盘统筹，无缝覆盖。

（3）用最精确的规划整合脱贫资金。坚持扶贫规划管总，项目围绕规划定，资金跟着项目走，实行跨部门、跨年度、跨层次的统筹。制定出台《秭归县脱贫攻坚财政资金统筹整合方案》，按照“多个渠道进水、一个池子蓄水、一个龙头出水”的原则，大胆探索实施“先收后放、先统后分”策略，明确统筹资金来源渠道和资金额度，对县直相关部门专项资金，除规定有特殊用途外，全部纳入整合范围。通过发挥扶贫资金“四两拨千斤”的作用，全县形成了“国家补助、单位帮扶、信贷支持、群众自筹、社会捐赠”的扶贫攻坚多元投入机制。2016年全县统筹整合各级各类财政资金及贷款13.34亿元投入脱贫攻坚。

（4）用最精细的宣传强化脱贫氛围。通过发表电视讲话、开辟专题专栏、设置户外广告、开通微信平台、印制工作手册、编发简报等形式，全方面、多渠道、多载体开展脱贫攻坚宣传，印发党员干部职工结对帮扶手册8000本，政策“一本通”3万本，扶贫政策宣传覆盖到每一个干部和每一个贫困户。加强宣传教育，引导群众依靠自力更生实现脱贫，增强了贫困群众的主体意识，在全社会树立了正确的价值导向。加大典型事迹挖掘报道力度，积极推介秭归扶贫工作经验，省委《政策》、省政府《咨询与决策》以及《湖北日报》等党报党刊对秭归扶贫经验分别以头版头条和专刊等形式进行了报道。

（5）用最精严的考评夯实脱贫责任。充分凸显脱贫攻坚的核心地位，层层签订脱贫攻坚军令状，压紧压实帮扶部门和帮扶干部的扶贫责任。强化目标责任管理，构建党委政府督查部门、组织部门、扶贫部门等多部门协调联动的督查体系，坚持“一月一督查”“一季一通报”“半年一考核”“不定期约谈”。在易地扶贫搬迁等重点工作和重点时段，建立“日通报、周排序、月拉练”的工作督导推进机制，强力倒逼工作落实。坚持“两代表一委员”视察脱贫攻坚工作的制度，加强监督检查，纠正不力不当做法。按照“经得起看、经得起问、经得起算、经得起查、经得起评”的标准，全面完成脱贫攻坚验收考核和第三方复核评估工作，确保全县2016年脱贫攻坚退出验收考核评估工作圆满收官。把脱贫攻坚成效作为考核各地各单位党政领导班子和领导干部的重要内容，纳入全县综合目标考核体系，加大考核结果运用力度，实行最严厉的问责机制，对履职尽责不到位、脱贫工作进度滞后的单位和个人进行约谈，确保各项脱贫攻坚措施落到实处。

3. 存在的问题

一是返贫压力大。秭归县贫困人口集中分布在高山边远地区和深山峡谷地带，自然条件恶劣，自然灾害频发，发展优势不足，脱贫根基不牢，农民防灾抗灾能力相对不足，因灾、因病等返贫压力大。二是产业培育难。经过多年的发展和探索，全县农村基本上形成了“两果两叶”的产业发展格局，但是半高山地区仍然很难找到经济效益高、见效快、适合大规模发展的特色主导产业；而且产业发展见效周期长，后期还需要继续加大扶持力度，才能确保产业见效、农民增收、稳定脱贫。三是脱贫难度逐步加大。随着扶贫开发的不断深入，剩下的贫困人口主要是残疾人、智障人、老年人等，60% 以上是因病因残致贫，70% 以上无劳动能力，脱贫主要依靠政策兜底。加上秭归县地方财力十分有限，政策保障资金筹集难度大。

（四）远安县精准扶贫情况

远安县，隶属于宜昌市，位于湖北省西部、宜昌市之东北。县域之东、东南与荆门市、当阳市（县级市）毗邻，西南、西与夷陵区为邻，北与保康县、南漳县接壤。远安县是黄帝之妻嫘祖的故里，是楚文化发祥地之一。远安县县域面积为 1752 平方公里，辖 6 个镇、1 个乡，102 个村、15 个居委会，是全省唯一整体不对外开放县。全县人口 85128 户 194471 人，其中农业人口 145617 人（2015 年统计年报）。远安县县域经济发展保持良好的发展态势：2016 年，实现地区生产总值 210 亿元，年均增长 16%；地方一般公共财政预算收入 11.09 亿元（比 2015 年略有下降）；固定资产投资 270 亿元，年均增长 28.5%；社会消费品零售总额 46.2 亿元，年均增长 14.9%。

农业产业发展稳步前进。①食用菌：全县袋料香菇种植规模达到 1.4 亿袋，香菇总产量 9.4 万吨，从事香菇种植的农户达 8200 户，万袋以上大户 2268 户，全县香菇产业链总收入达 30 亿元，菇农人均从香菇产业中获得收入 6500 元以上。②茶叶：全县茶园总面积 4.2 万亩，其中标准园面积 2.4 万亩，产茶 2124 吨，综合产值 1.5 亿元。③优质米：水稻种植面积 10.9 万亩，总产 6.4 万吨，万亩优质稻基地3个，优质大米产量7000吨，产值4200万元。④水果：水果总面积5.6万亩，产量2.2万吨，综合产值5000万元。⑤畜牧业：生猪出栏34.22万头，肉牛出栏6240头，家禽出笼48万羽，禽蛋产量1900吨，预计实现产值10.8亿元，畜牧业养殖大户201个。⑥蔬菜：面积4万亩，总产11.4万吨，预计实现产值2.5亿元。建成蔬菜基地5个面积3000亩。⑦水产：全县养殖水面17055亩，虾稻共作面积1200亩，水产品总量达到2750吨，总产值达到3376万元。全县共有农产品加工企业45家，其中规上企业21家，省级龙头企业5家，市级龙头企业19家。已培育有机食品8个，绿色食品13个，无公害食品7个，地理标志产品4个，中国驰名商标2个。

全县发展农业产业的贫困户共有2216户4973人，其中发展粮油243户594亩，食用菌336户189.8万袋，茶叶220户473.7亩，雷竹123户1418亩，蔬菜146户92.6亩，生猪1089户2635头，家禽646户90546羽，羊154户3773只，牛76户294头，水产养殖23户374亩，养蜂67户653笼，景观植物19户359亩，其他产业103户。贫困户年人均从产业扶贫中增收达1000多元。

1. 2016年扶贫工作情况

远安县2016年共有存量贫困人口6523户12877人，2016年实际减贫人口4586户9193人。2016年底，对自然死亡贫困户进行调减和对新增贫困户纳入后，全县还有未脱贫人口1927户3697人。

（1）完善基础设施。保障和改善民生是扶贫工作的基础，两年来远安县共投入6928万元建设村级公路231.1公里，解决了5768户17370人行路难问题，其中贫困户747户1488人。两年共投资5100万元对全县农村公路按标准予以改造，新增客运线路33条、农村客运车辆9辆，实现村村通客车。对10个脱贫出列村安全饮水实施整村推进，解决了4841户13125人饮水安全问题，含建档立卡贫困户1660户3453人，占计划的100%。投资5210万元实施农村电网升级改造，彻底解决了低电压问题，贫困户通电率100%。投资6000余万元实施光纤入户，为贫困地区夯实了发展基础。

（2）产业政策推动。一是坚持把发展产业作为脱贫的根本举措，按照“光伏保底，基金助力，自我发展”相结合的办法，投入4453.2万元实施光伏扶贫，按每个建档立卡贫困村50千瓦、每个贫困户3千瓦的标准对建档立卡贫困村、

“三无”贫困户和易地扶贫搬迁集中安置点建设了光伏扶贫项目，确保了贫困村、贫困户的稳定收益。投入 1110 万元设立农村互助合作社基金，对贫困户发展产业予以人均不低于 5000 元的资金扶持；因户施策，按照“因地制宜、长短结合、宜种则种、宜养则养”的原则，对有劳动能力、有发展条件和愿望的 2315 个贫困户每户落实了 1 ～ 2 个产业。二是把产业扶贫与壮大农业“一主三特”主导产业结合起来，大力推行“公司 + 农户”“合作社 + 农户”“龙头企业 + 合作社 + 基地 + 农户”及左家坪“入股扶贫”等产业扶贫模式，确保贫困户稳定增收脱贫。同时，县财政整合资金 4500 万元，设立远安县产业扶贫专项基金，10 家企业申获产业扶贫基金共 4200 万元，对接贫困户 2061 户 4683 人，帮扶贫困对象年人均增加收入 500 元以上。三是围绕扶贫产业发展，锁定 1089 人为重点劳动技能培训服务对象，制定专项服务实施方案，实行登记销号台账动态管理。2016 年，全县累计完成实用技术培训 1200 余人次，职业技术培训 3000 余人次，提供就业服务和职业指导 2000 余人次，建档立卡贫困人口中新成长劳动力参加各种职业技术培训劳动力的比例达到 100%。技能培训显著调动贫困户发展产业意愿，提升贫困户发展产业能力。

（3）做实安居工程。全县 288 户 D 级危房全面消除，锁定易地扶贫搬迁贫困户 887 户 1771 人，其中：集中安置 619 户 1210 人，分散安置 268 户 561 人，集中安置的户数、人数分别占比 69.8%、68.3%。截至 2016 年 12 月底，全县 42 个集中安置点全部完成房屋建设工程，全县集中安置和分散安置已入住 842 户 1686 人，彻底解决了贫困户脱贫的后顾之忧。远安县创新“阳光超市”慈善救助精准扶贫方式，为全县特殊贫困对象分配发放生活用具“八大件”共 4347 件，保障了特殊贫困对象的基本生活需求。

（4）改进医疗扶贫。远安县针对因病、因残致贫建档立卡贫困户高达 70% 的问题，出台了《远安县城乡居民精准扶贫医疗补充保险实施办法》，在对贫困户减免住院治疗起付线、开展大病救助的基础上，实施医疗补充保险，凡建档立卡贫困人员和城市低保人员，自付金额在 12000 元以下（含本数）的按 90% 的比例给予补偿（其中五保户、城市“三无”人员、孤儿等特殊对象自付部分按 100% 比例给予补偿）；自付金额在 12000 元以上的部分按 100% 的比例给予补偿，实际提高住院补偿比 23.75%。通过医疗扶贫进一步夯实贫困对象健康基础，保障扶贫政策措施落实。

2. 典型做法

（1）精准到户产业到人。远安县加大产业扶持力度，让产业扶贫政策惠及全县所有贫困户，整合资金 8000 多万元，设立全县扶贫互助合作社基金和产业扶贫专项基金，对有劳动能力及发展愿望的 2807 户贫困户，按户均 5000 元予以扶持，鼓励贫困户自行发展食用菌、茶叶、水果、畜牧等特色产业；对带动贫困户发展的企业、专业合作社给予资金支持。大力推进光伏扶贫工程，出台《远安县光伏扶贫实施方案》，按照村均 50 千瓦以上、每户 3 千瓦的标准修建分布式小型光伏发电系统，覆盖全部建档立卡贫困村和“三无”贫困户以及易地搬迁集中安置户，确保 15 个建档立卡贫困村集体每年增收 5 万元以上，每个贫困户年增收 3000 元以上。全县已有 225 处光伏扶贫项目并网发电，总装机容量 4000 多千瓦，其中建档立卡贫困村 1200 千瓦，集中安置点约 3000 千瓦。

（2）创新方式扶贫增收。积极探索创新贫困户利用资产、股权等增收受益模式，不断拓展确保贫困户实现稳定增收的方式方法。在洋坪镇左家坪村试点“入股脱贫”新模式，整合扶贫及村级其他资金，专门建立贫困户产业扶贫基地，在公开、公平、公正评定的基础上，为 25 个无劳动能力的贫困户配股发放收益凭证。贫困户产业扶贫基地由合作社统一经营管理，对贫困户收益实行“上不封顶、下有保底”，基地当年多收益则多分红，若当年柑橘基地收益较低，则按照每户不低于 1000 元实行保底收益分配。

（3）市场主体助力扶贫。积极推进新型市场主体参与精准扶贫，促成全县 102 个村对接市场主体 153 个，建成和启动样板基地 175 个；全县共有 10 余家涉农企业和 50 多家专业合作社、家庭农场投身精准扶贫工作，结对帮扶贫困户发展脱贫产业，投入资金超过 8000 万元。如宜昌恒生茶叶公司在望家村建厂，带动周边贫困茶农 100 余户，每年为茶农增收 300 万元以上。洋坪镇丰瑞祥牧业公司与农户签订合同，按高于市场价 4 元 / 公斤标准回收农户养殖繁育的牛犊，成功发展 50 余贫困户参与肉牛养殖。宜昌青山绿水公司与土鸡养殖贫困户“结对”，投资 20 万建育雏室，负责鸡苗供应、疫病防疫、技术指导并以不低于市场价包销回收。森源集团以茅坪场香菇文化村为基地探索“包保”扶贫模式，免费为 100 户住房困难、生产生活环境落后的贫困户提供 3 室 2 厅 1 厨 2 卫格局的简装修住房，免费提供食用菌产业基地。

3. 存在的问题

少数贫困户增收困难。部分无劳动技能或丧失劳动能力或长期患病致贫的贫困户，除政策性补贴、社会救助以外无其他有效帮扶措施，尤其是无劳动技能或丧失劳动能力的贫困户缺乏长期稳定的增收致富产业。

主导产业培育有待加强。个别贫困村在特色产业挖掘培育上功夫不深，在覆盖带动农户上力度不够，没有形成特色鲜明的村级主导产业。

利益联结带动还需优化。贫困户与新型市场主体尚未形成紧密的利益关系，在覆盖带动农户上力度不够，在生产指导和产出销售上着力不够。

（五）兴山县精准扶贫情况

兴山县是汉明妃王昭君的故乡，始建于公元 260 年。县辖 2 个乡、6 个镇，89 个村、2 个居委会、5 个社区，区域面积 2327 平方公里，总人口 168805 人。兴山是大山区县、库区移民县和革命老区县，全县人均耕地 1.08 亩，8 个乡镇都是省定贫困乡镇，经济社会发展相对落后。改革开放以来，县委、县政府带领全县人民，按照“水电起步，矿产突破，林果特开花”的县域经济发展总体战略，依托资源，开放开发，励精图治，加快发展，县域经济社会面貌发生了较大变化。2016 年，全县实现地区生产总值 105 亿元，同比增长 10.5%；地方财政总收入 110817 万元，同比下降 13.0%；农村居民人均可支配收入 10580 元，同比增长 10.1%，增幅高于全省平均水平；人均消费支出达到 8210 元，同比增长 9.70%，增幅高于全省平均水平。

1. 2016 年扶贫工作情况

2016 年以来，兴山县根据省委、省政府统一要求，紧紧围绕“打造特色产业、提升基础设施、建设生态家园、完善公共服务体系”等发力重点，开出“8 个方子”对症下药，扎实有序推进精准扶贫工作。全县建档立卡贫困人口总数为 12058 户 32260 人，2016 年，全县计划完成脱贫人口 18000 人，已实际完成脱贫人口 6392 户 18013 人，占全县建档立卡贫困人口总数的 53% 和 55.84%，超额完成了 2016 年脱贫任务。

（1）夯实主体责任，凝聚力量战脱贫。县里成立了扶贫攻坚工作领导小组，与 8 个乡镇党委、政府和 60 多个相关县直部门签订了《减贫脱贫责任书》，将精准扶贫工作作为干部综合考核评价的重要内容。组织 33 名副县级以上领导、105 个县直部门、40 家民营企业对口帮扶，实现建档立卡贫困户结对帮扶全覆盖。县委、县政府 14 次召开常务会研究部署精准扶贫工作，县委书记汪小波 6 次主持召开精准扶贫工作推进会及督办推进会，逐一到 5 个重点计划出列村检查办公，现场研究解决问题。同时，加强扶贫开发党风廉政建设。

（2）聚焦发力重点，精准施策促脱贫。全面落实“8 个方子”，扎实推进精准扶贫工作。一是打造特色产业扶贫。2016 年，县委、县政府出台政策对贫困户发展特色产业给予 90% 以上的资金扶持，同时实行“龙头企业（专业合作社）+ 基地 + 贫困户”的发展模式，降低贫困户产业发展的风险。全县共培育农业产业化龙头企业 17 家、农村专业合作社 529 家、家庭农场 132 家、种养大户 4839 个，共有 100 家专业合作社带动 7819 户贫困户发展产业，全程为贫困户提供技术指导，保障贫困户持续稳定增收。二是推动旅游示范扶贫。申报省级休闲农业与乡村旅游扶贫示范区 6 个；高桥乡大槽村、昭君镇滩坪村入选 2016 年全国乡村旅游扶贫重点村；启动了滩坪村别家湾国家第四批传统古村落保护与建设项目、三峡香溪国际旅游休闲区项目；扶持建设农家乐 240 家，带动贫困人口就业 401 人。三是提升基础设施提升扶贫。2016 年，全县共完成农村公路硬化 386.3 公里、新修路基 55.4 公里，实现组组通水泥路、村村通客运班车的目标；解决 17 个村 8037 人农村安全饮水问题；贫困村通电率为 100%；实现了农村光纤户户通；完成贫困户危房改造 2067 户，住危旧房贫困户下降率为 40.8%；实施贫困村村庄环境综合整治，实现了生产污染和生活污染综合整治工程全覆盖。四是实施易地扶贫搬迁。2016 年，全县共完成扶贫搬迁 1559 户 3912 人，是省下达计划 1050 户 3812 人的 148.48% 和 102.62%。五是实施教育补助扶贫。从 2016 年开始，全面实行“9+3”“三免两补”政策，县财政安排 1140 万元，整合项目资金 54 万元，对在县内就读普通高中和职业高中的，实行免学费、住宿费和书费。同时，对在县内接受从幼儿至高中教育的建档立卡在册农村贫困学生，在享受国家原有资助政策的基础上，从幼儿教育到高中分阶段再补助扶贫助学金，2016 年全县共免收高中阶段 2993 名学生学费、住宿费和书费 632.2 万元，在全省率先实现了高中免费教育，发放精准扶贫助学金 7062 人 1243.55 万元，全县学前三年教育毛入园率达到 98.4%，义务教育净入学率达到 100%，高中阶段毛入学率达到 99%。六是开展技能培训扶贫。对每个村每个产业选派培养 1 ～ 5 名产业技术员，实现了贫困户每户至少有 1 个技术明白人、掌握 1 门以上就业创业技能。2016 年，全县建档立卡贫困人口中新成长劳动力 1275 人都参加了职业教育技能培训，比 2015 年增长 30%，全县转移贫困人口劳动力就业 1524 人。七是加强文化建设扶贫。2016 年，全县建档立卡贫困户广播电视覆盖率达到 100%；建立村级文化活动室 96 个、农家书屋 96 家、文化信息资源共享工程村级服务点 64 个，每个村都有 1 ～ 2 名文化中心户，实现了村村都有公共文化（图书）室的目标。八是建立社保机制扶贫。出台重大疾病医疗补充保险政策，引入第三方商业保险机构参与全县城乡居民医疗保险救助，创新实施“五个三”的健康扶贫救助模式，全县农村贫困户、城市低保户看病最多只出 1200 元，农村五保对象、城市“三无”对象、城乡孤儿看病不出钱；建立农村五保供养标准、低保保障标准自然增长机制，2016 年，全县农村低保保障标准提高到 4200 元 / 年，全县农村五保供养对象的标准分别提高至 6260 元 / 年；县财政拿出资金 176.6 万元，资助 14717 名城乡低保、农村五保、城市“三无”、孤儿参加新农合和城乡居民养老保险，县直帮扶单位为全县贫困户购买了社会治安保险。

（3）增加扶贫投入，全力保障助脱贫。2016 年，建立财政专项扶贫投入稳步增长机制，每年新增财政收入用于扶贫开发的比例不低于 15%，县级专项扶贫资金不低于 7000 万元，县级财政存量资金 50% 用于精准扶贫。2016 年，全县共统筹整合各类资金 97541 万元，用于精准扶贫工作，全县用于扶贫的整合资金占兴山县当年财政专项支农资金的 88.44%。同时，县财政安排 2000 万元，设立小额信贷风险担保金账户，对贫困户和带动贫困户发展的龙头企业、农村专业合作组织、产业大户实行小额信贷，共发放扶贫小额信贷资金 1741.87 万元，全县建档立卡贫困户小额贷款覆盖率达 17.27%。

2. 典型做法

2016 年，县委、县政府拓宽思路，解放思想，总结经验，围绕 4 个关键领域，实施 8 大扶贫药方，为精准扶贫工作提供有力保障。

（1）国务院扶贫信息《湖北兴山县产业帮带到户上学看病基本免费》（总第 194 期）宣传了兴山县精准扶贫工程经验，时任省委书记李鸿忠、省长王晓东亲自做出批示在全省推广。

（2）二是在教育上全面实行“9+3”“三免两补”政策。即九年义务教育及三年高中全部免费，对学费、住宿费和书费免费，对县内接受从幼儿至高中教育的农村贫困学生所属高中考取全日制本科、专科的大学生，补助扶贫助学金及生活费。教育扶贫经验被新华社推介。

（3）实施“二兜底”工程。即①养老兜底。对农村丧失劳动能力、难以进入产业脱贫的群众，全部纳入最低生活保障，解决其生存生活问题。②医疗兜底。对城乡所有居民患病住院超“合规”自费部分超过1.2万元以上的，全部报销；对农村贫困户和城镇低保户超“合规”自费1.2万元以下的，按90%报销；对农村五保、城镇“三无”、城乡孤儿对象，100%报销。健康扶贫经验被人民日报推介。

（4）扶贫搬迁实行“1+3”政策。即将安置小区建设与小城镇建设、美丽乡村建设、中心村建设紧密结合起来，高桥、黄粮、水月寺、峡口、南阳等5个乡镇积极探索创新“医养结合”“院养结合”模式，实现农村分散供养五保老人老有所养、老有所医。

3. 存在的问题

一是政策宣传不透彻。古夫镇古洞村七组贫困户张永丰通过第三评估收入核算达到了82960元，人均收入20587元，没有“一票否决”的情况，但该户签署意见“不同意脱贫”，其原因是担心脱贫后不能再享受扶贫政策，暴露出在政策宣传中没有深入讲解政策，群众对政策将信将疑。

二是基础设施建设不能满足基层群众需求。兴山县是大山区县和革命老区县，积弱已久。2016年，全县共统筹整合各类资金97541万元，用于精准扶贫和基础设施建设，但是全县需要建设的基础设施较多，县级财力无法满足基层群众加强基础设施建设的迫切愿望。

（六）当阳市精准扶贫情况

当阳市地处鄂西山地向江汉平原过渡地带，面积2159平方公里，耕地面积66万亩。辖7个镇、3个城区办事处，155个村，总人口48.6万人，其中农业人口33万人。2016年，全市地区生产总值实现478亿元，地方公共财政收入25.4亿元，全市农民人均纯收入预计达到18320元。

当阳市属于插花扶贫县（市），有建档立卡贫困对象14017户26054人。2016年实现13个贫困村（其中宜昌市级扶贫攻坚贫困村1个）、7146户

13386人如期脱贫，年底，当阳市还有贫困村12个，贫困人口4727人。

（1）抓产业培育发展，着力增加农民收入。穷不生根，富无天生。精准扶贫中，当阳市立足“一村一品、一户一业”和“1+5”工作模式，出台《当阳市精准扶贫精准脱贫扶持政策》，以农业观光旅游、畜牧养殖、精品种植为抓手，强化扶持引导，突出示范引领，不断壮大发展规模，提升贫困户增产增收内力，拓宽群众增收致富渠道。全市向宜昌上报推介了9个农业产业发展典型，它们分别是：玉阳办事处金小艳薯业种植专业合作社、玉泉办事处花溪谷、坝陵办事处精耀药材基地、半月镇胡家湾生态农业旅游、河溶镇前英村龙家畈种植实验基地、王店镇天香园、庙前镇庙前村山水茶叶专业合作社、淯溪镇“漳河菌耳”特色农业品牌、两河镇胡场村和草埠湖镇符台村稻虾共作模式。这些示范典型催生了一批新产业基地的诞生，比如，玉泉办事处百宝寨村河滩园林基地、玉泉办事处干河村生态休闲观光园、半月镇紫盖村文章养羊合作社、玉泉办事处清溪村南丰蜜橘种植园、庙前镇李店村香菇产业园、河溶镇赵湖村格里蓝泉家庭农场、庙前镇红林生态蓝莓种植基地等，这些基地以土地流转入股或者直接接纳贫困对象就业，纷纷以不同形式和不同途径为扶贫攻坚出力。据不完全统计，全市已建立产业基地34个。

（2）抓基础设施建设，着力改善农村发展条件。2016年当阳市强力推进安全饮水、绿满沮漳、网格“四务通”、村村通客车、洁净乡村等五项强基工程。交通部门积极将项目建设向贫困村倾斜，针对25个贫困村下达了35.6公里的通村公路建设计划，补助标准提高到每公里20万元。水利部门进一步推进安全饮水大水厂大管网工程。在上级资金投入大幅减少的情况下，积极采取本级财政兜底的办法，重点解决了2016年度计划脱贫的玉阳、庙前、坝陵、淯溪、两河等5个乡镇的13个贫困村集中供水、输水管网、天河水窖等“安全饮水”基础设施建设，剩余的12个贫困村安全饮水整村推进工程分步实施。林业部门扎实推进“绿满荆楚”“长江防护林”“森林抚育”等林业生态工程项目，实施“绿满荆楚”绿化项目3.2万亩，投资资金1.07亿元，其中，惠及贫困村0.5万亩，资金300万元；实施“长江防护林”项目建设1000亩，投资30万元，惠及庙前镇的长春全村；实施“森林抚育”项目3.2万亩，投资320万元，惠及庙前、沙河、李店、长春和满山红村等5个贫困村。

（3）抓社会事业发展，着力提升农村保障能力。住建部门以改善贫困群众住房条件为目标，加大危房改造进程，及时下发《关于做好 2016 年危房改造的通知》。2016 年，纳入改造计划的 278 户均已完工。民政部门及时落实惠民救助政策，有力保障了贫困群众基本生活。针对农村 1202 人（集中供养 555 人，分散供养 647 人）“五保”对象，发放五保供养金 369.44 万元。针对贫困村民，及时发放医疗救助金 541.33 万元，惠及困难群众 28761 人次；发放临时救助金 48 万元。卫生部门以提升基层卫生服务能力为抓手，加大村级卫生室改造升级达标改造力度，指导建好卫生服务场所，配齐培强医务人员。文化部门大力推进文体惠民工程，以贫困村为重点，投资 50 多万元，及时为 40 多个行政村配齐了体育健身器材；优先将 25 个扶贫重点村纳入村级综合文化服务中心建设行列，配送图书 3 万册；广电网络推进“户户通”建设工程，惠及贫困村 1416 户；“村村响”工程已建成 1 个市级平台和 22 个村级平台，基本实现全市全部覆盖。

（4）抓易地扶贫搬迁，着力改进居民生存环境。2016 年当阳市共锁定易地扶贫搬迁对象 380 户 643 人，自筹资金 3858 万元先行启动易地扶贫搬迁建设。按照统一设计、统一户型（25 平方米、50 平方米、75 平方米、100 平方米、125 平方米）、统一标准要求，总建筑面积 16075 平方米，把住人均住房建设面积不超过 25 平方米、搬迁户不因搬迁而举债的底线，确保经济安全适用。全市易地扶贫搬迁工程前期征地、主体工程建设和装修费用共 3345.32 万元，其中：前期费用 826.32 万元，含征地费用 414.31 万元（征地总面积 130.18 亩），场地平整 170.21 万元，青苗及其他补偿 39.64 万元，其他费用 202.16 万元；主体工程建设和装修 2519 万元。11 月中下旬已全部完成主体工程建设和装修，目前已交钥匙搬迁入住。

三、孝昌县精准扶贫典型经验与做法

孝昌地处大别山南麓、江汉平原北部，集老区、山区、库区、贫困地区于一体，是全国扶贫开发工作重点县、国家大别山贫困地区连片区域发展与扶贫攻坚重点县，也是武汉城市圈两型社会综合配套改革试验区和大别山革命老区经济社会发展试验区。全县面积 1217 平方公里，辖 12 个乡镇，1 个省管开发区和 1 个国家 4 级生态旅游度假区，共有 444 个行政村，总人口 66.8 万，其中农业人口 56.8 万人。2014 年。建档立卡贫困人口 12.44 万人，贫困发生率为 21.9%；贫困村 107 个，占行政村总数的 24%。近年来，孝昌县以精准扶贫、精准脱贫统揽经济社会发展全局，紧扣“精准扶贫，不落一人”总要求，紧盯“三年整体脱贫，五年全面小康，建成山区经济强县”战略目标，全力推进精准扶贫、精准脱贫。在 2015 年取得全省精准扶贫实绩考核 B 类第 4 名的基础上，近期顺利通过孝感市第三方评估验收，36 个重点贫困村、27296 名贫困人口如期出列销号。

（一）严把标准抓精准识别

（1）严把识别标准关。参照执行年度国家扶贫标准，以农户人均可支配收入是否低于同期国家扶贫标准作为贫困户识别的重要参考因素。同时综合考虑并严格执行“十进十不进”标准。“十进”即对符合下列条件之一的农村对象可直接识别确认为贫困对象：①家庭主要劳动力死亡，孩子未成年的农户；②民政部门认定的五保户；③不符合五保条件的鳏寡孤独农户或单亲家庭；④家庭主要劳动力长期生病，不能从事基本劳动的农户或大病农户；⑤丧失劳动能力的残疾人口占家庭人口一半以上的农户；⑥直系亲属长期患病仍在治疗的；⑦住房不避风雨的危房户；⑧全家痴呆傻残，终身无发展潜力的农户；⑨家庭供养人口较多且缺乏经济来源的农户；⑩因自然灾害、突发事件及其他原因造成家庭特别困难的农户。“十不进”即对具有下列条件之一的农户不予识别确认为贫困对象：①家庭劳动力健全，家庭成员健康，无明显致贫原因的农户；②家庭从事规模种植、养殖业或加工业，家庭成员外出务工做生意、包工程、经商办企业收入明显高于当地平均水平的农户；③在城镇购建门面房、商品房的农户；④家庭拥有拖拉机、铲车、货车，轿车、面包车等机动车辆之一的农户；⑤家庭成员中有经常参与带彩娱乐等不良嗜好的农户；⑥子女有赡养能力的独居老人；⑦有劳动能力但好吃懒做导致贫困的农户；⑧家庭有高费择校学生或自费出国留学学生的农户；⑨家庭成员中有赌博、吸毒等违法犯罪行为或违法乱纪屡教不改的农户；⑩调查期间刻意隐瞒家庭信息，借故不配合调查、打骂闹事阻止调查的农户。

（2）严把识别程序关。严格落实两公示一公告程序，通过农户申请、民主评议、公示公告和逐级审核的方式整户识别。在农户申请的基础上，各村召开村民代表大会，产生初选名单经村委会和驻村工作队核实后进行公示，经公示无异议后报乡镇人民政府审核。乡镇人民政府审核确定全乡镇贫困户名单后，并进行公示，经公示无异议后报县扶贫办复审，复审结束后通过县人民政府门户网站等渠道公示。

（3）严把动态管理关。①扎实开展“九大数据”比对。在精准复核的基础上，在孝感市率先开展“九大数据”比对。2016年2月，组织专班对录入建档立卡系统的贫困户数据，按照贫困标准和相关条件，与县公安、人社、编制、农机、民政、残联、工商、不动产、公积金等9个部门和单位的数据信息进行全面比对。②落实动态管理调整机制。按照《湖北省贫困人口精准识别专题审计整改工作方案》的要求，对建档立卡贫困人口再次进行“大核查，大清洗”，对有“硬伤”的，依规坚决剔除；对确属贫困对象的，由个人说明原因，提供原始证据，乡村两级开出证明，资料证明备案后，在系统中保留；对因病、因灾返贫对象纳入动态管理调整对象。最终全县建档立卡贫困户38188户124433人，真正做到了贫困对象“不漏一户，不落一人”。

（二）结对帮扶，抓精准共建

（1）统筹力量到村帮扶。把“三万”、精准扶贫、村专职“第一书记”三支队伍整合为一支队伍，从县直157个单位和10家企业抽调245人，进驻所有村和社区，充分发挥宣传员、服务员、联络员、协调员、示范员、监督员等“六员”作用，明确要求每周至少4天在驻点村开展工作，每月开展两次“农民夜校”，工作队驻村一定三年不变，扶贫工作不完，工作组不撤，人员不散。截至2016年底，“三合一”工作队员共解决群众实际困难3600多个，得到贫困户高度认可。

（2）发动干部到户帮扶，明确每名县级领导包保一个贫困村，与3个重点贫困户结对帮扶，所有干部与贫困户开展“一对一”结亲帮扶，与贫困户签订帮扶任书，明确帮扶目标、帮扶措施、完成时限，实现全县贫困户帮扶全覆盖。

（3）实施村企结对帮扶。在全县开展“百企帮百村、脱贫奔小康”精准扶贫行动，组织107家企业结对帮扶107个重点贫困村，全年累计捐资1487万元。已帮贫困村新建茶园、水产养殖场、中药材种植和苗木花卉基地等20

多个，组织1900余人参加各类技术技能培训51场次，带动贫困户就业1400余人。

（4）扶贫日志助力帮扶。全县累计向“三合一”工作队员发放了3万本《精准扶贫工作笔记本》，人手一册，每天一日记，每周一汇报，每月一简报，记载平时进村入户开展精准扶贫工作的详情，充分收集贫困户的意见和建议，对扶贫工作展开深度思考，写出有分量的调研报告或理论文章。2016年10月17日全国扶贫日当天，全县开展了首届优秀精准扶贫日志评选活动，评选出了一等奖1名，二等奖2名，三等奖3名，并且由县领导亲自为获奖者颁发荣誉证书。

（三）明确任务，抓精准施策

（1）确定攻坚总目标。制定全县精准扶贫、精准脱贫工作目标，明确了全县精准扶贫工作分三个阶段组织实施：第一阶段:2017年年底前，10个重点贫困村全部出列。第二阶段:2018年年底前，全县12.44万贫困人口全部脱贫，贫困县摘帽。第三阶段：到2020年，进一步巩固扶贫攻坚成果，确保全县贫困人口全部同步小康。

（2）发展脱贫新产业。①大力发展特色产业。充分发挥山场岗地资源丰富的优势，培植发展苗木花卉基地16万亩，蔬菜茶果20万亩，2016年实现林业增加值1.2亿元，同比增长14.45%；开发稻虾连作基地2万亩，实现渔业增长3.5212亿元，同比增长14.3%；出栏牛4.57万头，出栏生猪50.07万头，畜牧业产值21.1亿元，同比增长8.59%。特色产业带动1.32万贫困户精准脱贫。②大力发展光伏产业。引进信义集团在邹岗镇投资12亿元建设150兆瓦大型光伏发电站，引进日新公司在王店镇投资4亿元建设50兆瓦光伏项目，可为107个重点贫困村年增收5万元，可为8200个贫困户均均增收3000元以上。③大力发展旅游产业。依托观音湖4A级旅游景区，对开办农家乐的建档户，按1万元标准发放一次性创业补贴40万元；对农家乐经营户每吸纳建档立卡贫困1人2000元标准，提供就业岗位1500人，发放补贴3000万元，2016年全县旅游业带动7200名贫困人口增收脱贫。④大力发展电商产业。依托京穗网电商平台，充分发挥苗木大户和产业园带动作用，让16个村210个贫困户股份分红务工增收；与阿里巴巴集团达成农村淘宝战略合作协议，在全县 112 个村开设电商网站，带动 100 多个贫困家庭创业就业。

（3）明晰扶贫新路径。创新清单式扶贫“二十法”，建立了路径清晰、责任具体的清单式扶贫体系，打通了精准脱贫新路径，实现从“大水漫灌”到“精准滴灌”的转变。①细化模式精准“配菜”。按照“资源政策化、政策模式化、模式流程化、流程责任化”的思路，以扶贫政策资源精准到村、精细到户、精确到人为目标，整合各级扶贫政策资源，出台《孝昌县清单式扶贫工作方案》，把“五个一批”政策细化为 20 个扶贫模式，配套设计《孝昌县精准扶贫“二十法”指导手册》，贫困村贫困户各取所需，做到一村一策、一户一法。②优化流程，精准“做菜”，分类制定清单式扶贫模式工作流程图，做到一模式一流程、一流程一任务、一任务一单位、一单位一责任；从扶贫模式申请、补贴金额标准实施地点范围，到签订协议贷款额度、收益测算等环节，做到流程清晰指标明确，方便驻村扶贫帮联工作人员和贫困户掌握操作。③整合政策精准“出菜”。精准整合社会保障政策，对重点贫困户实行最低生活保障兜底，消除政策兜底“死角”、社会保障“盲点”；精准整合医疗卫生保障政策，推进贫困对象慢性病补偿，大病医疗补充保险全覆盖；精准整合教育保障政策，构建精准到村到户到人的免、减、助、奖、贷、补贫困生的扶贫体系。2016 年，生活保障含县残联困难残疾人和重度残疾人救助覆盖 34472 人，全年累计发放补助资金 13930 万元；教育保障覆盖 6909 人，发放补助资金 1294.009 万元。另外，2016 年春季学期实施雨露计划 293 人，已发放补助资金 43.95 万元，2016 年秋季学期已申报雨露计划 563 人；医疗保障方面，贫困户参加新农合就医报销比例提高 20%，新农合参合率为 100%；社会关爱方面，全力搞好“三留守”摸底排查工作：截至 2016 年底，全县登记在册农村留守老人 15879 人，留守儿童 9380 人，留守妇女 8370 人。已建成农村老年人互助料理活动中心 131 个，惠及留守老人近 4000 人，实现了 6198 名农村留守老人低保全覆盖，已发放高龄津贴 500 万元，实现 80 岁以上农村高龄留守老人全覆盖。发挥群团组织关爱服务优势，2016 年积极开展了关爱留守儿童彩虹行动，“关爱留守儿童，情暖中秋”活动，“爱在蓝天下，牵手往前行”关爱留守儿童六一文艺会演、书法比赛活动，“打黄扫非护苗行动”，健全了农村留守儿童关爱服务体系，完善了救助保护机制。大力建设妇女之家，建立健全了留守妇女服务体系。“三留守”人员合法权益得到有效保障。

（四）创新机制，抓精准管理

（1）积极整合扶贫资金。出台了《关于创新管理机制统筹使用财政专项资金的指导意见》，强化财政专项资金的统筹使用。2016年，按照“统一规划、集中使用、渠道不乱、用途不变、形成合力、各记其功”的原则，进行项目资金整合，做到“一个渠道进水、一个池子蓄水、一个龙头放水”，已整合6.5477亿元扶贫资金，集中统筹安排使用，确保资金向扶贫领域倾斜、项目向重点贫困村集中，2016年共计完成出列贫困村项目553个，其中“十通十有”项目安排252个，投资7716.31万元，整村推进项目265个，投资3600万元，社会帮扶项目36个，投资752.36万元，36个计划出列贫困村都实现了村集体收入5万元以上。

（2）积极开展金融扶贫。出台《孝昌县贫困户扶贫小额信贷评级授信办法（试行）》和《孝昌县创新扶贫小额信贷工作管理办法（试行）》等管理办法，开展评级授信，采取基金、增信、乡镇推荐、户借户还、企用企保、财政贴息、银行让利的方式，注入2000万元风险补偿基金，确定县农商行、县农行、本富村镇银行等3家合作银行，率先在全市建立村级金融扶贫工作站12个，实现107个重点贫困村全覆盖，并创新推出自主创业就业帮扶、投资分红订单回购、土地流转等五种扶贫贷款模式。

（3）积极推进扶贫搬迁。大力实施扶贫搬迁，农村危房改造和易地扶贫搬迁“三大工程”，对无房农村五保和重度贫困户，整合资金建设保障住房；对一般贫困户改建住房，优先安排危房改造资金；对连片集中的贫困村、贫困户，结合城乡一体化和新农村建设，采取整合和自筹相结合的方式集中建设安置，已建成安置点21个，落实搬迁1569户3582人。另外，发放扶贫资金121万元，完成扶贫搬迁41个贫困户。

（4）下放资金项目管理权限。制定出台《孝昌县精准扶贫财政专项扶贫资金管理办法（试行）》，将财政专项扶贫资金实行资金、项目、招投标、责任、管理“五到”乡镇区，各乡镇区是财政专项扶贫资金安排、使用和管理的责任主体；各级扶贫工作队全程参与财政专项扶贫项目资金的安排、实施和验收，对财政专项扶贫资金承担监督、指导责任；县监察、财政、审计、扶贫等部门和单位按照相关规定要求对财政专项扶贫资金履行监管责任。同时开展

“资源变资金、资金变股金、农民变股民”试点，利用财政专项扶贫资金设立产业发展基金，将资金投资到专业合作社、龙头企业，确保贫困村、贫困户有稳定的收入来源。

（五）严格程序，抓精准退出

（1）严把脱贫验收标准。贫困村脱贫出列标准为：①村内贫困人口（不含当年返贫人口）全部脱贫。②居民人均可支配收入达到全省农村居民人均水平 70% 以上。③有主导产业，村集体经济收入达到 5 万元以上。④基础设施较为完善，生产生活条件明显改善。⑤基本公共服务主要指标达到全省平均水平。⑥贫困村达到湖北省“九有”标准。农村贫困人口脱贫标准为：①有收入来源，即有劳动能力的贫困户有一项以上的增收致富主导产业，掌握一门以上就业创业技能，年人均可支配收入增幅高于全省农村居民人均可支配收入平均增幅，收入超过同期国家扶贫标准；无劳动力贫困人口符合低保、五保供养条件的全部纳入供养保障范围，保障水平超过同期国家扶贫标准。②不愁吃：一日三餐有保障，家庭成员不存在饿肚子的现象。③不愁穿：有应季衣被，家庭成员不存在挨冷受冻现象。④有教育保障：适龄家庭成员无因贫辍学现象发生。⑤有住房保障：人均 20 平方米以上的安全保障房。⑥有基本医疗保障：符合参合条件的家庭成员全部参加新型农村合作医疗，有重大疾病的家庭成员能享受大病救助政策。⑦有养老保障：符合参保条件并有参保意愿的家庭成员全部参加城乡居民基本养老保险。

（2）严把脱贫验收程序。首先，坚持贫困户认同。村“两委”、工作队要和贫困户一起算账，贫困户对自身脱贫要签字确认。其次，坚持群众认可。按照“怎么进来怎么出去”的原则对贫困户的脱贫经过民主评议，公示公告，让群众知晓认同。再次，坚持政府认定。按照“乡镇普查、县级抽查，市级复查”的程序进行脱贫验收。脱贫程序包括八个方面：①村民小组提名；②村民代表大会民主评议；③形成初步名单；④村委会和驻村工作队核实；⑤村支书、工作队或帮扶责任人、贫困户三方签字认可；⑥形成村级初选名单；⑦公示 1 周以上；⑧公示无异议名单报乡镇审核批准。乡镇区人民政府组织村“两委”及驻村工作队按照贫困人脱贫标准，对列入当年脱贫计划的贫困户开展普查，逐户评估脱贫情况并填写《孝感市贫困户精准脱贫评估验收表》和《孝感市贫困村精准脱贫评估验收表》，形成贫困村出列申报名单，乡镇公示后上报县人民政府。其次，县级自评验收县（市、区）为贫困人口脱贫验收的责任主体，孝昌县聘请第三方机构进村入户评估核查贫困村、贫困户出列脱贫情况。对于贫困村脱贫出列，乡镇向县委、县政府提出当年脱贫出列村名单，县精准扶贫工作作战指挥部组织第三方评估机构，对各乡镇区人民政府上报的贫困人口脱贫名册按照每个乡镇不低于20%的比例开展抽查，根据抽查复核结果形成全县脱贫出列贫困村初步名单，以县委、县政府名义上报孝感市精准扶贫工作作战指挥部。最后，市级核查验收。市精准扶贫作战指挥部为贫困村出列验收的责任主体，县精准扶贫工作作战指挥部向孝感市提出评估验收申请后，由市级第三方机构对照《孝感市贫困村精准脱贫出列评估验收表》逐村开展核查验收，贫困人口按照不低于总数10%的比例进行了抽样复查。通过以上程序，截至2016年12月底，孝感市第三方评估机构已经完成对全县36个贫困村的评估验收工作，贫困村平均得分98.5分，贫困户均均得分98.8分，都超出了90分的出列脱贫标准。

第六章　湖北省精准扶贫实施效果实证分析

2015年9月24日中共湖北省委十届六次全体（扩大）会议通过了《湖北省委省政府关于全力推进精准扶贫精准脱贫的决定》。该决定提出到2019年，实现全省590万建档立卡贫困人口（2013年底静态人口）全部脱贫销号、4821个贫困村全部脱贫出列、国家和省定扶贫开发工作重点县及享受片区政策的37个贫困县全部脱贫“摘帽”。

一、湖北省精准扶贫实施效果概况

（一）精准识别程度及贫困人口占比变化分析

1. 人口识别更精准

2016年初，湖北省开展建档立卡数据清理工作。现场抽查建档立卡动态管理工作流程及档案资料，检查信息系统录入数据的真实性、逻辑性，检查脱贫、预脱贫程序，核对脱贫人口、预脱贫人口、易地扶贫搬迁数据，各片区剔除人口数见表6-1。

表6-1　湖北省建档立卡“回头看”剔除人员情况统计表

地区	户数	人口数
全省合计	164085	490883
秦巴山片区	15332	41416
武夷山片区	36516	109716

续表

地区	户数	人口数
大别山片区	53686	161678
幕阜山片区	21589	69531
四大片区合计	127123	382341
插花地区合计	36962	108542

2016 年 5 月，全省贫困人口数量 386 万，建档立卡“回头看”剔除人口数 49 万，占全省贫困人口总数的 12.7%。其中四大贫困片区建档立卡“回头看”剔除人数 38 万，占总贫困人数的 9.8%，插花地区贫困人口剔除人数 11 万，占总贫困人数的 2.8%。经过层层核准，湖北省的贫困人口识别逐渐精准化。

2. 建档立卡脱贫人口数变化显著

2013 年贫困人口存量数 582 万人，2014—2015 两年脱贫数分别为 69 万人、128 万人，脱贫率为 11.9%、25%，共有 268 个贫困村出列。2016 年又有 147 万人脱贫、1601 个贫困村出列。

（二）区域经济改善状况

从 34 个贫困县（市、区）（不含神农架林区、茅箭区、张湾区）县域发展来看，2015 年，完成总税收收入 297.1 亿元，固定资产投资 4634.63 亿元，社会消费品零售总额 1978.81 亿元，增速分别为 13.02%、20.33%、12.38%，农村常住居民人均可支配收入平均为 9038 元，平均增速 9.99%，规模以上工业企业数量增长速度达到 10.27%，第三产业增加值增长速度达到 10.46%（表 6-2）。其中固定资产投资、农村常住居民人均可支配收入增速、规模以上工业企业数量增长速度、第三产业增加值增长速度高于全省县域平均水平。

表 6-2　34 个贫困县经济发展分析（不含神农架林区、茅箭区、张湾区）

县市区	税收收入		社会消费品零售总额		固定资产投资		农村常住居民人均可支配收入		规模以上工业企业数量	第三产业增加值
	总量（亿元）	增速（%）	总量（亿元）	增速（%）	总量（亿元）	增速（%）	总量（元）	增速（%）	增速（%）	增速（%）
恩施市	23.1	9.9	139.9	12.7	157.8	22.5	8274	11.0	10.1	11.2

续表

县市区	税收收入		社会消费品零售总额		固定资产投资		农村常住居民人均可支配收入		规模以上工业企业数量	第三产业增加值
	总量（亿元）	增速（%）	总量（亿元）	增速（%）	总量（亿元）	增速（%）	总量（元）	增速（%）	增速（%）	增速（%）
南漳县	12.1	25.5	89.3	12.1	230.6	22.7	12350	8.8	10.5	10.5
麻城市	14.7	15.7	124.6	13.7	301.4	22.6	9841	8.9	20.6	12.2
丹江口市	15.1	9.8	69.1	13.1	188.4	22.4	8553	10.7	18.7	12.0
保康县	9.1	25.9	43.4	13.8	121.7	22.8	9165	9.4	10.0	12.0
红安县	20.0	27.7	61.7	13.6	169.1	18.0	8826	9.5	27.7	11.9
兴山县	9.3	26.2	28.5	12.7	41.9	22.2	9610	9.8	18.2	11.4
郧阳区	8.7	14.3	61.7	13.1	160.4	21.8	7783	10.6	14.6	10.1
秭归县	7.8	12.0	38.4	12.5	111.7	21.1	8062	9.9	5.9	9.2
利川市	13.3	6.3	79.0	12.1	102.9	24.1	7839	10.6	10.7	12.0
长阳县	7.1	24.1	43.3	13.2	86.2	21.4	8148	9.4	0.0	10.6
罗田县	6.3	17.9	61.0	10.9	164.7	17.8	8493	9.0	12.3	11.8
大悟县	9.8	11.2	74.8	12.2	192.5	19.1	8742	9.9	10.9	8.6
通城县	6.0	−2.3	52.7	12.4	137.7	18.1	11679	9.6	5.3	8.1
通山县	5.0	−8.4	87.0	12.1	182.2	22.6	8851	10.0	2.9	10.3
鹤峰县	3.9	16.5	26.0	12.7	45.6	22.0	8372	10.9	8.3	10.5
孝昌县	7.9	10.1	56.5	11.5	131.8	19.2	8540	9.9	20.3	11.9
来凤县	6.6	17.6	32.3	13.0	62.0	23.7	7794	10.6	18.2	9.4
建始县	7.8	12.4	49.8	12.6	81.7	23.5	7920	10.8	12.1	9.7
巴东县	6.6	6.5	50.6	12.0	91.7	23.1	7893	10.6	10.9	11.7
咸丰县	5.1	8.2	36.6	13.0	57.5	23.5	7856	11.0	11.9	10.0
房县	4.6	6.4	45.9	12.9	131.6	17.2	7592	10.4	−2.7	9.0
竹山县	5.5	8.6	42.7	12.1	138.5	17.6	7628	10.6	5.6	9.0
宣恩县	3.7	12.0	34.0	12.4	40.5	22.0	7805	10.7	21.3	11.6
五峰县	3.2	5.2	19.2	11.4	52.4	20.2	7880	10.0	2.7	10.4
英山县	4.0	18.8	32.8	11.4	87.0	17.9	9072	8.5	2.9	11.6
竹溪县	4.5	6.7	30.3	11.9	76.1	17.1	7550	10.7	2.4	7.0
郧西县	3.6	9.9	41.4	12.5	73.2	17.5	7509	10.4	10.8	6.0
谷城县	17.3	27.5	93.9	13.1	252.1	22.1	12651	8.9	5.0	12.0
远安县	11.1	10.1	40.1	12.8	225.1	22.0	14715	9.8	10.6	12.0
阳新县	13.1	11.2	104.0	10.6	274.3	19.4	9267	10.6	18.0	9.0

续表

县市区	税收收入		社会消费品零售总额		固定资产投资		农村常住居民人均可支配收入		规模以上工业企业数量	第三产业增加值
	总量（亿元）	增速（%）	总量（亿元）	增速（%）	总量（亿元）	增速（%）	总量（元）	增速（%）	增速（%）	增速（%）
蕲春县	11.0	13.2	107.2	11.8	249.4	18.3	10341	9.7	-6.9	11.9
崇阳县	5.3	10.4	50.0	11.9	142.2	19.2	11247	9.7	6.9	9.3
团风县	5.0	15.7	31.3	11.0	73.0	6.6	9428	9.2	12.5	11.6

从片区发展来看，2015 年，四大片区实现地区生产总值 3314 亿元，同比增长 10.1%，完成规划投资 1077.7 亿元，解决了 77.22 万建档立卡贫困人口脱贫问题，四大片区县域农民人均收入增速高于全省平均水平。

从脱贫奔小康试点县来看，2015 年，丹江口市、五峰县、保康县、大悟县、英山县、通山县、鹤峰县 7 县市地区生产总值、工业增加值、地方公共财政预算收入、社会消费品零售总额、固定资产投资分别为 695 亿元、244.89 亿元、48.93 亿元、300.9 亿元、912.9 亿元，分别是 2008 年的 2.72 倍、3.5 倍、5.25 倍、3.12 倍、6.67 倍，年均分别增长 15.35%、19.6%、26.73%、17.64%、31.13%。

（三）脱贫成效的精准评估

按照扶贫对象申请、数据采集、民主评议、公示公告、退出销号等程序，对照贫困村脱贫出列“九有”标准和贫困户脱贫销号“一有两不愁四保障”要求，精心组织开展脱贫验收。开展精准扶贫专项核查、贫困县领导班子和领导干部经济社会发展和精准扶贫实绩核查、市州党政领班精准扶贫绩效考查、县级自查、市州督查、委托第三方机构开展精准扶贫成效评估，多渠道、多角度、客观、公正进行脱贫成效评估。

二、秦巴山区区域发展与扶贫攻坚目标实现情况

（一）区域发展目标实现情况

2011—2014 年秦巴山片区区域经济和社会事业稳步发展，但贫困发生率

居高不下，城镇化进程放缓，扶贫攻坚任务依然必须坚持，各项指标详情见表6-3。

表 6–3　区域发展目标及实现情况

指标	单位	“十二五”期间发展目标	2011—2014 年实际发展情况
地区生产总值年均增长	亿元	＞168	147.41
地区生产总值年均增长率	%	＞12	11.53
人均地方财政一般预算收入增长	元	＞345	173.23
人均地方财政一般预算收入增长率	%	＞15	9.08
城镇居民人均可支配收入	元	＞22300	19951.9
城镇居民人均可支配收入年均增长	元	＞2676	1701.7
城镇居民人均可支配收入年均增长率	%	＞12	10.6
农村居民人均纯收入年均增长	元	＞780	947.5
农村居民人均纯收入年均增长率	%	＞12	13.9
城镇化率（按户籍计算）	%	＞50.9	47.7
贫困发生率	%	28.5	34.59
人均教育支出	元	495	1666.9
人均卫生支出	元	356	824.2
人均社保和就业支出	元	567	639
高中阶段教育毛入学率	%	＞90	94.61
人口自然增长率	‰	＜6.76	6.24
万元地区生产总值能耗	吨标准煤	≤1.2	0.80
万元工业增加值用水量	立方米	≤62	52.53
森林覆盖率	%	＞61	63.75

资料来源：根据《规划》及秦巴山片区各县（市、区）扶贫办提供的数据整理得出。

1. 区域经济稳步发展，但主要指标低于预定目标

2011—2014 年期间各年的地区生产总值分别为 892.11 亿元、986.42 亿元、1127.44 亿元、1255.87 亿元，年均增长 121.25 亿元，地区生产总值年均增长率为 11.53%，这两项指标分别低于对应的“十二五”期间发展目标 168 亿元和 12%；2011 年人均地方财政一般预算收入为 1001.65 元、2012 年为 1138.46 元、2013 年为 1312.91 元、2014 年为 1521.25 元，年均增长 173.2 元，增长率为 14.9%，分别低于“十二五”期间发展目标约 170 元和 6 个百分点。此外，

2011—2014 年社会固定资产投资总额、社会消费品零售总额的增长率分别为 35.9%、16.7%。

2. 农村居民收入增幅高于城镇居民收入

2011—2014 年期间农村居民人均纯收入分别为年均增长 947.5 元、年均增长率为 18.0%，年均额及增长率见图 6-1，均高于对应的“十二五”期间发展目标。需要注意的是，尽管 2011—2014 年秦巴山片区农村居民人均纯收入保持增长，但增长率呈下降趋势。

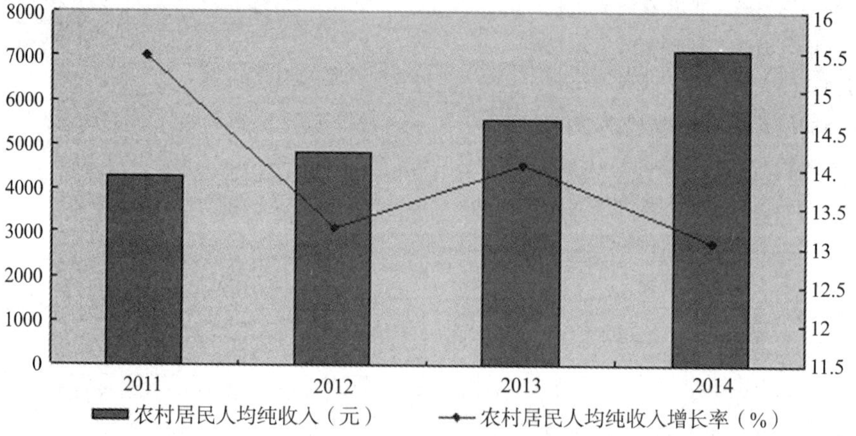

图 6-1 2011—2014 年农村居民人均纯收入及其增长率

资料来源：根据秦巴山片区各县（市、区）扶贫办提供的数据整理得出。

2014 年城镇居民人均可支配收入为 19951.9 元，年均增长 1701.7 元，年均增长率为 10.6%，分别低于“十二五”城镇居民人均可支配收入年均增长 2348.1 元和年均增长率 12% 的目标。

3. 贫困发生率和人口自然增长率显著降低，城镇化稳步推进

2011—2014 年秦巴山片区各年贫困发生率分别为 38.60%、42.98%、40.30%、34.59%，依然高于“十二五”目标 6 个百分点，表明秦巴山片区扶贫攻坚任务依然艰巨；地区人口自然增长率分别为 8.00‰、7.54‰、6.91‰、6.24‰，年均增长 6.24‰，低于“十二五”预定目标 0.52 个千分点；截至 2014 年底，地区城镇化率达到 47.7%，比 2010 年增长 6.7 个百分点，低于“十二五”预定目标 3.3 个百分点，且在扶贫攻坚工程中城镇化进程放缓（图 6-2）。

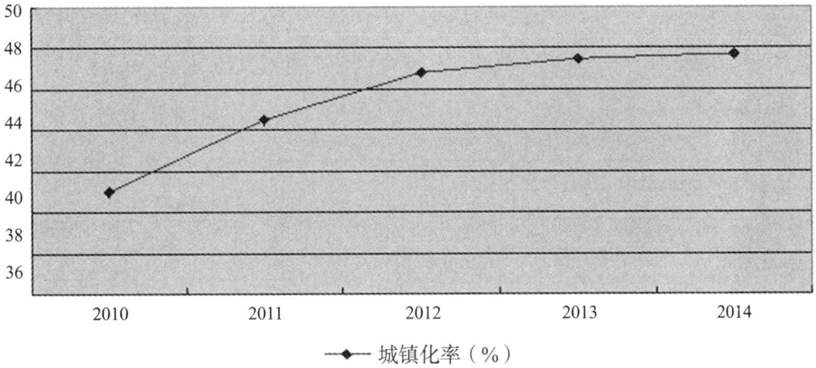

图 6-2 2010—2014 年秦巴山片区城镇化率

资料来源：根据秦巴山片区各县（市、区）扶贫办提供的数据整理得出。

4. 社会事业投入大幅增长

2011—2014 年教育、卫生、社会和就业三项年均支出分别为 1666.92 元、824.2 元、639 元，这三项支出分别是“十二五”期间预定目标的 3.37 倍、2.32 倍、1.13 倍。2011—2014 年间各年高中阶段教育毛入学率为 81.61%、87.37%、92.00%、94.61%，提前完成“十二五”期间预定目标。

5. 资源环境状况显著改善

2011—2014 年间各年万元地区生产总值能耗分别为 1.66 吨标准煤、1.61 吨标准煤、1.29 吨标准煤、0.8 吨标准煤，各年的万元工业增加值用水量分别为 73.00 立方米、76.97 立方米、58.33 立方米、52.53 立方米，提前完成“十二五”期间相关节能减排目标；2014 年地区森林覆盖率达到 63.75%，比 2010 年提高 7.75 个百分点，且高于“十二五”期间预定目标 2.75 个百分点。

（二）扶贫开发目标实现情况

2011—2014 年，秦巴山片区较好完成主要扶贫开发的阶段性目标，但易地扶贫搬迁户数及人数、农村劳动力培训人数、完成农村困难家庭危房改造、有卫生室的行政村比重等指标没有按计划完成。

1. 扶贫开发总体形势严峻

2011—2014 年贫困人口数量分别为 106.86 万人、117.63 万人、107.85 万人、90.63 万人，2014 年贫困人口数量比“十二五”期末预期贫困人口数量多12.65万人，且贫困人口数量在部分年份还有较大增幅；2011—2014年贫困发生率依然较高（图6-3），截至2014年末贫困发生率依然高达34.59%，较2010年降低22.4个百分点，但高于“十二五”预定目标6.1个百分点。

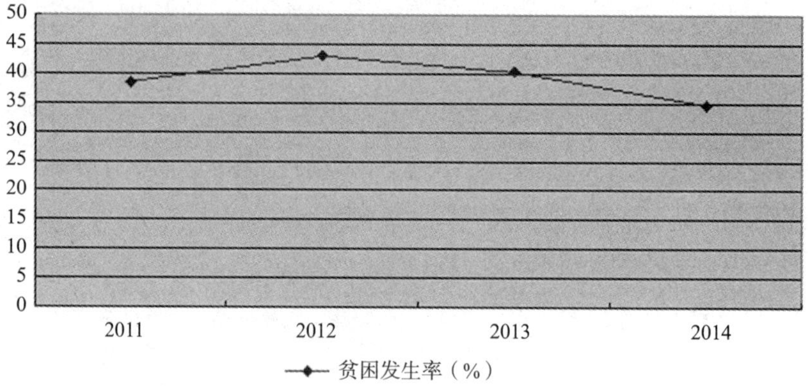

图6–3 2011—2014年贫困发生率

资料来源：根据秦巴山片区各县（市、区）扶贫办提供的数据整理得出。

2. 整村推进工程进度有待加快

2011—2014年在298个村实施整村推进工程，涉及易地扶贫搬迁户数11851户、易地搬迁人数45997人，完成率不到20%。其中，2011年易地扶贫搬迁2980户12092人，2012年易地扶贫搬迁2863户11225人，2013年易地扶贫搬迁2959户11591人，2014年易地扶贫搬迁3049户11089人。

3. 农村生活条件显著改善

2011—2014年超额完成主要农村生活基础设施建设目标。其中，通沥青（水泥）路行政村达到6690个，解决273383个农户饮水困难、352893个农户的饮水安全；通电的自然村达到2085个；通电话的自然村达到2061个；通电视的自然村达到2037个。农村住房条件显著改善，有钢筋混凝土或砖木结构住房的农户高达1215162户，但“十二五”期间危房改造指标还有37.39%没有完成。

4. 农村教育培训工作与卫生事业有待深入推进

2011—2014年农村劳动力培训人数24.51万人，其中2011年5.84万人、2012年6.15万人、2013年6.28万人、2014年6.24万人，2015年培训农村劳动力11万人；截至2014年7～15岁儿童在校率为99.23%，比2010

年提高 0.31 个百分点，与“十二五”在校率目标还有 0.53 个百分点的差距；2011—2014 年有卫生室的行政村比例分别为 92.11%、93.10%、93.81%、94.22%，秦巴山片区还有 5.78% 的行政村没有卫生室。

（三）项目投资完成情况

2011—2014 年完成项目库储备项目投资 1379.91 亿元，完成 2011—2015 年期间投资目标的 27.31%。其中，中央投资 324.41 亿元，省级投资 152.07 亿元，地县级投资 75.75 亿元，业主投资 687.80 亿元，农户自筹 139.87 亿元。此外，在六大领域项目投资完成率普遍较低，且投资主体以政府为主（表 6-4）。

表 6-4　2011—2014 年项目投资情况

指标		规划投资总额（亿元）	2011—2014 年实际投资额（亿元）	完成率（%）
项目投资总额（亿元）		5053	1379.91	27.31
六大领域项目投资	基础设施建设	2488	377.15	15.16
	产业发展	933	410.72	44.02
	民生改善	517	299.52	57.93
	公共服务	447	130.99	29.30
	能力建设	29	14.42	49.72
	生态环境	639	147.11	23.02

资料来源：根据《规划》、秦巴山片区各县（市、区）扶贫办提供的数据整理得出。

1. 基础设施建设

2011—2014 年，实现基础设施项目投资 377.15 亿元，完成率（以下各项目的完成率均指占“十二五”目标数额的比例）15.16%。其中，交通设施 208.01 亿元，水利基础设施 27.55 亿元，能源设施 28.03 亿元，现代通信网络设施 14.41 亿元，城镇基础设施 51.64 亿元，工业园区基础设施 33.73 亿元，农业基础设施 13.78 亿元。

2. 产业发展

截至 2014 年完成产业发展项目建设投资 410.72 亿元，完成率为 44.02%。其中，特色农业投资 95.57 亿元，旅游业投资 87.94 亿元，现代物流业投资 24.76 亿元，现代工业投资 137.35 亿元，现代服务业投资 65.10 亿元。

3. 民生改善

2011—2014 年完成民生项目投资 299.52 亿元，完成率为 57.93%。其中，村庄建设投资 43.03 亿元，危房改造 111.94 亿元，“六到农家”投资 21.75 亿元，民政事业投资 11.06 亿元，农村生产生活条件改善 100.50 亿元，其他扶贫投资 11.24 亿元。

4. 公共服务

2011—2014 年完成公共服务项目投资 130.99 亿元，完成率为 29.30%。其中，教育投资 57.59 亿元，医疗卫生投资 32.61 亿元，科技、文化、体育投资 25.72 亿元，社会保障投资 9.10 亿元，广播电视投资 5.97 亿元。

5. 能力建设

2011—2014 年完成能力建设项目投资 14.42 亿元，完成率为 49.72%。其中，实用技术培训 1.07 亿元，乡土人才培训 0.94 亿元，转移就业培训 12.41 亿元。

6. 生态环境

2011—2014 年完成生态环境项目投资 147.11 亿元，完成率为 23.02%。其中，石漠化治理 17.80 亿元，沙化地治理 2.76 亿元，城市绿化 7.54 亿元，生态建设 38.75 亿元，环境保护及治理 2.23 亿元，防灾减灾体系建设 5.65 亿元，应对气候变化 4.18 亿元，水环境保护 57.48 亿元，重点污染行业治理建设 10.72 亿元。

（四）重大项目推进情况

秦巴山片区“十二五”规划重大项目 22 项，主要涉及交通、能源、产业、生态 4 个领域。受国家宏观经济政策、项目效益状况等因素影响，汉丹铁路电气化改造及火车站迁建项目、运城至石门铁路十堰段项目、松柏至宜保高速连接线、木鱼至宜巴高速连接线、丹西铁路等 5 个项目还处于未开工建设或前期申报阶段。

1. 交通

（1）铁路。汉丹铁路电气化改造及火车站迁建项目、运城至石门铁路十堰段项目已完成前期立项，丹西铁路项目处于前期申报阶段。汉丹铁路改造及火车站迁建、丹西铁路将纳入国家和省“十三五”规划。

（2）高速公路。目前，谷竹高速、十房高速、十白高速（张湾段）、麻竹高速（保康段）已经建成通车，河南内乡至湖北保康高速已经动工，宜保高速 2015 年底完成建设。松柏至宜保高速连接线、木鱼至宜巴高速连接线受国家对神农架林区的相关生态保护政策影响，尚未开工建设。

由于投资成本高、回报率较低、项目资金筹措难等问题，原本计划于 2013 年修建的保神高速项目直至 2015 年才动工，预计 2020 年建成通车。

（3）航运。汉江航道整治：在省安委会联合省安监局、省水利厅、省交通厅、省砂管局、省港航海事局、省汉江航道整治工程指挥部等部门的共同努力下，汉江秦巴山片区段全长 285.2 公里的汉江航道整治工程基本完成。实施汉江航道治理工程以来，滩多、水少、航道不定、船易搁浅等问题极大缓解，提高了汉江通航标准，改善了汉江通航安全条件。

（4）航空设施。武当山机场：2014 年底完成了机场路一期工程、航站楼主体工程、跑道场坪建设。2015 年 4 月前跑道路面开工，6 月底前所有硬件设施全部完成，基本可以确保 9 月中旬完成试飞，10 月底前可完成行业验收，11 月底前实现首航。神农架机场：2011 年 4 月动工新建，于 2014 年 5 月正式通航。对促进鄂西生态旅游圈旅游线路建设，推动神农架及秦巴山片区经济社会发展具有重大意义。

2. 能源

十堰市郧西县孤山电站：已经完成前期准备工作，待省发改委核准。十堰热电联产项目计划 2014 年 9 月开工建设，2016 年底建成投产；十堰天然气综合利用项目已完成十堰支干线建设及十堰市区、丹江口、郧西城网等工程。

3. 产业

十堰生物医药产业园：项目于 2012 年 12 月获批，一期规划用地 3000 亩，二期规划用地 3700 亩。已经完成一期生物产业园核心园区及相关基础设施的建设，并有武汉人福医药集团等知名企业正式落户，预计园区将于 2020 年完成整体建设。

4. 生态

五河综合治理项目基本完成。2013 年十堰市把神定河、泗河、犟河、剑河、官山河等 5 条河流综合治理作为重点工作，按照属地管理原则，全面开展综合治理。2013—2014 年累计投资 14.7 亿元，完成排污口整治 590 个、清污分流管网758公里，河道清淤138.13公里、清淤量561.5万吨；建设生态跌水坝14座，建设生态河堤31公里；督促重点企业开展环境影响评价，加大环保投入；清除畜禽养殖286家，清除生猪2.6万头；完成33个市级村庄环境集中连片整治，累计完成60个。构建了“截污、清污、减污、控污、治污”综合治理体系，水质明显改善。

（五）重要政策落实情况

秦巴山片区区域发展与扶贫攻坚是湖北省全面实现小康社会目标的关键性战役之一，是推进片区社会、经济、生态及扶贫攻坚建设的重大机遇，将给片区发展带来显著的经济、社会、生态及扶贫效益，为此，省委省政府相继出台了《关于加快推进湖北秦巴山连片贫困地区区域发展与扶贫攻坚工作的意见》等系列政策文件。十堰、襄阳及所属各县市区党委政府抢抓机遇，从重大机制和重要政策落实方面，有力推进《规划》和省委省政府相关政策的贯彻与落实。

1. 重大机制

（1）加强统筹协调与推进。坚持以片区扶贫攻坚为总抓手，统领经济社会发展全局。明确党委、政府相关部门的具体分工，建立领导小组联席会议制度，定期召开专题会议，研究解决相关问题。成立专设片区工作结构，及时掌握政策信息和工作动态，督办政策项目落实。

（2）加强扶贫项目资金管理。落实了扶贫项目资金备案核准制、公示制、预拨制和审计制，严格财政扶贫资金使用管理绩效考评，保障扶贫资金使用安全增效，确保扶贫资金惠及广大扶贫对象。

（3）以机制建设保障片区扶贫开发。一是建立片区扶贫工作合力攻坚机制。引导各有关单位进一步明确片区工作目标和任务，科学编制规划，安排发展项目，制定工作措施，争取、用好各类资金，建立“政府主导、部门分工、各方参与、合力攻坚”的工作机制。二是建立片区扶贫攻坚成效考核机制。将各单位片区扶贫工作成效纳入年终目标综合考核，并加强考核结果的运用，作为评优晋级的重要依据。

2. 重要政策

地方配套政策文件、规范化的管理体制与机制是《规划》有效落实，顺利推进的制度保障。十堰市、襄阳市以及相关所属各县市区，积极贯彻中央和省委省政府有关文件精神，结合地方实际，从财税和金融政策、产业政策、土地政策、生态补偿政策、社会帮扶政策、精准扶贫政策等方面有效保障了规划的实施。

（1）落实财税和金融政策。一是落实财政政策。积极争取加大中央财政均衡性财政转移支付力度，增加转移支付额度，逐步平衡地方标准财政收支缺口，增强基层政府的财力保障能力。从土地出让金净收益中提取片区农田水利设施建设基金，切实保障被征地农民的合法权益。二是落实税收政策。落实企业投资建设公共基础设施、环境保护项目、节能节水项目，购置环境保护、节能节水、安全生产等专用设备以及公益性捐赠税前扣除等企业所得税政策，积极支持扶贫开发。贯彻落实针对秦巴山片区内符合当地产业政策的小微型企业的税收优惠政策，发挥小微型企业在解决就业、维护稳定和富民增收方面的积极作用。三是落实金融政策。积极开展农村金融产品和服务方式创新，为农业农村经济发展提供金融支持。对扶贫龙头企业、建档立卡贫困户、专业合作社、具有扶贫带动作用的能人大户等对象，积极落实贷款贴息政策，支持企业壮大、产业发展、农民增收。建立小额保险扶贫机制，提高小额保险覆盖面。加大开展农业保险和扩大特色种养业险种的支持力度。

（2）落实产业政策。实施差别化产业扶持政策，鼓励资源就地转移。支持生物医药产业、特色农林产品基地、养殖业、农产品加工业、旅游业、循环经济、现代物流、文化产业、生态环保型产业的发展，在立项、投资、用地、信贷、税收等方面优先给予政策倾斜。加大特色农产品生产基地支持力度。

（3）落实土地政策。科学编制土地利用总体规划，在国家各项土地利用调控指标控制下，统筹安排耕地保护、生态用地保护、城乡建设、基础设施建设、园区建设、产业发展和生态建设等各类用地的规模、结构、布局和时序。进一步完善建设用地审批制度，精简优化审批程序，保障重点工程建设用地和扶贫搬迁、生态移民建设用地。推进农村集体土地确权登记发证工作，规范农村集体土地流转方式，深化集体林权制度改革，加快集体林地所有权和使用权登记发证到户工作，保障农民合法权益。

（4）落实生态补偿政策。积极争取中央财政加大生态补偿相关转移支付力度，落实生态补偿政策。继续实施退耕还林、水土保持、天然林保护、防护林体系建设、石漠化治理、水生态环境保护及修复、野生动植物保护及自然保护区建设等重点生态保护工程。建立健全南水北调中线工程等生态补偿机制。

（5）落实社会帮扶政策。积极争取中直、省市定点帮扶，实行联系到县、帮扶到乡，工作到村。全面落实“四双”驻村帮扶，对贫困村、贫困户、贫困人口帮扶实现单位、企业、干部职工、科技特派员全覆盖，帮扶范围不断扩大。积极开展与南水北调中线受水地区的对口协作，争取更大更多帮扶。

（6）落实精准扶贫政策。一是加强建档立卡与信息化建设。严格遵循《扶贫开发建档立卡工作方案》的相关标准、方法和程序，识别贫困户、贫困村，将扶贫人口、贫困村规模逐级分解到村到户，完成建档立卡相关数据库建设，实现动态管理，每年更新。二是建立干部驻村帮扶工作制度。建立干部驻村工作制度，做好干部选派工作，落实帮扶责任，建立健全驻村干部的选拔、培训、管理、考核、激励、保障等制度。三是加大对重点贫困村和贫困户的扶贫力度。落实整村推进、雨露计划、扶贫搬迁等相关扶持政策，做到精准扶贫。

（六）基本经验与建议

1. 基本经验

（1）以项目建设引领片区扶贫开发。紧抓扶贫重点项目辐射、带动贫困地区农民脱贫致富的“牛鼻子”，加快重大扶贫项目建设力度，最大限度放大项目效应，以贫困区域基础设施的不断完善带动广大群众脱贫致富。2010年以来片区共组织实施农村公路、安全饮水、旅游扶贫等各类大小项目，先后鼓励引导群众进行自主创业，带动贫困人口脱贫致富。

（2）探索扶贫新路子。按照精准扶贫要求，十堰在全市范围内实施“结穷亲、帮穷户、拔穷根”精准扶贫工程，推进“双包双建双带双促”帮扶（“双包”即部门包村，干部包户、人；“双建”即建强农村基础党组织，建好农村新型经济合作组织；“双带”即市场主体带动扶贫产业发展，能人大户带动贫困户脱贫致富；“双促”即促进干部转变作风，促进群众增收脱贫）、“雨露计划・金蓝领”助学、生态扶贫搬迁、金融支持扶贫四大行动，变大水漫灌为精准滴灌，努力做到真扶贫、扶真贫，扶到点子上，扶到根子上。

实施金融扶贫创新工作。竹溪积极推进金融政策与精准扶贫政策、产业政策、财税政策、就业培训政策的有效对接，按照用活用足政策、扩大贷款规模、执行优惠利率、降低信贷门槛等原则，完善扶贫贴息政策和办法，增加扶贫贴息资金投入，扩大扶贫贴息贷款到户规模，以建档立卡贫困户为金融创新产品的主要支持对象，突出安居、产业增收、创业就业、解难济困四大工程，提高金融扶贫的针对性、实效性。

（3）充分发挥片区比较优势，推动产业扶贫。大力发展特色农业和现代农业，加快茶叶、核桃、中药材、山羊、食用菌等片区特色产业建设，打造区域特色农产品加工基地。以骨干项目为重点，促进本地工业企业扩能升级和差异化发展，加速产业聚集。以生态建设为根基，发展生态节能产业和绿色能源、循环经济，做大做强旅游产业。

2. 主要问题

（1）扶贫攻坚深入推进难度大。扶贫边际递减效应突出，随着扶贫开发深入推进，具有一定脱贫基础的群众已脱贫，剩下的是一些年龄大、缺劳力、病残幼、技能低的人员，发展高附加值农业的可能性较小。加之受自然条件、区位、交通基础设施、投入不足、人口素质、增收渠道狭窄等多种因素制约，脱贫的难度在不断加大。

（2）大扶贫格局还没有完全形成。一是专项扶贫、行业扶贫、社会扶贫三大资源整合不够，统筹协调不够，各自为政现象比较突出。二是中直、省直帮扶效果不明显。中直、省直作为帮扶的重要力量，由于缺乏激励机制，中直、省直对口帮扶热情不高，积极性不够，帮扶效果不明显。

（3）地方政府及村集体基础设施建设配套压力巨大。片区普遍存在贫困县民穷财弱，项目建设完全靠国家支持，地方筹资非常困难。过去由于基础设施项目建设补助标准低，导致绝大部分村级负债严重，比如公路建设一项使得县村级负债达3000万元以上，一定程度上影响了村级政权运行和村干部队伍稳定。

（4）经济发展与生态可持续发展压力较大。为支持南水北调中线工作，确保“一江清水永续北送”，秦巴山片区各县市区面临着经济社会跨越式发展与环境容量有限的矛盾、经济转型升级与污染减排刚性任务的矛盾、生态文明建设压力巨大与公众对环境要求日益提高的矛盾。

（5）区域协调工作机制有待强化。秦巴山片区属于跨省片区，片区内地理相连、产业相近、经济相通、文化相融，发展关联度高、互补性强，在跨区域的基础设施、公共服务、交通运输、产业布局等方面有共同的利益连接点。缺少紧密的联系机制，缺乏相互协调政策、携手共建的能力，良性、务实、高效的工作机制尚未形成。

3. 政策建议

（1）加快改善交通等基础设施条件。大力加强村镇、公路、农田水利、饮水安全、防灾减灾等基础设施建设，增强片区自我发展的支撑能力。把改善交通条件作为基础设施建设的首要任务，重点加强贫困乡村、偏远山区村组道路建设，使贫困地区与外界的交流融合更加顺畅便捷。同时，大力推进适合片区实际的水利设施建设，特别是小微型水利设施建设，改善片区灌溉条件，为发展特色优势产业夯实水利基础。

（2）继续加大财政综合扶贫投入。按照“中央统筹、省负总责、区抓落实、工作到村、扶贫到户”总要求，建议整合资金从源头抓起，从省级层面出台相关政策文件，各块扶贫资金从上面就要坚持捆绑后下达。继续增加对片区的一般性转移支付力度，保持专项扶贫资金较高的增长幅度，涉及“三农”和民生方面的专项资金要积极研究制定针对片区的特惠性扶持政策，充分发挥财政资金的规模效益和整体效应，全面推进片区区域发展和扶贫攻坚。

（3）大力支持特色产业发展。特色产业作为扶持重点，进一步完善扶贫项目贴息贷款、小额贴息贷款政策，大力度扶持龙头企业、专业合作组织、种养大户和贫困群众，帮助贫困农户发展特色产业，把生态资源优势转化为其稳定持续的收入来源。加强统筹规划和组织引导，打破区域界限，集中连片地开展项目建设，推进特色产业集约化、规模化、标准化发展。

（4）提高扶贫补助标准。建议省在加大对片区的扶持力度的基础上，减少或取消农业项目地方配套资金，提高扶贫项目实施的有效性。在基础设施建设方面，取消地方配套资金，在通村公路指标上，尽可能考虑基层的实际。

（5）加大生态补偿力度。按照全国主体功能区划分，秦巴山片区是重要生态屏障和南水北调核心水源区，江河上游、边远山区大多被确定为禁止或限制开发区，而这些地区大多也是最贫困地区，面临着被边缘化的境地，最需要发展、最需要扶贫，建议上级部门继续研究并加大对南水北调水源区的生态建设补偿力度，使水源区、用水区人民共同受益，共同发展。

（6）进一步完善联动机制。切实发挥省级片区开发机构统筹协调职能。围绕各地规划，向中直、省直相关部门协调争取项目资金，并统一整合分配到县，支持项目建设。此外，秦巴山片区涉及的省市县三级之间、部门与部门之间、跨地区部门之间应加强信息与项目的沟通，互相联动，互通有无，共同争取资金、建设项目。

三、恩施市龙凤镇精准扶贫实施效果分析

恩施州恩施市龙凤镇位于恩施市北郊，地处鄂渝两地交界地带，海拔550～1150米，属亚热带季风性湿润气候，为“世界硒都”“华中药库”，素有“渝鄂咽喉”之称，是恩施市主要的少数民族集聚区，属国家级贫困区乡镇。209国道、318国道、沪渝高速、宜万铁路贯穿全境，清江上游一级带水河自北向东蜿蜒而行，被誉为“龙凤呈祥”之地，是恩施州城重要拓展区。

该镇面积285.6平方公里，辖18个行政村，1个居委会，148个村民小组，总人口20515户69800人，其中贫困人口5200户，共计16946人，贫困率占全镇人口的24%左右。2014年底，城镇常住居民人均可支配收入19264元，农村常住居民人均可支配收入6198元。

2012年12月，李克强总理调研恩施州扶贫工作时，曾将龙凤镇作为综合扶贫的试点区域，并做出重要指示：以扶贫搬迁为重点，做好移民建镇、退耕还林、产业结构调整等三个方面的工作。经过三年多的减贫工作，其中成效如何？课题组通过问卷方式抽样调查，并从生活条件改善、群众社会满意度和收入变化等三个方面进行了详尽细致的分析，从而得出以下结论。

（一）生活条件明显改善

此次问卷抽样调查共涉及60户。通过对龙凤镇居民进行调查可以看出，全镇35%的居民认为在项目实施后收入得到明显改善；42%居民认为，项目实施后，生活质量得到很大改善；100%的居民认为交通更加便利；58%居民认为子女入学条件更加便利；75%居民认为就医更便利；74%居民家庭通上了自来水，家庭通电率达到了100%（表6-5）。

表 6–5 生活条件改善情况

项目实施后您的收入是否增加	①很大改善	②基本没有	③质量下降	④说不清
	35%	62%	3%	—
生活质量是否改善	①很大改善	②基本没有	③质量下降	④说不清
	42%	52%	6%	—
交通是否更便利	①更加便利	②没什么变化	③质量下降	④说不清
	100%	—	—	—
子女上学是否更便利	①更加便利	②没什么变化	③质量下降	④说不清
	58%	39%	3%	—
就医是否更便利	①更加便利	②没什么变化	③质量下降	④说不清
	75%	21%	—	4%
家中是否通电	①是	②否	—	—
	100%	—	—	—
是否通自来水	①是	②否	—	—
	74%	26%	—	—

（二）群众社会满意度明显提高

在项目实施效果调查中，84% 居民认为项目实施有效果;42% 居民对扶贫工作人员持满意态度，23% 居民对扶贫工作人员持不满意态度;55% 居民对政府扶贫工作持满意态度，22% 居民不满意政府扶贫工作;67% 居民对现在的生活持满意态度。群众社会满意度如表 6-6 所示。至 2015 年，农村贫困人口相较 2012 年减少了 7800 人，全镇贫困发生率由 41.86% 降至 28%，城镇常住居民人均可支配收入增长了 31.8%，农村常住居民人均可支配收入增长 48.1%。

表 6–6 群众社会满意度

项目实施效果怎么样	非常有效	有些效果	没有效果	不清楚	—
	39%	45%	3%	13%	—
对扶贫工作人员的满意度	非常满意	比较满意	一般	比较不满意	不满意
	13%	29%	35%	10%	13%
对政府扶贫工作的满意度	非常满意	比较满意	一般	比较不满意	不满意
	29%	26%	23%	19%	3%
对现在生活的满意程度	非常满意	比较满意	一般	比较不满意	不满意
	19%	48%	29%	4%	—

（三）居民收入明显增加

龙凤镇于2013开始实施综合扶贫，课题组从中选取了2012年、2014年与2015年农民收入来源各组成部分的比重和收入的增长情况进行了比对分析。从分析情况来看，2012—2014年，收入增长的农户占总户数的63%；2014—2015年收入增长的农户数占总户数的比例为40%。

龙凤镇主要增长来源为工资性收入。2012—2015年，工资性收入增长户数占43%，最高增长50000元；经营性收入增长的户数占比30%，最高增幅为90000元；转移支付增长户数占30%，增幅较小；财产性收入少有。具体细分至年度看：2012—2014年工资性收入增长占户数比例43%，最高增幅27000元；2014—2015年，工资性收入增长占总户数26%，最高增幅40000元；经营性收入增长户数占17%，最高增幅为30000元；转移支付增长户占23.3%，最高增幅8000元。

通过对收入加总取平均，对各项收入在当年总收入中所占比例、各年份各项收入的平均值、各项收入平均值同比增长率进行分析看：2012—2015年间（除2013年）工资性收入在当年总收入中占的比重分别为85.0%、80.9%、73.6%，经营性收入占比分别为6.8%、11.3%、16.0%，转移性收入占比分别为7.8%、7.3%、9.8%，财产性收入占比分别为0.4%、0.5%、0.6%，如表6-7所示。

表6–7　各项收入在当年总收入所占比例

年份	工资性收入	经营性收入	转移性收入	财产性收入
2012	85.0%	6.8%	7.8%	0.4%
2014	80.9%	11.3%	7.3%	0.5%
2015	73.6%	16.0%	9.8%	0.6%

2012—2015年间（除2013年），工资性收入的平均值分别为23296元、25111元、27269元，经营性收入的平均值分别为5588元、10700元、13783元，转移性收入平均值分别为2611元、2677元、3784元，财产性收入平均值分别为200元、930元、1560元，如表6-8所示。

表 6-8 各年份各项收入的平均值

单位：元

年份	工资性收入	经营性收入	转移性收入	财产性收入	总收入平均值
2012	23296	5588	2611	200	7923.75
2014	25111	10700	2677	930	9854.5
2015	27269	13783	3784	1560	11599

2012—2014 年、2014—2015 年间，工资性收入平均值同比增长率分别为 7.8%、8.6%，经营性收入平均值同比增长率分别为 91.5%、28.8%，转移性收入平均值同比增长率分别为 2.5%、41%，财产性收入平均值同比增长率分别为 366%、67%，总收入平均值同比增长率分别为 31.4%、11.3%，如表 6-9 所示。

表 6-9 各项收入平均值同比增长率

年份	工资性收入	经营性收入	转移性收入	财产性收入
2012—2014	7.8%	91.5%	2.5%	366%
2014—2015	8.6%	28.8%	41%	67%

由表 6-7、6-8、6-9 可知，龙凤镇工资性收入逐年提升，但占总收入比重下降；经营性收入逐年上升，占总收入比重同步上升。农村相关涉农产业发展取得突破，但不是农民收入的主要来源。从而得出两方面的原因：一是扶贫的措施在规划发展中，经济效益需要逐步显现；二是脱贫工作以社会效益为主，兼顾经济效益。

第七章　精准扶贫视阈下插花地区贫困户生计状况与生计行为研究

插花地区贫困发生的局部性、分散性、相对性，决定了精准扶贫的必要性和紧迫性。在精准扶贫视阈下，对贫困户生计状况的识别是前提，从湖北省广水市杨家寨镇陈家河村的典型案例来看，插花地区贫困户脱贫面临生计资本瓶颈。实证研究表明，自然资本、物质资本对贫困户生计行为选择的影响并不显著，人力资本、社会资本对发展型生计行为的影响较大，金融资本对保障型生计行为的影响较大。因此，必须因户因人施策，在对贫困户进行精准定位的基础上，有针对性地完善发展型生计和保障型生计支持政策，实现插花地区贫困户可持续生计。

改革开放以来，中国6亿多人成功脱贫，扶贫开发已经从以解决温饱为主要任务的阶段转入巩固温饱成果、加快脱贫致富、改善生态环境、提高发展能力、缩小发展差距的新阶段，呈现出从绝对贫困到相对贫困、单维贫困到多维贫困、静态贫困到动态贫困、短期贫困到慢性贫困的新特点。中国反贫困历程经过了制度改革推动扶贫阶段（1978—1985年）、大规模开发式扶贫阶段（1986—1993年）、“八七”扶贫攻坚阶段（1994—2000年）、综合扶贫阶段（2001—2010年）、精准扶贫阶段（2011—　）。2014年初，中央制定了精准扶贫的战略，《关于创新机制扎实推进农村扶贫开发工作的意见》的出台，奠定了精准扶贫作为新时期中国农村扶贫开发的战略思想地位。习近平总书记在广泛深入贫困地区调研的基础上，提出了“六个精准”和“五个一批”的精准扶贫脱贫基本方略，标志着扶贫方式从“大水漫灌”“撒胡椒面”粗放式扶贫向精准扶贫转变。

插花贫困是指贫困现象非成片分布而以点缀式分布，湖北省现有贫困人口380万[1]，其中60%贫困人口分布于大别山区、武陵山区、秦巴山区和幕阜山区四大片区，剩下的40%贫困人口插花分布在省内丘陵平原地带。湖北全省插花贫困地区被平均数掩盖的贫困问题比较突出，插花地区贫困发生率为8.7%，其中，兴山县、张湾区、茅箭区3个插花贫困县（区）的贫困发生率高达44.76%、32.43%、31.90%。在集中连片重点贫困地区的贫困状况得到明显缓解后，非国家级贫困县的插花地区的反贫工作也是国家扶贫开发工作发展的重要任务。精准扶贫处处贯穿着以人为本的发展理念，而贫困户生计状况与生计行为正是以人为本的生动体现。湖北省广水市杨寨镇陈家河村属于典型插花式贫困村，该村所处现状是中国现阶段贫困农村的一个缩影。

一、理论分析与文献回顾

生计（livelihood）指一个家庭为维持生存和发展所采取的获取基本物质资料的行动。1992年联合国环境与发展会议（UNCED）主张把稳定的生计作为消除贫困的主要目标。Scoones（1998）认为，个人选择不同生计策略依赖于其所拥有的有形资产和无形资产，他将资产细分为自然资本、金融资本、人力资本和社会资本，并将生计策略分为扩张型、集约化、多样化和迁移型四种类型。英国国际发展署（DFID）进一步将Scoones的金融资本细分为金融资本和物质资本，构建了可持续生计分析框架。在可持续生计分析框架中，农户处于脆弱性背景下，大的社会经济趋势、突然的冲击及周期性的变化等都作用于农户的生计，该框架从多角度分析贫困引起的原因，是许多国际组织和非政府机构对发展中国家进行经济资助和干预的指导性的发展规划工具，也是以人为中心的反贫方案的建设性工具（梁义成和李树苗，2014）。在可持续生计分析框架下，生计资本、生计策略和生计结果能够充分刻画贫困户生计状况，学者们研究认为经济、社会、资产等生计资本决定了农户的生计策略和生计结果（Moster，1998；EllisF，2000），生计结果又反作用于资本，影响资本的性质和状况。近年来，国内学者对贫困地区的农户生计开展了调

[1] 2016年初，湖北开展建档立卡"回头看"数据清理工作，剔除非贫困户40万人，按照总量不变原则，新进补充，确定全省贫困人口380万。

查和研究，认为农户生计是随生活环境的变化而动态变化的，这种变化就是生计转型的过程。

20 世纪 50—60 年代“以经济发展为中心”和“第一个发展十年”，发展中国家呈现“没有发展的经济增长”，“可持续、以人为本”的发展观随之提出，项目发展对象的“参与”开始备受重视，参与式发展通过在发展项目的实施者与接受者之间建立一个语言共同体而发挥无可取代的优势（Williams G，2004）。参与式的扶贫政策体系正是紧扣这一优势，通过贫困人口主动参与、注重能力的培养，促进贫困人口有效摆脱贫困，特别是缓解久扶不脱贫的局面（杨小柳，2010），有利于弥补以区域发展为主要手段的反贫困战略的弊端，并且也适应中国贫困人口不断减少、日益分散的趋势（汪力斌和周源熙，2010）。实施精准扶贫战略，必须以满足多元化的个人需求为目标探索建立贫困户的全程参与机制。

从已有研究来看，国内外学者对生计资本类型、可持续生计内涵等的分析主要集中在连片贫困地区，对生计资本所包含的要素做具体分析主要针对普通农户，插花地区贫困户的生计状况和生计行为较少受到关注。现阶段，农业供给侧结构性改革不断深入、城镇化水平不断提高、农村产业融合不断加深，为农户实现适度规模经营、增加兼业或非农就业机会提供了可能。在精准扶贫视阈下，贫困户作为特殊群体，他们的外部环境和自身禀赋各异，本书在已有研究基础上，将五大资本细分为 11 个指标，并结合插花贫困地区实际情况，将贫困户生计行为划分为两种，一种是以依靠自身努力和外部投入为主的发展型生计行为，另一种是以依靠社会保障和政策兜底为主的保障型生计行为，以此探讨每项生计资本对生计行为的影响，以期为插花贫困地区更好地开展精准扶贫提供依据。

二、可持续生计框架下插花地区贫困户生计状况

广水市是湖北省插花贫困县市之一，杨寨镇陈家河村是广水市重点贫困村，也是全省精准扶贫的重点村。陈家河村面积 6.25 平方公里，耕地 2220 亩，总人口 2396 人，565 户。全村主要收入来源于务工与务农，村集体收入为负，主要经营农作物为水稻、花生、玉米，无特色农业。村落布局缺乏规划，村容村貌较差，基础设施有待改善，只有一条通村主干道实施硬化，家庭入户道

路均为泥土地，生活用水为自采地下水。2015 年，该村建档立卡贫困户 151 户，贫困人口 464 人。课题组历时 4 个月，对全村 151 户建档立卡贫困户进行了深入走访，剔除回答模糊、前后矛盾等无效问卷 13 份，最终得到有效问卷 138 份，问卷有效率为 91.4%。

（一）基本特征

从受访对象的性别分布来看，男性比例较大，达到了 84%，且大部分为单身。原因大致可归纳为：第一，该村男女的比例基数不同，由于在农村地区的“重男轻女”“养儿防老”等传统思想严重，选择性生育现象较为普遍，成为贫困的一个诱因。第二，贫困村的女性有的通过婚姻，或者外嫁到经济条件相对好的镇村，以变相移民的方式脱离贫困，或者组建新家庭，在一个完整健康的家庭构成情况下，劳动力相对充足，贫困的可能性会大大降低。

从受访对象的年龄分布来看，60 岁以上的老人占比达到 63%，60 岁以下的人占比为 37%，大多表现为无子女赡养、子女抚养负担过重、重大疾病、残疾等致贫。从历史角度来看，长期的城乡二元结构使得农村老年人个人积累少，导致晚年生活困难；从现实原因来说，经济发展落后，社会保障体系不健全；从自然因素来看，贫困户居住环境差，贫困户营养不够，老人抵御疾病能力低，发病率高。

从受访对象的贫困属性来看，主要分为两大类，一类是一般贫困户与低保贫困户，分别占整个调查对象的 58.7%、7.97%，一般贫困户与低保贫困户一起属于有劳动能力与劳动意愿的农户，但缺乏必要的经营能力或就业技能。另一类为低保户和五保户，他们由于失去劳动能力，生活困难，主要依赖政府社会保障体系的完善（表 7-1）。

表 7–1　贫困户贫困类型分布

属性	频率	百分比（%）
一般贫困户	81	58.70
低保贫困户	11	7.97
低保户	18	13.04
五保户	28	20.29
总计	138	100

从致贫原因来看，第一大类致贫原因是自身条件障碍，因病致贫和缺劳动力现象较为突出，占到了半数以上。第二大类致贫原因是自身能力障碍，主要表现为因学致贫、缺技术、自身发展动力不足。第三大类致贫原因是外部投入障碍，主要表现为缺土地、项目、资金等持续生计发展的有效积累（表 7-2）。

表 7–2　贫困户致贫原因分布

致贫原因	频率	百分比（%）
因病	62	44.93
因残	4	2.90
因学	8	5.80
因灾	2	1.45
缺土地	3	2.17
缺项目	1	0.73
缺技术	7	5.07
缺劳动力	22	15.94
缺资金	5	3.62
交通条件落后	6	4.35
自身发展动力不足	18	13.04
总计	138	100

（二）可持续生计框架

DFID 的可持续生计框架由脆弱性内容、生计资本、结构和过程转变、生计策略和生计结果 5 个部分组成（图 7-1）。其中，冲击、趋势及季节性等脆弱性背景对生计资本的影响具有两面性，既可以创造资本也可以毁坏资本；生计资本的拥有程度、不同的资产组合能够达到收入提高、福利增加、脆弱性降低、食物安全改善、资产利用优化等生计结果；政府投资的基础设施建设、技术革新，以及制度建设等结构和制度的转变能够创造资本。

在五大类生计资本中，自然资本泛指有利于生计的资源流和服务，如耕地、水资源等，贫困户生计的资源依赖性普遍很强。人力资本是追求不同生计手段的能力，包括知识、技能、健康状况等。社会资本指的是人们在追求生计目标过程中所利用的社会资源，包括皮埃尔·布迪厄微观层面的社会关系

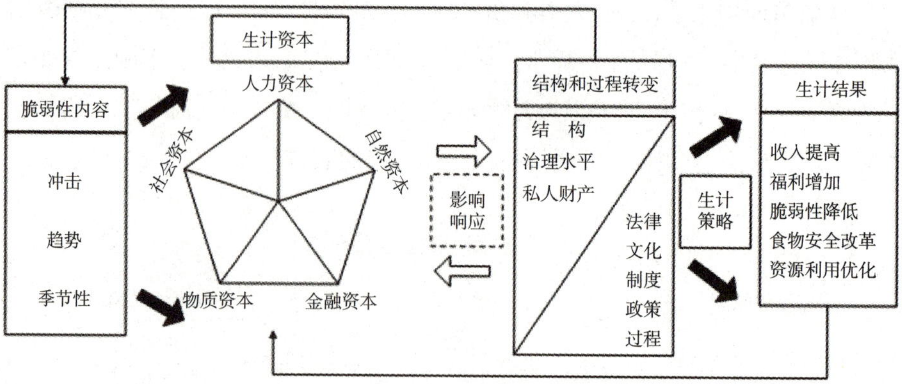

图 7–1　可持续生计框架示意图

网络、詹姆斯·科尔曼中观层面的社会结构资源和罗伯特·帕特南宏观层面的制度实施环境。物质资本指的是用以维持生计的基本生产资料和基础设施。金融资本是人们为了取得生计目标所需要的积累和流动，包括现金收入、储蓄、贷款、政府补贴等。

（三）脆弱性与生计资产

1. 自然资本匮乏

由于自然地貌因素，陈家河村生产条件恶劣，防洪除涝能力较弱，大部分农田灌溉存在困难。贫困户的思维比较保守，思考问题的方式比较固定，安于现状，每年都看好自己的一亩三分地，维持生活即可，极易遇灾返贫。调查发现，陈家河村贫困户经营规模小、细碎化程度高，人均耕地仅为 0.5 亩左右（图 7-2），单个农户使用机械耕作、技术更新的成本是昂贵的，阻碍了农业机械化、农业技术的推广。由于机制约束大、项目支撑少，陈家河村特色产业发展不足、种植作物混乱，导致贫困户通过联营联产、集中机械耕种等很难实现，不仅影响了土地资源的充分利用，也影响了整体规模效应的发挥。

2. 人力资本堪忧

插花地区贫困户由于缺少劳动力无法进行正常生产，缺少技术难以实现转移就业。贫困户家庭人口规模主要集中在 4 人以下，所占比重为 80%。调查显示，近半数贫困户家庭劳动力缺失，占到了 42%。调查发现，插花地区贫困户家中拥有劳动力的情况和贫困发生率呈现明显的负相关关系。

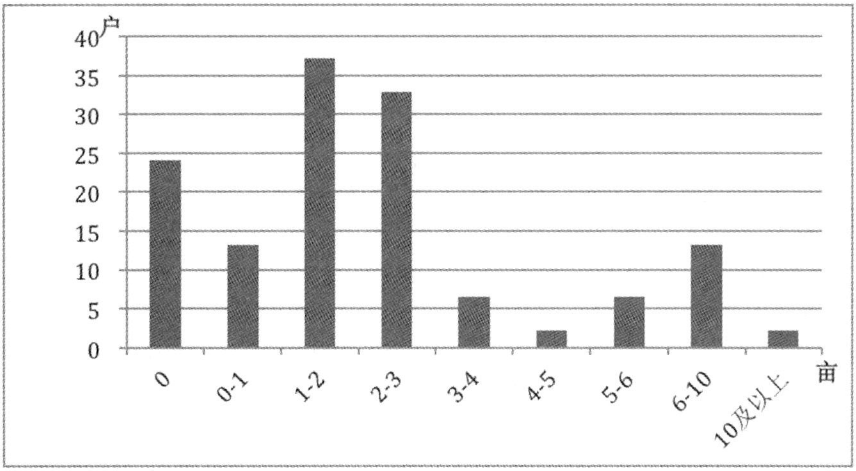

图 7-2　贫困户拥有耕地数量

数据来源：根据调查问卷整理得出，下同。

知识是改变贫困状况的良方，然而，从贫困户调研数据来看（表 7-3），受过初中以上教育（不含初中）的仅为 12.32%，受过高等教育的仅为 2 人，占贫困户的 1.45%。138 户 430 人当中由于缺乏良好的教育所造成的贫困可见一斑。在课题组走访过程中发现，很多贫困户在书写自己名字的时候存在困难。

表 7-3　贫困户教育程度分布

最高学历	频率	百分比（%）
没有接受过教育	40	28.99
小学	37	26.81
初中	44	31.88
高中 / 中专	15	10.87
大学 / 大专	2	1.45
总计	138	100

3. 社会资本缺失

插花地区村级债务重、收入途径少、发展能力匮乏，不能有效支撑贫困户脱贫。由于社会保障体系不健全，贫困户因病返贫现象突出，有的外出务工人员从事高危作业，因伤致残加上法律维权意识差、维权难，极易陷入贫困。分析发现，在问卷“是否参加农民专业合作社”一栏，只有 16.67% 的贫困户选择“是”，并且，在访谈中了解到，贫困户加入农民专业合作社很多是有名无实，对社员的权利义务并不了解，在农作物耕种收和农产品产销服务方面并未带来实质改变。

尽管近50%的贫困户知道精准扶贫存在（图7-3），在问卷“是否作为村民代表或推选村民代表参与项目的决策、监督、检查等相关实施活动”一栏，近30%的贫困户回答“是”，但在精准扶贫项目的知晓程度上，90%的贫困户选择“不太清楚”或“完全不知道”。这说明插花贫困地区精准扶贫的参与度不高，可能存在的原因有二：一是贫困户家庭成员或外出打工或疾病缠身，无心无力关注精准扶贫的对象识别、需求评估、项目选择、项目实施等工作；二是精准扶贫政策实施程序上较为规范，但对政策的宣传、解读、执行不到位，实施内容和效果并不理想。

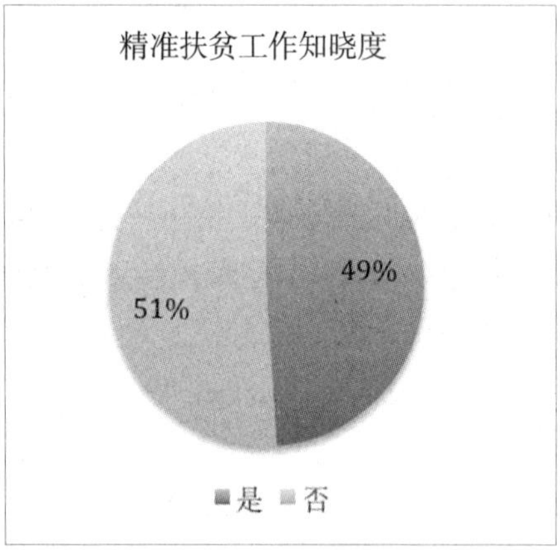

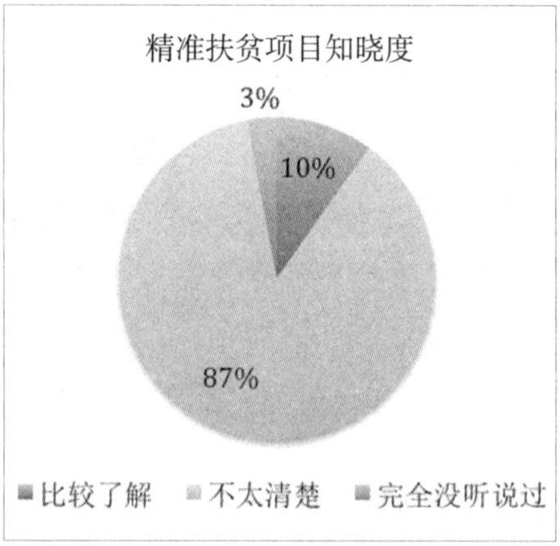

图7–3　贫困户精准扶贫参与情况

4. 物质资本极少

陈家河村生活环境恶劣，基础设施不完善，出行难、饮水难、用电难现象较为普遍，部分地区水源来自沟渠、地下水或雨水，导致各种传染性疾病及恶性疾病居高不下。部分灌溉排水设施修建50年以上，排水和灌溉效率低下且经常修理维护，产生高额费用。从调查数据来看，陈家河村贫困户水、电、路、气、房等基础设施状况极差。在水利灌溉上，贫困户搭便车行为较为普遍，在课题组实地调查中了解到，村委会在组织修建二级水泵过程中遇到较大阻力，大部分贫困村民持消极态度。

由表 7-4 可见，陈家河村饮水困难户达到 31.88%；未通生活用电户数仍有 8.7%，半数以上的贫困户未通广播电视；12.32% 的贫困户居住的房屋是危房；能源消耗主要以传统的柴草为主，柴草户数达到 92.75%，使用干畜粪、煤炭、清洁能源的户数基本为零。

表 7–4 贫困户基础设施情况

基础设施	户数（户）	占比（%）
饮水困难	44	31.88
无安全饮水	21	15.22
未通生活用电	12	8.70
未通广播电视	73	52.90
住房是危房	17	12.32
柴草燃料	128	92.75

5. 金融资本不足

贫困户家庭年收入在各阶段收入的分布相对均匀，主要原因在于贫困问题在陈家河村全村的分布比较均匀，但 60% 以上的贫困户低于 2015 年人均贫困标准 3028 元（图 7-4），贫困程度深。由于陈家河村贫困户致贫种类多样、致贫原因纷繁复杂，收入低、残疾、医疗、教育、住房等，单纯利用资金帮扶，通过“撒胡椒面”式地发放扶贫资金，所产生的收益并不能解决问题。

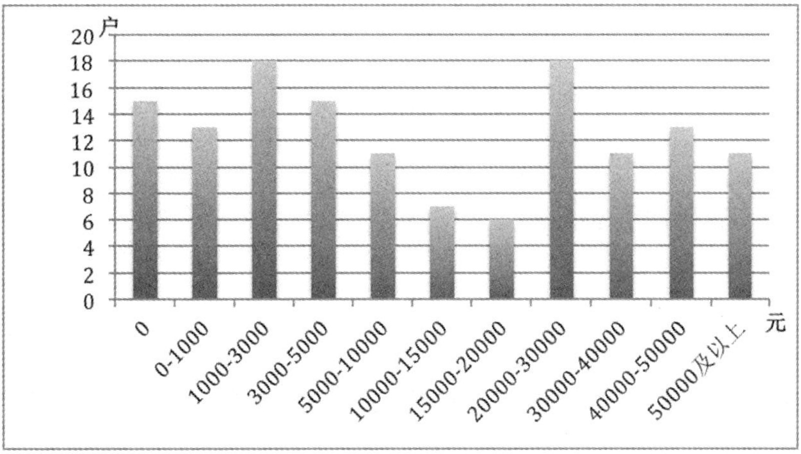

图 7–4 贫困户家庭年收入情况

金融支持贫困地区发展与形成金融扶贫投入—扶贫地区经济增长—金融资产保值增值—金融资源再投入的良性循环机制还有一定距离。商业银行、政策性银行、小额信贷、保险、担保、产业发展基金等尚未形成合理有效的分工合作，贫困地区金融资源集聚能力弱，仅凭内生力量难以走上可持续发展之路，现行农村金融服务难以覆盖更多的贫困群体，产品和服务方式与贫困地区的金融需求存在一定错位。调查显示，陈家河村 138 户贫困户只有极少数获得过小额度、短期性的金融支持，大部分贫困户被金融机构拒之门外，对小额信贷持“望贷兴叹”态度。

就政府补贴来看，陈家河村贫困户农业补贴一年几百块钱，可谓杯水车薪（图 7-5）。陈家河村五保户供养标准较低（2260 元 / 年），与宜昌市秭归县（3200 元 / 年）、长阳县（3030 元 / 年）等国家级贫困县差距较大。

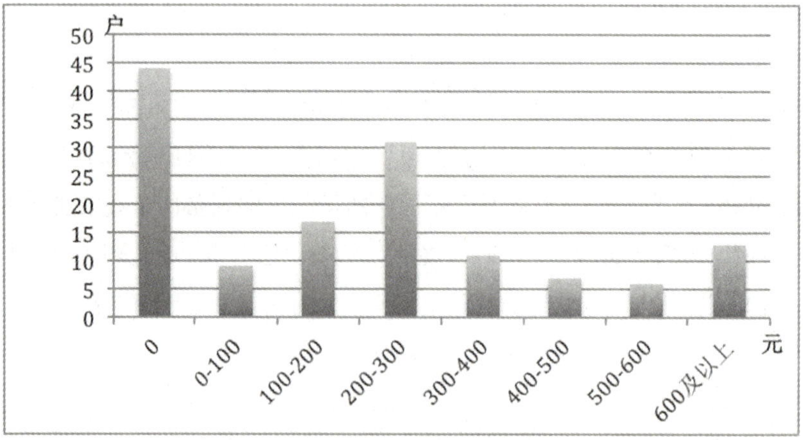

图 7–5 贫困户获得农业补贴情况

三、插花地区贫困户生计资本对生计行为的影响分析

（一）模型构建

二元 logistic 模型作为最简单的离散因变量模型，因变量为定性数据，并且只有两种状态，常用 0 和 1 来表示。公式表示为：

$$\ln\left(\frac{p}{1-p}\right)=\alpha+\beta_1x_1+\beta_2x_2+\cdots+\beta_ix_i$$

其中，为生计资本具体测量指标值，为截距项，表示影响因素的回归系数。

综合考虑家庭结构、就业结构、致贫原因、政策期望等，将贫困户生计行为归纳为两类：一类是发展型生计行为，通过教育培训的开展、贫困户积极性调动、扶贫资金的投入、社会力量的参与等实施精准扶贫；另一类是保障型生计行为，主要依赖于社会保障的完善和政策兜底的实施实现脱贫。因此，在二元 logistic 模型中，将插花地区贫困户生计行为因变量的取值设定为 1 和 0，采取发展型生计行为的 92 户贫困户赋值为 1；采取保障型生计行为的 46 户贫困户赋值为 0。

（二）主要变量

贫困户生计资本状况及变化可能导致农户生计行为的变化，因此，以五类资本的 11 个指标作为回归自变量。采用贫困户耕地面积、有效灌溉面积两项指标来衡量自然资本，贫困户家庭劳动力占比、户主受教育年限两项指标来衡量人力资本，贫困户离村主干道距离、住房面积两项指标来衡量物质资本，贫困户是否参与农民专业合作社和是否参与项目决策、监督、检查等活动两项指标来衡量社会资本，现金收入、有无借贷款、有无补贴三项指标来衡量金融资本。各变量取值说明及描述性统计如表 7-5 所示。

表 7–5　贫困户生计资本变量说明及描述性统计

资本类型	变量及说明	均值	标准差
自然资本（N）	耕地面积 N_1（亩）	2.27	1.96
	有效灌溉面积 N_2（亩）	0.83	1.51
人力资本（H）	家庭劳动力数量占家庭人口数量之比 H_1（%）	26.73	27.67
	户主受教育年限 H_2（年）	6.00	4.30
物质资本（P）	离村主干道距离 P_1（公里）	0.40	0.27
	住房面积 P_2（平方米）	81.34	28.44
社会资本（S）	是否参与农民专业合作社 S_1（是 =1；否 =0）	0.17	0.37
	是否参与项目决策、监督、检查等活动 S_2（是 =1；否 =0）	0.29	0.46
金融资本（F）	现金收入 F_1（元）	7156.52	14716.03
	有无借贷款 F_2（有 =1；无 =0）	0.17	0.38
	有无补贴 F_3（有 =1；无 =0）	0.70	0.46

（三）结果分析

利用 SPSS 对指标进行无量纲化处理后进行二元 logistic 回归分析，回归结果见表 7-6、表 7-7 和表 7-8。

由表 7-6 看出，卡方统计量为 6.917，小于临界值 15.507，并且，0.546>0.05，说明模型能够很好地拟合整体。

表 7–6 Hosmer 和 Lemeshow 检验

步骤	卡方	df	Sig.
1	6.917	8	0.546

由表 7-7 可以看出：观测值和期望值几乎是接近的，不存在很大差异，说明模型拟合效果比较理想，印证了 Hosmer 和 Lemeshow 检验中的结果。

表 7–7 Hosmer 和 Lemeshow 检验的随机性表

		生计行为 = 保障型		生计行为 = 发展型		总计
		观测值	期望值	观测值	期望值	
步骤 1	1	12	11.377	2	2.623	14
	2	11	8.965	3	5.035	14
	3	5	7.692	9	6.308	14
	4	8	6.179	6	7.821	14
	5	3	4.595	11	9.405	14
	6	2	3.275	12	10.725	14
	7	3	2.179	11	11.821	14
	8	1	1.083	13	12.917	14
	9	1	0.532	13	13.468	14
	10	0	0.124	12	11.876	12

从实证结果看（参见表 7-8），能够得到以下三个结论：

（1）自然资本、物质资本对插花地区贫困户生计行为的选择并没有显著影响。这与插花贫困地区的地缘、资源、经济、社会环境密切相关，插花贫困地区基础薄、产业弱、特色差，与民间社会资本的逐利性投向不相适应，中央的扶贫资金主要流向重点贫困县市，插花贫困地区在扶贫的投入上十分有限。

不仅如此，2005年国家还取消了以工代赈资金对插花贫困地区的资金投入。湖北省级财政虽然有2亿元资金安排，但由于贫困人口基数大，省定的插花贫困村的资金占比非常低，插花地区县级财政预算并未安排专项资金。

（2）人力资本、社会资本对发展型生计行为的影响较大。插花地区贫困户“家庭劳动力数量占家庭人口数量之比”和“户主受教育年限”的增加与发展型生计行为的选择具有显著正相关，家庭劳动力数量越多、户主受教育年限越长，选择发展型生计行为的概率就越大，通过精准识别和精准施策，大力开展教育和智力扶贫，降低贫困代际传递的风险，有利于更好地实现发展型生计策略；在插花贫困地区，“参加农民专业合作社”作为一项社会资本发挥了较大作用，贫困户参加农民专业合作社每增加一单位，选择发展型生计行为的概率提高1.895。

（3）金融资本对保障型生计行为的影响较大。插花地区贫困户“有无借贷款”和“有无补贴”，对保障型生计行为的选择具有显著正相关。贫困户获得补贴的机会相对于获得借贷款的机会而言，对保障型生计行为的选择影响更显著，影响效应更大。贫困户获得政府补贴的机会每增加一单位，实施保障型生计行为的概率提高1.315；插花地区贫困户获得借贷款的机会每增加一单位，实施保障型生计行为的概率提高1.027。值得注意的是，在“有无借贷款”这项指标值中，绝大部分借贷形式为私人借款，说明了这类贫困户被排除在正规金融之外，由于现金收入匮乏、政府补贴太少，在保障型生计行为的选择中处于被动地位。

表7–8　生计资本对生计行为影响的回归结果

资本类型	变量	回归系数 β	S.E	Wald 检验	Exp（β）
自然资本（N）	耕地面积 N_1	0.430	0.413	1.085	1.538
	有效灌溉面积 N_2	0.137	0.655	0.043	1.146
人力资本（H）	家庭劳动力数量占家庭人口数量之比 H_1	0.815**	0.339	5.761	2.258
	户主受教育年限 H_2	0.557**	0.226	6.067	1.745
物质资本（P）	离村主干道距离 P_1	−0.173	0.218	0.629	0.841
	住房面积 P_2	−0.217	0.255	0.727	0.805

续表

资本类型	变量	回归系数 β	S.E	Wald 检验	Exp（β）
社会资本（S）	是否参与农民专业合作社 S_1	1.895**	0.916	4.279	6.650
	是否参与项目决策、监督、检查等活动 S_2	0.036	0.510	0.005	1.036
金融资本（F）	现金收入 F_1	0.087	0.409	0.045	1.091
	有无借贷款 F_2	−1.027*	0.605	2.883	0.358
	有无补贴 F_3	−1.315**	0.554	5.633	0.269
常量		1.940	0.555	12.233	6.960

注:** 表示显著性水平 $P < 0.05$，* 表示显著性水平 $P < 0.1$。

以湖北省广水市杨寨镇陈家河村为插花贫困地区的典型代表，剖析了插花贫困地区的生计资本状况，分析表明，在资源、能力、要素、制度等多重约束下，插花贫困地区五类生计资本均较为匮乏，亟待通过脆弱环境的改善、生计资本的改善、政策和制度的改善，改变插花地区贫困户发展面临的内外部环境。实证结果表明，人力资本、社会资本对插花地区贫困户发展型生计行为的影响较大，金融资本对插花地区贫困户保障型生计行为的影响较大。在精准扶贫视阈下，必须因户因人施策。在对贫困户进行精准定位的基础上，有针对性地提高插花贫困地区人力资本、社会资本和金融资本，改变对自然资本和物质资本的依赖性。不断完善插花地区贫困户发展型生计行为和保障型生计行为的支持政策，实现多样化生计和可持续生计。

第八章　湖北省精准扶贫存在的主要问题

湖北省精准扶贫工作进展顺利，取得了丰硕的阶段性成果。然而存在的问题依然突出，特别是在“扶持谁、谁来扶、怎么扶”三大短板的突破上尚未取得最后胜利，严重影响精准扶贫实效的充分发挥，急需引起各级党委政府的高度重视。

一、贫困对象精准识别难，数据录入质量不高

打赢脱贫攻坚战，关键在于精准到户到人，贫困人口的基本信息是各级政府了解、掌握扶贫对象的真实困难、制订帮扶计划的基本依据。自2014年4月以来，全省开展了贫困村、贫困户的识别认定工作，2015年7月14日，全省扶贫攻坚动员大会后，又进行了长达4个月的“回头看”，重新对贫困户进行了甄别核实。从省审计组反馈情况来看，通过相关部门大数据比对，仍然存在贫困对象识别不够精准的问题。贫困户资料档案填写不准确、不完整、不规范的情况仍然存在，存在贫困户类型认定不合理、致贫原因不准确及建档立卡信息不完整等精准识别问题，以及退出过程未经贫困户自愿申请并确认、脱贫措施实际效益不明显、脱贫措施未落实等精准退出问题，仍然存在少数党员干部帮扶联系工作作风不扎实、不深入的情况。课题组调研发现，全省不少地区“扶持谁”数据失真的现象仍较为普遍。主要原因在于：

一是统计工作量大、难度高导致数据失真。建档立卡的贫困人口主要以2013年农民年人均纯收入2736元的国家农村扶贫标准作为湖北省扶贫对象

的识别依据，在此基础上综合考虑住房、教育、健康等情况，通过农户申请、民主评议、公示公告和逐级审核的方式，实现整户识别。但由于贫困户的建档立卡工作量大、程序烦琐，加之基层工作人员责任心不强，缺乏有效激励动力以及判断贫困程度因素错综复杂，实际操作中难以取舍等原因导致在实际识别与信息采集中，贫困户实际家庭收入难以准确统计，或直接沿用原有数据或村干部"商量"填写相关信息，填多填少全凭"估计"，造成了贫困户数据的严重失真。

二是扶贫规模数据自上而下分解导致数据失真。由于国家扶贫规模有统一标准，其范围大小根据全国抽样调查结果来确定，然后各省再把这一数据层层分解，最终直至基层乡镇，乡镇再具体确定每个村的扶贫规模。同时，对于重点贫困村在申报条件上有硬性规定，即贫困人口必须达到全村总人口的20%以上。据调查，大多数重点贫困村是按此比例采取倒推的办法确定贫困人口总数，然后在村内根据民主投票确定的贫困户"排名"来挑选相对贫困的人口，这种操作过程容易造成两个方面的数据失真。一是在自然条件极度恶劣，贫困户集中的村落，由于扶贫指标的限制，导致超出扶贫规模数量以上的绝对贫困户被排斥在扶贫范围以外。二是在"名额"较为宽裕的插花贫困村，相对贫困户就可能成为扶贫对象，造成统计不科学与社会不公。

三是贫困人口总数进出平衡的硬性要求导致数据失真。在"回头看"核查的过程中，各地对精准识别数据进行了"清洗"，但由于上级部门要求必须保证前期报送的贫困人口总数不能变，户数可以适当调节，即每个贫困村的贫困人口总数必须保持进出平衡，减少多少贫困人口就要增补多少新的贫困人口进入信息管理系统。其结果，原本可以根据实际情况对贫困人口进行必要调整的村组，由于这条"硬杠杠"的限制，造成不但前期为了保住重点贫困村帽子而凑数加入的非贫困户和相对贫困户无法删除，而且新增贫困户也无法进入该系统的尴尬局面。

二、扶贫资金多头投入，资金统筹整合执行不够

根据扶贫资金使用管理办法，要求扶贫专项资金按照"县审批、市备案、省备查"方式使用，但当前国家提倡县级整合资金用于精准扶贫，所有涉农

资金均“多个渠道进水，一个池子蓄水，一个龙头放水”，资金跟着规划走，项目资金精准到村到户到人，有的领导与部门对哪些资金可以整、如何整，整合资金如何用，缺乏思路和方法，专项财政扶贫资金的市级层面备案无法落实到具体项目，导致项目资金无从监管。同时，在项目整合方面，各级都在下文全力支持精准脱贫，但实际整合资源投入贫困户的却比较少，原因在于资金以项目形式下拨，而项目管控不仅模式死板，而且处处画有“红线”，基层不愿顶着压力去改变项目的用途，造成资金的统筹使用难度加大。

三、部分扶贫项目前期调研不细致，精准施策不足

当前，精准扶贫产业主要对象是千家万户的贫困户，因此部分产业发展规模化、组织化、标准化程度不高，加之项目选择不科学，论证不充分，对市场判断不准，风险意识不够，跟风发展，最后陷入种什么亏什么，养什么亏什么的怪圈。据调查，在某县产业扶贫过程中，向贫困户免费发放了核桃苗，但是在核桃种植过程中，贫困户由于缺少技术，面对大面积核桃树枯死问题无计可施，而且挂了果的核桃普遍质量欠佳，销路不好。由于扶贫部门与农业部门缺乏有效互动，从而导致扶贫项目的失败。

四、扶贫政策落地难，细化实施方案迫在眉睫

湖北省已出台包括扶贫小额信贷、易地扶贫搬迁、职业教育、产业扶贫、社保兜底、医疗救助、教育资助、关爱扶贫等系列扶贫措施，但在部分行业、部门存在着“最后一公里”对接不畅的问题，致使扶贫政策大都停留在文件上，落地却非常困难。

以扶贫小额信贷项目为例。“扶贫贷”作为引导金融资本进入农村的创新之举，是定向扶持贫困群众的重大利好，通过帮助建档立卡户从事种养殖业等产业发展生产，在提升贫困户收入的同时增强其可持续发展能力，深受广大群众欢迎。但调查发现，“扶贫贷”成功申请率非常低，据问卷调查显示，孝昌、大悟、蕲春、团风、宣恩、巴东、长阳、远安等地小额信贷覆盖率仅为0.54%、0.00%、0.02%、0.65%、5.65%、5.27%、11.53%、0.00%，很多受访

贫困户表示没有听说过此项政策，或者知道此项政策进行了申请也无法获得贷款。究其原委在于政府部门扶贫工作的公益属性与金融机构逐利本质之间的根本矛盾没有得到有效化解。

一是贫困户还款能力遭质疑，拒贷比例高。贫困户在提出贷款申请后，相关金融机构要对其还款能力进行实际考察，要求获得小额信贷的每个贫困户必须具备一定的还款能力，并有公职人员签字担保。但很多公职人员（即便是贫困户的亲戚朋友），由于诸多顾虑与担心而不愿意出具担保，于是导致大部分贫困户贷款遭拒，这在很大程度上限制了贫困户发展生产的积极性。

二是金融机构放贷意愿不强，基层政府财政压力加大。根据省政府关于《湖北省创新扶贫小额信贷工作实施意见的通知》（鄂政办发〔2015〕82 号）精神，原则上要求金融机构应按基准利率实施“扶贫贷”。而目前合作银行对“扶贫贷”放款利率按风险敞口计算，政府与银行各承担 5∶5 时，贷款利率为 9.6%；政府与银行分别承担 7∶3 时，贷款利率为 8.1%，并要求逾期 15 天就进入补偿程序。保险机构对“扶贫贷”放款保险金收取比例为 3%，赔付率在保费 130% 内全额赔付，超过 130% ～ 150% 之间的超赔部分，由政府补偿金按不超过 80% 的比例给予保险机构补偿，赔付率超过 150% 后的超赔部分，政府全额补偿给保险机构。尽管如此，金融机构放贷意愿仍然不强，且由于实际贷款利率过高，贫困户贷款成本也明显增加，同时湖北省绝大部分地方政府都是“吃饭财政”，面临较大的财政压力，致使动力不足，并最终导致“扶贫贷”遇冷。

中央、省市各级针对贫困农户出台了多项医疗保障政策，但实施过程依旧存在力度不够的现象，因病致贫依旧是贫困的主要原因之一。政策从制定到落实在各地还未有效衔接，医疗保障“最后一公里”门槛还有待克服。

五、贫困退出机制不灵活，缺乏动态管理

到 2020 年，我国现行标准下贫困人口要全部脱贫，国家扶贫开发工作重点县要全部摘帽，这就亟须一个规范、可操作性强的贫困退出机制，对贫困对象通过规范的退出标准和程序实行有序退出、动态管理。贫困不是一成不变的状态，随着精准扶贫工作的深入推进，很多贫困户的生产生活状况在发生

明显好转。各地贫困村按照脱贫目标，倒排时间表，分年度制订了详细的脱贫计划。但是贫困退出机制普遍只规定了脱贫贫困户在年底进行一次集中的评定、退出，实时动态管理严重滞后，比如部分因学致贫的贫困户，孩子可能在上半年已经毕业或就业；部分需要危房改造的贫困户，房屋已经修葺完毕；部分得到产业帮扶的贫困户，已经找到了致富途径，这些信息与数据都无法实时更新。与此同时，因为没有指标，新致贫的农户必须等到下一年按照程序进行评选、公示、建档立卡后，才能享受扶贫政策。更为严重的是，脱贫人口由村一级上报，乡镇、县级、市级逐级公示验收，但在执行过程中也很难进行真实性的复核，监管仍显不足。

六、宣传动员不够深入，全社会参与的大扶贫格局尚未形成

精准扶贫帮扶工作已经形成了一定的氛围，但“大扶贫”尚处在初级阶段，各级各部门、企事业单位和民营企业共同参与扶贫的积极性还没有最大限度地调动起来，群众对精准扶贫的知晓率不高、认知度不深、参与感不强，广泛动员社会各界力量共同参与扶贫工作的积极性和潜力还有待于进一步培育挖掘。

第九章　易地扶贫搬迁工作需谨防五大误区

易地扶贫搬迁是脱贫攻坚战的“头号工程”，也是实施“五个一批”精准扶贫工程中最难啃的“硬骨头”。自2015年12月1日国务院召开全国易地扶贫搬迁工作电视电话会议以来，全国各地、各部门紧紧围绕“易地搬迁脱贫一批”的目标，出台一系列配套政策措施，采取了一系列超常规举措，形成了部门协同、上下联动、合力攻坚的良好局面。课题组通过在湖北省多个县市区实地走访调研发现，湖北省各地易地扶贫搬迁工作加速推进，取得了阶段性的重大胜利，但同时也必须坚持问题导向，聚焦薄弱环节，高度关注一些苗头性、倾向性的问题，谨防陷入误区，影响精准脱贫实效。

一、务必精准瞄准“搬哪些人”，谨防任务式搬迁

《“十三五”时期易地扶贫搬迁工作方案》（以下简称《方案》）指出，易地扶贫搬迁地区主要包括资源承载力严重不足、禁止开发区或限制开发区、基本公共服务设施十分薄弱地区、地方病严重或地质灾害频发地区等四类地区。也就是习总书记强调的“一方水土养不活一方人”的地区，由于传统帮扶方式难以从根本上解决贫困户的脱贫和发展问题，所以才需要进行易地扶贫搬迁，因此搬迁数量绝不是越多越好，更不是考核工作绩效的唯一标准。

在调研中笔者发现，各地搬迁计划与实际需求存在较大出入。除湖北省四大集中连片贫困地区以外，平原丘陵地区、插花贫困县易地扶贫搬迁推进速度也比较快，如某插花贫困县，截至2016年12月，易地扶贫搬迁904户

1829人，其中集中安置方式874户1747人，分散安置30户82人，集中安置率达到95.7%。部分地区的基层扶贫干部直言，搬迁计划数远远超过实际需要，原来上报数量少，上级政府不同意，只能调整增加。据调研，一些贫困户是通过当地干部反复做工作才勉强同意申报的，还有部分贫困户对政策了解不透彻，或抱着钻政策漏洞的心理，仅仅为了要在乡镇或县城要套房子增加资产，有的打算两边房子换着住，甚至有人还准备后期将房屋出租或者变卖。

按照《方案》规划，“十三五”期间全国实施981万建档立卡贫困人口易地搬迁所需投资约6000亿元，搬迁对象确定不精准将导致无法把扶贫资金用到刀刃上，会造成资源的极大浪费。要解决好“搬哪些人”的问题，就要实实在在考察，避免政策执行出现偏差，建议严格按照《方案》中四类标准进行认真的筛选、甄别，将政策的贯彻落实真正体现在困难的群众身上，宜迁则迁，切不可单纯为了追求好看的成绩单而盲目扩大搬迁规模。

二、务必实事求是选择“迁哪去”，谨防忽视群众意愿

《方案》中指出，安置方式选择必须遵循政府主导、群众自愿，量力而行、保障基本，因地制宜、科学规划，精确瞄准、创新机制，中央统筹、省负总责的工作原则。但通过调研发现存在以下几个方面的问题。

易地扶贫搬迁大规模集中安置政策导向明显。据调研，前期易地搬迁过程中基层工作人员与贫困户都比较倾向于分散就近安置，分散安置有的是采取贫困户自建房，政府验收发放补贴，有的是政府统一招投标选定施工单位建房交钥匙，这种灵活的方式由于多是在原有宅基地或者本村另外购置土地建房，没有远离生产资料和熟悉的生活环境，且贫困户自身参与房屋的设计和建造，广受贫困户欢迎。但是，前期自建房各地分散安置补贴标准不一致，有的是按2万～3万元/户，有的按3万～5万元/户，有的按人均1万元，再加户均1万元，补贴标准不高，贫困户自筹资金比重大，可能会导致扶富不扶穷或借钱建房加重贫困的现象。据了解，省易地扶贫搬迁考核暂行办法征求意见稿已提出“集中安置率低于60%的不得分，高于60%的得满分4分”。由于上级政府集中安置政策导向，一些地方已明文出台政策不允许分散安置，

如兴山县已出台规定2016年4月29日以后不允许分散安置。据调研,2016年,宣恩县集中安置率为83%，秭归县为62.3%，远安县为69.8%，广水市集中安置率高达96.7%。襄阳市提出2017年竭尽全力提高集中安置水平，襄州、枣阳、宜城、老河口的集中安置率要达到90%以上，南漳、谷城、保康等山区县要超过80%。

存在部分政策理解不到位与政策执行变形。前期部分县市考虑到单人户25平方米面积标准过低，不适宜居住，在实施过程是按40平方米/人，50平方米/2人，75平方米/3人，125平方米封顶，现在新建的基本上统一到25平方米/人的标准。同时，前期基层对易地搬迁资金补助标准存在理解偏差，普遍理解为20万元/户(包括配套),现在基本统一到5.7万元/人(包括配套)。而一些启动较早或者建成的集中安置点均是按照20万元/户的标准进行成本测算建造的，且一人户（五保户）较多，按现在标准5.7万元/人，就出现了较大资金缺口。

大规模集中安置小区缺乏对选址进行水土资源平衡分析和资源环境承载能力评价。集中安置的规模差别比较大，从十几户到几百户的都有。很多山区地处地质灾害多发区，基层反映在上级政府进一步扩大安置小区的规模的政策导向下，选择安置地是个非常头疼的问题。如兴山县昭君镇滩涂村易地扶贫搬迁项目地处大山深处，集中安置规模已达到107户（其中本村贫困户50户)，当地扶贫干部反映在山区很难找到这么大面积的平地，因此都要开山平地，不仅成本很高，还存在山体滑坡等地质安全隐患。

易地扶贫搬迁是一个重要的社会问题，涉及社会、经济、政治、文化、人口、资源、工程技术等诸多领域，大规模移民不是简单的人员迁徙家园变换，更是一个经济重组、社会重构的历程，所以基础性工作一定要做牢。一要科学规划合理确定易地扶贫移民搬迁区域范围。二要坚持实事求是，尊重群众意愿具体问题具体分析，量力而行，不搞一刀切的搬迁原则。根据实际情况，因地制宜，可以实行集中就近式搬迁和异地搬迁相结合的方式。本地有条件解决所需生活和生产用地的，可采取集中就近搬迁。贫困户中有一定发展能力的，应该允许在原有宅基地或者另选址自建房，政府验收后给予补贴，提高就近搬迁的补贴标准，这样更加便于贫困户的生产和生活。但需警惕防范前期分散安置过程中贫困户要面子、攀比的心理，超标准建房，造成新的负债。

应按照“保基本、促脱贫”目标要求，进一步强化建档立卡搬迁户住房建设面积标准控制在人均不超过 25 平方米的“红线”，防止贫困人口因搬迁举债、因搬迁影响脱贫。本地没有生存条件的，可采取异地移民搬迁，在选址上尽量向县城周边、工矿区、大集镇集中。建议安置方式更加灵活多样，采取大集中与小集中相结合的方式，进一步完善“交钥匙工程”政策。如建始县采取集中一户一宅、分散一户一宅、集中单元房安置、进县城工业园区单元房安置和空置房安置等 5 种安置方式，补助标准实行 720 ～ 880 元 / 平方米的差异化补助。对于集中安置规模过大的大型安置点，应对选址进行水土资源平衡分析和资源环境承载能力评价，严禁大挖大建，乱砍滥伐。

三、务必切实保障“稳得住”，谨防集中安置区新房变“空房”

易地扶贫搬迁的目标是努力做到搬得出、稳得住、有事做、能致富，确保搬迁对象尽快脱贫，从根本上解决生计问题，解决“如何发展”的问题。当前主要存在以下几个方面的问题。

“交钥匙工程”缺乏扶贫对象的主动参与。由于贫困户自身没有参与到住房设计与建设中来，加之搬迁户的需求各不相同，“交钥匙工程”实施过程中群众主体作用未得到充分发挥，搬迁贫困户存在多种后顾之忧，部分搬迁户“等、靠、要”思想严重，贫困户提出诸多要求，比如部分贫困户要求政府配套家具才肯搬，贫困户认为不是“我要搬”，而是“要我搬”，导致工作陷入被动状态。在做好贫困户思想工作的同时，应该采取施工企业集中采购和群众自主采购相结合的方式，鼓励搬迁群众通过自建、联建以及互相帮工等形式，切实提高群众参与度与满意度。

搬迁工作时间进度安排过紧。省内不少县市已经提出“三年任务两年完成”的口号，要求在两年内完成全县所有易地搬迁工作，半年内完成搬迁对象识别、规划设计、招投标、安置点平场、基础设施建设、住房建造等一系列工作，基层普遍感到压力很大。部分县市由于时间紧，任务重，采取先建房后定人的方法，这样势必会增加后期工作的难度与隐患。必须抓紧完善搬迁项目申报、考核、验收等程序衔接。易地搬迁用地从申报到获批一般需要 6 至 10 个月，安置区规模较大工程一般要跨年度实施。而目前年度搬迁计划及资金下达，与考核验收同年度内进行，这势必造成当年的搬迁任务无法在年底完成，严重影响基层脱贫攻坚实绩评估结果。建议地方政府在年底前上报第二年本省区易地扶贫搬迁建议计划，有关部门抓紧审核，力争各项资金及早下达，给地方政府比较宽裕的实施时间。在控制搬迁用地总量前提下，可以将用地审批权限下放到省级主管部门。根据不同项目的工程量，实事求是确定工期，指导地方承接、用好来自各渠道的资金。

尚未有效解决集中安置区远离生产资料难题。毋庸置疑，搬迁后搬迁户的住房条件能得到全面改善，但同时搬迁户也担忧后续产业配套难，创业就业难、吃菜难、增收难等问题。绝大部分搬迁户希望依托原有成熟生产资料脱贫，高集中安置率导致搬迁户距离原有生产地遥远，不利于产业发展。调研的部分山区县市贫困户集中安置后，很多人舍不得放弃原有承包地，骑摩托车甚至步行几十公里去地里干活，部分贫困户强烈要求将老宅基地保留，房子不拆，存放肥料、种子。移民安置区受土地限制及水电路网等基础设施薄弱影响，普遍开发空间偏小，很难提供充足就业岗位。后期如果搬迁群众继续耕种原籍承包土地，就有可能成为农忙住“老屋”，农闲住“新宅”的“两栖”农民。建议耕地较少的地区应该鼓励就近安置，并将搬迁政策与危房改造政策相结合，灵活实施。建议结合生态保护脱贫，将集中安置的贫困人口转化为生态保护人员、护林员，创造更多的就业机会。

易地扶贫搬迁绝不是简简单单的将困难群众迁离自然条件恶劣的地区，更重要的是要对迁入地准确调研，一方面能接纳迁出地的困难群众，另一方面有利于困难群众在迁入地扎根发展，稳定脱贫。必须妥善解决好搬迁安置过程中土地调整变更、户口迁移、子女入学、就医、养老、社会管理等方面的问题，更要解决好异地搬迁后贫困户的心理适应问题，确保困难群众在新的生存环境能够“稳得住”，能够安居乐业，幸福生活。

四、务必多措落实“能致富”，谨防贫困户“拉手能站，撒手就瘫”

易地扶贫搬迁既要“挪穷窝”，也要“换穷业”“拔穷根”，最终目的是通过彻底改善搬迁贫困群众生活居住环境和生产发展条件，在2020年前实现稳定脱贫。扶贫搬迁不仅是建房子，更不能一搬了事，而是应该更加关注如何解决好产业发展问题，产业问题不解决，可能形成阶层分化，集中安置点变为新的贫民窟，严重影响国家精准扶贫政策的实施效果。有不少移民点只解决了移民的居住问题、交通不便的问题、吃水难的问题等基本生活条件，但将来靠什么脱贫致富，尚没有明确的措施和目标。而集中安置区的后期社会治理难，有可能形成集体脏、乱、差和“抱团穷”等新的不稳定群体。

调研的山区重点贫困县大多采取直补到户的产业扶贫模式，即按照“缺什么、扶什么，差什么、补什么”的要求，对贫困户因户施策，因人施法，实行一户一策、一户一扶。如兴山县给符合条件的贫困户发母猪，按照1500元/头，自费200元，鸡苗11元/只，自费2元，自己根据情况申报。秭归县2016年切块安排财政专项扶贫资金2000万元，按照每户发展生产总投入在4000元以上的标准，验收后给予补贴4000元产业基金，支持5000户贫困户发展生产脱贫销号。远安县整合资金8000多万元对有劳动能力、有发展条件和愿望的2315个贫困户每户落实了1～2个产业，予以人均不低于5000元的资金扶持。还有不少地方采取贫困户申请小额贷款，政府、企业（或合作社）、金融机构、贫困户签订四方协议，贫困户以贷款金入股，贷款期三年内每年获得分红收益。这两种产业扶贫模式将扶贫资金直接到户到人，短期增收脱贫效果明显，但从长远来看，市场主体与贫困户之间并未形成紧密的利益联结关系，过于依赖政府财政资金（包括产业基金和政府贴息）补贴，贫困户从市场上获取的收益增加并不明显。

后续发展是检验易地扶贫搬迁成败的关键。人对人、户对户虽是有效的扶贫方式，当前扶贫资源投入过于强调精准到户而弱化了集体行动能力。为按时完成脱贫任务，一些地区出现了以外部大规模资源集中投入方式实现数量和形式上的脱贫，这样让一些贫困户有了福利依赖，会让精准扶贫工作偏离政策初衷，对外部帮扶的过度依赖潜伏着大规模返贫的危险。应该提高贫困户的参与度，使之能够充分表达利益诉求，愿意为改变自身的生存状况主动付出更多努力。要将精准扶贫工作与完善乡村治理机制有机结合，推进贫困村专业合作社、资金互助社等合作组织发展。据抽样问卷调查显示，某重点贫困县80户贫困户中仅22.5%的参加了合作社，其中形成紧密利益联结关系的更是凤毛麟角。建议加快促进企社与贫困户之间建立紧密产业合作关系，对吸纳一定比例搬迁群众就业的企业，适当减免税收。积极培育农民合作社、种养大户、家庭农场等新型农业经营主体，力争每个贫困户都有一份稳定的产业，多数贫困户与新型经营农业主体形成长期稳定可持续的利益联结纽带。结合搬迁群众自身条件、就业意向、市场需求，有针对性地开展职业技能培训。

五、务必开拓创新“活资源”，谨防迁出地沦为“沉睡”土地资源

在易地扶贫搬迁过程中，要特别用好、用活城乡建设用地土地增减挂钩政策，发挥其应有的作用。建议推广重庆地票、河南复垦券的做法，复垦券即在符合条件的易地搬迁贫困县，农村宅基地及其他农村集体建设用地，在拆旧复垦为耕地，扣除自身安置用地后结余的农村建设用地指标，也就是城乡建设用地增减挂钩结余指标。开发商参与新增商品房住宅用地竞拍必须要提前购买复垦券，否则将失去竞拍资格。这样一来，通过增减挂钩来实施扶贫搬迁工作，在城乡建设用地总量不增加、耕地面积不减少的情况下，达到贫困地区和相对发达地区、城镇和乡村建设用地结构浮动调配。同时要解决好宅基地复垦及生态恢复问题，但各地易地扶贫搬迁工作重点都放在建新房上，极少数村组织了交旧房。有的县已经提前意识到回收旧房的难度，在交新房钥匙的时候向贫困户收了 5000 元押金，承诺拆旧房子时归还。但即使这样，由于土地分散，后期拆旧房与在宅基地复垦的成本高，工作难度大，复垦以后分散土地如何经营也是摆在当前的一项难题。

建议适当放宽易地扶贫搬迁用地政策。国家层面没有单列扶贫搬迁用地指标，迁出地复垦难度大、效益低，“占一补一、占优补优”的耕地占补平衡政策难以落实。安置房建设项目需交纳工程规划许可证等十几项费用，每平方米税费 200 ～ 300 元，基层政府负担沉重。建议针对易地扶贫搬迁项目设立专项用地指标，允许地方政府综合运用债务、专项建设基金和长期低息贷款支付安置点土地征用费用。参照棚户区改造项目办法，国家和地方出台安置区建设、投融资平台税费减免政策，指导地方用好用活用足土地增减挂钩政策。

易地扶贫搬迁是实施精准扶贫、精准脱贫的有力抓手，是脱贫攻坚“五个一批”中难度最大、政策性最强、标准最高的一批，在推进实施的过程中，

必然会面临很多新情况、新问题，各地各部门必须进一步吃透政策精神，坚守政策底线，充分尊重群众意愿，认真抓好执行落实，并统筹处理好搬迁安置与后续发展、稳定脱贫的关系，真正做到让贫困群众搬得出、稳得住、有事做、能致富。

第十章　湖北精准扶贫工作的对策建议

在“精准扶贫，不落一人”的总目标指引下，充分发挥市场配置资源的作用，充分激发各类主体的扶贫热情，积极引导群众参与到自身发展的进程中来，避免上热下冷、干部热群众冷的局面发生，才能点燃贫困地区、贫困群众脱贫发展的希望，打赢脱贫攻坚战，确保实现在2020年前全面建成小康社会，实现所有贫困人口“一有两不愁四保障”的宏伟目标。

一、强基础惠民生，加快破除脱贫致富的瓶颈制约

统筹推进贫困地区基础设施建设，抓住薄弱环节破解基础设施瓶颈制约，全面提升基础设施建设水平，不断优化脱贫攻坚发展环境，为区域经济社会跨越发展提供有效支撑。

加强贫困地区道路建设。加大农村公路建设力度，进一步提高贫困乡村公路等级，分类区提高贫困地区农村公路建设补助标准。加快推进农村客运网络化建设，有序增加客运车辆和客运班线，扩大客运网络覆盖面。建立农村公路养护管理长效机制，积极吸纳贫困人口参与农村公路建设和养护。继续完善旅游主导乡（镇）旅游基础设施建设，完善旅游服务功能，促进旅游景点与重要城镇、交通干线的连接互通。

提升贫困地区网络化、信息化水平。加快贫困地区信息基础设施建设，通过采取政府补贴、企业减免、社会支持等方式，提高贫困户家庭宽带普及率和信息网络使用水平。鼓励快递物流企业在贫困乡村设立服务网点，完善现

代物流体系。按照“互联网 +”的发展思路，建立完善县（市、区）电商服务中心、乡（镇）电商服务站和村级电商服务点，探索“企业 + 基地 + 网站”“协会 + 基地（合作社）+ 网店”等农村电商扶贫模式，推动贫困户开展网络销售，将农村小市场与外部大市场有效链接，为特色农副产品销售提供广阔的空间。

统筹实施易地搬迁。坚持生存环境恶劣、生产资料短缺、自然灾害频繁的乡村和住房条件差、生产资料少、搬迁意愿强的贫困户优先搬迁原则，统筹实施扶贫搬迁。将扶贫搬迁与新型城镇化建设相结合，创新扶贫搬迁方式，探索农村公租房等模式，对贫困户在城镇落户就业给予支持。着力改善搬迁贫困户易地搬迁后的生产、生活条件，加强土地整治、农田水利、乡村道路等基础设施建设和学校、医院、养老等公共服务设施配套。

二、充分整合资源，建立健全联合扶贫攻坚机制

一是整合扶贫资金。要大力落实《关于支持贫困县开展统筹整合使用财政涉农资金试点的意见》（国办发〔2016〕22 号），重点围绕到村到户扶贫需要用好各项财政涉农资金。通过创新体制机制，有效整合、最大限度地用好各种扶贫力量。加大中央和省级财政扶贫投入，发挥政策性金融和商业性金融的互补作用，整合各类扶贫资源，开辟扶贫开发新的资金渠道。明确县级政府整合资金的权利边界，完善绩效评价及监管机制。产业扶贫应实行部门联动，打破条块区域分割界限，推动各类项目和资金向扶贫产业集聚，形成大投入格局，为推动全省产业化扶贫发展提供资金保障。完善扶贫资金项目整合机制和管理办法，加强对扶贫资金和项目的科学管理。

二是完善工作机制。建立完善精准扶贫工作责任机制，建立健全“省负总责、市（州）协调、县（市、区）抓落实、乡（镇）管理、村为单元”的管理体制，防止出现职责不清、政出多门现象，确保各负其责、密切配合。把精准扶贫工作成效作为考核各级党委、政府的重要内容，把考评结果作为干部选拔任用的重要依据。

三是整合人员力量。各级政府、各部门、各驻村工作队，“第一书记”、村支部委员等扶贫力量必须齐心协力，创造性地开展帮扶工作。首先，驻村“第一书记”、扶贫工作队要发挥“管道”作用，广泛宣传政策，根据贫困户户情

进行充分论证，针对“需求清单”，拿出“帮扶清单”。其次，县（市、区）和乡镇两级要发挥综合协调，整合资源的作用，引导政府、市场、社会各方力量，聚力贫困村、贫困户。再次，村支部要发挥战斗堡垒作用，发挥人熟、地熟、环境熟的优势，化解帮扶工作中的各种矛盾及困难。最后，建议尽快解决公车改革后各级驻村工作队的用车难题，同时在全省重点贫困村安排大学生村干部或者专职信息员负责贫困户数据信息的录入与管理，并给予相应的工作经费保障。

三、精准识别、精准定策、精准施策，提高精准扶贫效率

本着实事求是的精神，切实做好扶贫对象的数据清洗及调入与调出的调整工作。调入是把原非扶贫对象纳入帮扶范围之内，主要包括两类对象：第一，由于各种原因未被识别为扶贫对象的贫困户，特别是由于前期工作执行偏差所导致的遗漏户；第二，新增加的贫困户，包括投资失败、重大疾病的发生、劳动人口的减少等原因造成的新贫困户。调出即是将正在享受帮扶的假贫困户剔除出去，包括：一是伪贫困户，多为运用非正常手段成为扶贫对象的贫困户；二是有稳定经济来源的已脱贫的贫困户；三是已不存在的贫困户——户口迁出或扶贫对象已死亡。建立健全覆盖全省、互联互通的扶贫信息系统。针对贫困户的动态调整应制定完整的依据与方法，设立完备的调整程序，严格实行，实现有效、及时的调入与调出，确保扶贫对象的精准化。

脱贫攻坚关键在产业，没有产业的支撑，就难以真正脱贫。要发挥好区域的资源优势，逐步培育一批特色优势产业，变资源优势为产业优势和经济优势，促进当地特色产业发展。一是选准扶贫产业。产业扶贫必须首先选准、选好产业。各县（市、区）要合理开发利用当地特色资源、优势资源、闲置资源，宜农则农、宜牧则牧、宜林则林、宜商则商、宜旅则旅，发展产品销售市场大、提供就业岗位多、带动效益明显的产业。对于已经确立的主导产业，要持之以恒地发展下去，力争做出规模和效益；对于不适合本地发展的产业，要做适当的调整。二是完善企社与贫困户的利益联结机制。以特色产业为载体，以龙头企业和农民专业合作社为依托，将财政专项扶贫资金量化分给贫困户，贫困户以股份的方式投入到企业和合作社产业发展中，增加贫困户的资产收

益。政府对吸纳贫困户参股、带动增收效果好的生产、加工、销售企业和农民合作组织给予扶贫财政资金、信贷规模支持。积极推动农民专业合作社规范化建设，增强与贫困户结对帮扶能力，提高贫困户在农民专业合作社的组织化程度。

按照“六个精准”的要求，遵循社会发展规律，因人、因地、因贫困原因及类型精准滴灌靶向施策。督促各部门要按照落实行业扶贫责任的要求，切实做好产业发展、就业创业、助学扶智等相关政策的落实工作，尽快打通政策落地“最后一公里”；同时，突出通俗性、操作性，加强对行业扶贫政策完善、细化和解读，加大政策宣传力度，提高农民群众知晓率，共同推进政策落地生根。

四、广泛动员社会力量积极参与，着力构建“三位一体”大扶贫格局

注重引导、积极鼓励社会力量参与社会扶贫。坚持扶贫工作政府主导的同时，不断完善优势互补、互利共赢的市场、社会帮扶机制，坚持区域发展与扶贫到户同步推进，坚持构建政府、市场和社会“三位一体”大扶贫格局，突出重点，创新机制，集成资源，加大投入。积极为市场主体创造良好环境，发挥市场扶贫聚集效应，吸引各种资源要素向贫困地区配置、各类市场主体到贫困地区投资兴业，增强扶贫开发活力。

鼓励各县（市、区）探索符合本地实际、体现贫困群体愿望、有效发挥政策资金扶持效应的金融扶贫新方法、新途径。健全利用扶贫资金建立担保金的新机制，将专项资金作为质押，商业银行按一定比例放大贷款规模给产业发展农户，发挥扶贫专项资金倍数的作用。支持金融机构开发结合贫困户特点和产业发展实际需求的金融产品，对没有外出就业、有一定技能又有创业意愿的贫困户发放小额信贷贴息贷款。开展大型农机具、宅基地使用权、林权、农村土地、草场承包经营权和农民住房财产权等抵押担保，有效解决贫困户扶贫产业发展前期投入资金不足的问题。

好的政策关键在于落实。必须要加紧研究各类扶贫政策的操作性方案，优化服务，简化程序。推进金融资本放大扶贫效益，开展多项金融扶贫创新

试点工作，放大财政扶贫资金效益，为贫困户解决发展生产资金短缺问题。特别是要高度重视小额信贷扶贫，尽快破解“扶贫贷”政策落地难的困境，承贷金融机构要平衡好商业利益和履行社会责任之间的关系，加强与建档立卡和信用体系有效对接，大力发展扶贫小额信贷、创业担保贷款、扶贫贴息贷款等金融产品，认真研究制定有别于普通客户、一般信贷产品的政策措施和发放程序，简化贷款程序、减少贷款环节、优化贷款环境、优惠贷款利率，在防范金融风险的同时，增强金融扶贫政策惠及面与实施效果。建议将金融机构发放“扶贫贷”的资金比例指标纳入其年度考核指标体系。

五、重视精神文化教育扶贫，提升贫困群众自我发展能力

不断强化贫困户自力更生意识，逐步拓宽职业技能培训，多层次、全方位加强人才支撑，做到扶贫与扶智同步推进，“输血”与“造血”同步进行，提升困难群众自我积累、自我发展能力。

进一步重视思想文化扶贫。在扶贫开发工作中人的因素，永远是第一位的因素。坚持治贫先治愚、扶贫先扶智，坚决摆脱“等、靠、要”思想，引导贫困群众开阔视野，树立自尊自强意识，培养市场意识、竞争意识和创新意识，实现“要我脱贫”到“我要脱贫”的思想观念转变。全面落实好教育惠民政策，继续做好贫困大学生资助工作，推进教育共享发展。加强农村文化基础设施建设，让贫困农村了解当今市场经济信息，大力发展民族语电视、广播节目，丰富节目内容和形式，提高文化传播力。

进一步加强职业技能、创业培训力度。以促进农村贫困家庭劳动力转移就业为重点，整合各类技能培训资源，进一步加大具备劳动能力的建档立卡贫困群众职业技能培训力度，动员和组织社会力量就近就地开展培训。根据市场需求和贫困户个人意愿，开展实用技术培训，让贫困户劳动力拥有一技之长。积极开展贫困村创业致富带头人创业培训，支持创业致富带头人在贫困村创办企业、农民合作社，鼓励创业致富带头人带动扶贫对象积极参与创业项目。

进一步加强人才支持力度。培养、引进相关专业技术、市场营销、企业管理、财务等方面的人才，支持优秀外出务工经商人员、高校毕业生、退役士兵

等开展返乡创业,为促进特色产业发展提供人才支撑。鼓励教育、科技、文化、医疗卫生、法律等行业人员到贫困地区工作、服务,鼓励大专院校、科研院所、医疗机构为贫困地区培养专业技术人才。做好贫困村党组织“第一书记”和驻村工作队选派工作,全面落实贫困地区基层服务人才的各项优惠政策。

六、强化社会保障兜底，确保“不漏一户，不落一人”

对于完全或部分丧失劳动能力,无业可扶、无力可脱贫的“两无”贫困人口,实行政策性社会保障兜底,完善养老、医疗卫生、社会救助体系,牢固保障贫困人口基本生活的社会安全网。

统筹协调农村扶贫与农村低保“两线合一”。按照应保尽保、应退必退的要求,加强对脱贫和兜底的农村低保对象的重点核查,及时将通过扶贫帮扶后家庭人均收入超过农村低保标准的有序退出低保;对家庭人均收入达不到脱贫标准的兜底人员,按扶贫标准由市、县两级财政进行补差,使兜底家庭的人均收入达到脱贫标准。对农村低保对象通过自身努力脱贫致富,在一定时期内实行低保渐退,保留低保对象身份,逐步减发低保金,提供保障过渡期,做到不稳定脱贫不彻底脱钩。

提高医疗救助保障水平。完善基本医疗保险、大病保险、医疗救助“三重”医疗保障网,正确处理好疾病短期治愈与长期脱贫的关系,有效遏制和减少“因病致贫、因病返贫”。进一步提高新型农村合作医疗财政经费支出水平,适度提高贫困户参与新农合就医报销比例。进一步扩大市、县两级财政出资设立大病救助基金规模,降低贫困户大病保险起付线,扩大重特大疾病医疗求助病种和救助对象范围。通过基本医保、大病保险和其他补充保险支付后,贫困户仍无力承担且符合规定的剩余费用,由民政医疗救助给予补助。

健全“三留守”和残疾人关爱保护体系。对留守儿童、留守妇女、留守老人农村“三留守”人员全面摸底清查,建立翔实完备、动态更新的信息管理系统。强化社会保护,通过政府购买服务岗位和服务项目的方式,帮助农村留守人员解决生产、生活困难。引导和鼓励社会力量参与,建立以维护儿童、妇女、老人合法权益为主的各类社会服务组织。针对残疾人的特殊困难,全面建立困难残疾人生活补贴和重度残疾人护理补贴制度。在康复医疗、残疾预防、教育就业、文化体育、法律维权等方面，对残疾人给予更多的关怀与保护。

七、完善动态监测评估体系，增强贫困群众满意度

建立贫困人口动态监测机制，运用大数据加强对贫困户以及驻村干部的管理，实施建档立卡贫困户信息管理系统与农村网格化管理系统信息对接，确保识别到户，帮扶到人，政策落实到位。加强脱贫验收环节检测监测机制，严把脱贫质量检查关，确保扶真贫、真扶贫。一是规范建档立卡工作。各县、各村要明确专门责任人，按照统一表格、统一口径、统一程序录入和管理贫困户信息。有条件的地方，要实现贫困户信息管理电子化、网络化。二是不断完善贫困识别和退出机制。充分发挥驻村工作队、帮扶责任人和村干部、农户等多主体的作用，落实严格规范的识别及退出流程，保障准确率。充分发挥第三方评估的作用，对贫困退出机制进行有效的检测评估。充分发挥政协的作用，通过两会等平台及调研观察、委员提案等手段，为我国扶贫攻坚贡献力量。学习甘肃推出的“委员助推双联行动”，充分发挥第三方评估作用，建立贫困退出评价体系。确定规范严格的第三方评估流程并保障第三方评估活动的独立性，以发现政府内部评估碰触不到的问题。最大限度用好第三方评估结果，使其在相关决策和实践中充分发挥作用。三是要加大督查问责力度。贫困人口精准识别与动态管理工作量大、琐碎复杂，唯有严格督查、严厉问责，才能为做好这项工作提供强有力保障。

附录 1

调查问卷

贫困户调查（调查问卷）

被访问者地址：

省市县 ______（市、区）______ 乡（镇）______ 村 ______ 组

手机：____________　　填写日期：2015 年 ___ 月 ___ 日

一、家庭基本情况

1. 户主：__________　　性别：________　　年龄：________

2. 是否属于建档立卡户：①是　②否

　属于：①一般贫困户　②低保贫困户　③低保户　④五保户

3. 家庭人口：_______ 人；其中劳动力 _______ 人；

　家庭年收入（元）__________。

4. 家庭成员的文化程度最高为：_______，最低为 _______。

　①没接受过教育　②小学　③初中　④高中 / 中专　⑤大学 / 大专

家庭经营的主要品种 ________，土地面积共 _______ 亩。畜禽养殖主要品种 ________，规模 _______（头、只、羽）。水产养殖主要品种 __________，面积 _______ 亩。

6. 收入来源：

　①经营性收入（种养殖业）____（元 / 年），

　　扶贫前 ____（元 / 年），扶贫后 _____（元 / 年）。

　②工资性收入（务工）____（元 / 年），

　　扶贫前 ___（元 / 年），扶贫后 ____（元 / 年）。

③转移支付（政府提供的低保资金或扶贫资金）________（元/年）；

其中：低保补贴________（元/年）；

五保补贴________（元/年）；

农业补贴________（元/年）；

其他（请说明）__________。

④财产性收入（出租利息）________（元/年），

扶贫前________（元/年），扶贫后________（元/年）。

二、农户对扶贫项目知晓度、参与度及满意度

7. 您是否知道精准扶贫工作？

①是 ②否

8. 是否了解本村在开展的扶贫项目？

①非常了解 ②比较了解 ③不太清楚 ④完全没听说过

9. 您是否作为村民代表或推选村民代表参与项目的决策、监督、检查等相关实施活动？

①是 ②否

10. 政府及相关部门有没有对扶贫资金、物资、项目等相关扶贫信息进行公示？

①经常公示 ②偶尔公示 ③没有公示 ④不清楚

11. 您的家庭所参与的扶贫项目有哪些？（可多选）

①种养殖业 ②基础设施建设 ③生态建设环保 ④社会事业建设

⑤其他（请说明）__________。

12.1 项目实施后您的收入是否增加：

①增加许多 ②增加较少 ③没有增加 ④收入下降 ⑤说不清

12.2 您的生活质量是否改善：

①很大改善 ②基本没有 ③质量下降 ④说不清

13.1 项目实施后，您的交通出行是否更便利：__________。

13.2 子女上学是否更便利：__________。

13.3 就医是否更便利：__________。

①更加便利 ②没什么变化 ③质量下降 ④说不清

14. 项目实施后家中是否通电：①是 ②否

饮用水是否为自来水：①是 ②否

15. 您觉得项目实施的总体效果怎么样？

①非常有效 ②有些效果 ③没有效果 ④不清楚

16. 在各种扶贫项目的实施过程中，您对相关扶贫工作人员满意吗？

①非常满意 ②比较满意 ③一般 ④比较不满意 ⑤非常不满意

17. 您对政府的扶贫工作满意吗？

①非常满意 ②比较满意 ③一般 ④比较不满意 ⑤非常不满意

三、农户致贫原因

18. 您家庭中近几年是否有长期生病或重大疾病患者？

①是 ②否

19. 您家中子女上学负担程度如何？（若无子女上学，此题不答）

①非常重 ②比较重 ③一般 ④比较轻 ⑤非常轻

20. 您家是否存在因缺乏资金而无法扩大生产规模？

①是 ②否

21. 近几年您家是否遭受过重大的自然灾害？

①是 ②否

四、建议及希望

22. 您当前最迫切需要的扶贫内容有哪些？（限选三项）

①雨露计划 ②危房改造 ③安全饮水项目 ④小额信贷

⑤养老与就业保障 ⑥医疗救助扶贫搬迁

⑦基础设施 ⑧产业帮扶

其他 ______________（自填）

您对现阶段精准扶贫工作有什么建议及希望？

附录 2

样本调查（贫困村、贫困户、企业）

一、湖北省恩施州巴东县东瀼口镇羊乳山村

（一）村情

巴东县东瀼口镇羊乳山村位于长江之北，属于三峡移民村，距东瀼口集镇 15 公里，东接牛洞坪村，南与陈家岭村相连，西至东瀼溪边，北与溪丘湾接壤。整体地形东高西低，平均海拔 500 米，最低海拔 170 米，最高海拔 1000 米。全村辖 18 个村民小组，719 户，2219 人，劳动力 1054 人，区域面积 9.7 万平方公里，其中耕地 2572 亩，林地 11052 亩。

（二）贫困现状

该村地质条件较差，局部地质灾害时有发生，属三峡后续工作规划监测点；全村劳动力严重缺乏，仅有劳动力 1054 人，不足总人口的 50%；该村基础设施条件较为落后，除村级主公路 9.2 公里硬化外，约 35 公里的路网均为泥巴路；全村缺乏主导产业，仅有 1000 亩的零星老茶树，村级无集体经济收入，互联网未通达，全村识别贫困户 185 户 529 人。2013 年人均纯收入 2300 元，是个典型的老、少、边、山、库、穷村。

（三）扶贫措施

县委、县政府高度重视该村精准扶贫工作，县、镇主要领导亲自赴该村考察调查扶贫方案，县领导带队，由县镇相关部门组建工作队，镇派出第一书记与村“两委”一班人全力推进精准扶贫工作，通过实地调研，拟定了全员参与、多措并举、大力发展茶叶产业、推进农旅结合、融入“互联网 +”、建设羊乳山

天然氧吧贡茶园的发展蓝图。在保证基础设施投入的前提下，重点发展茶叶基地、培育龙头企业、实施光伏发电、开发乡村旅游。

一是以产业扶贫为龙头，狠抓茶叶产业。羊乳山村茶叶历史悠久，据史书记载，在清乾隆年间便是贡茶。2015 年，全村组建了茶园技术服务队，改造茶园 1000 亩，新发展茶园 2000 亩，栽植白柚 230 亩，该村户均产业达到 4.5 亩，人均产业达到 1.5 亩，该村真正成了一个茶叶产业专业村。目前茶苗栽植结束，进入管护阶段，预计 3 ～ 5 年全村农户产业亩均收入可达 6000 元，全村人均产业收入约 9000 元，户均产业收入约 27000 元。

二是以旅游扶贫为抓手，发展乡村旅游。培育引进一家农业综合开发企业，实施茶叶精深加工，发展采摘观光农业，开发东壤溪流域，打造花园式的茶园，增强茶园发展生命力，提升茶叶附加值，预计亩均增收 2000 元以上。

三是以电力扶贫为突破，增强集体经济。积极落实国家电力扶贫政策，拟在 2016 年建成光伏发电厂一座。村集体经济收入达 5 万元以上。

四是以信息产业为依托，提升脱贫成效。今年该村启动宽带乡村工程，建设“幸福新农村”试点，推进“互联网 +”扶贫，引进电商，以信息化全面提升茶旅结合成效。

（四）典型农户

1. 陈开现

男，土家族，现年 44 岁，家庭人口 3 人，家住羊乳山村五组，承包耕地 5.1 亩，林地 18.9 亩。

致贫原因：主要因病致贫，其妻常年多病，年医疗支出达 25000 元。该户是一个组合家庭，父母双亡，还有一个痴呆傻的弟弟，40 岁，尚未成家，也是贫困户，需陈开现家常年资助。其儿子在中国科技大学读书，年教育支出 2 万元以上。今年陈开现意外受伤，现负债 3 万余元。

主要帮扶措施及成效：一是正在实施生态移民，建成 180 平方砖混结构住房；二是已栽植茶叶 5.1 亩，2017 年起可增收 4000 元，2018 年可增收达 10000 元；三是拟申请小额扶贫贷款 5 万元，养鸡 50 只，养猪 5 头，当年增收 3000 元；四是实施医疗救助，帮助户主尽快恢复健康，保障家庭劳力支撑。

脱贫期限：计划 2017 年脱贫。

2. 王安龙

男，汉族，现年52岁，家庭人口4人，家住羊乳山村17组。土坯房一栋4间，共127平方米，1991年建造，靠打散工维持生计，承包耕地共5亩，林地30亩。

致贫原因：主要是因病致贫，女儿王红春现年17岁，患有先天性心脏病，在溪丘湾中学读书，2012年在武汉亚心医院动手术共花费7万元。王安龙本人患有肺结核病，妻子常年多病，常年医疗支出超过8000元，家庭环境较差，入户道路为泥土路。

主要帮扶措施及成效：一是已栽植茶叶5亩，2017年起可增收4000元，2018年可增收10000元；二是支持其儿子王东华参加技能培训，实行转移就业，预计2016年增收18000元；三是拟申请小额扶贫贷款3万元，养鸡30只，养猪5头，当年增收2500元；四是拟纳入易地扶贫搬迁计划，实行分散安置，彻底改善家庭生活环境。

脱贫期限：计划2016年脱贫。

3. 段大富

男，汉族，现年50岁，家庭人口4人，家住羊乳山村11组，属低保贫困户。

致贫原因：主要是因残致贫，段大富在2011年收稻谷时从屋上摔跌成重伤，经鉴定为二级残疾，主要劳力缺失，有砖混房一栋，120平方米，建于2007年，因家庭贫困至今未粉刷装修。

主要帮扶措施：一是已按程序将段大富纳入低保救助；二是其女儿段玉婷目前就读于巴东县职高，利用“雨露计划”对其进行资助；三是2014年栽植茶叶5亩，2015年销售茶叶5000元，2016年可实现收入10000元；四是支持其儿子参加技能培训，转移就业，年增收18000元。

脱贫期限：计划2016年脱贫。

二、湖北省恩施州恩施市沐抚办事处营上村

（一）村情简介及贫困状况

恩施市沐抚办事处营上村地处恩施大峡谷核心景区，辖区1610户6140人，其中建档立卡贫困户570户1944人。贫困户主要致贫原因是因病、因学、

缺技术、缺资金、交通条件落后等，其中五保户 23 户 41 人，低保户 82 户 210 人，低保扶贫户 179 户 635 人，一般贫困户 286 户 1058 人。系恩施市 48 个重点贫困村之一。自 2014 年开展精准扶贫以来，营上村紧紧围绕中央及省、州、市、办的决策部署，聚焦“精准”二字，以旅游扶贫为统揽，产业扶贫为支撑，电商扶贫为杠杆，金融扶贫为动力，带领全村人民竞进小康，努力实现“村村寨寨是景区，家家户户成宾馆，人人个个做旅游”的“峡谷小康梦”。

（二）主要脱贫措施

营上村紧紧围绕“打造国际休闲旅游度假区”制订《营上村精准扶贫规划》，计划 2016 年整村脱贫。恩施大峡谷景区高姿态地参与旅游扶贫工作，接纳安置辖区居民特别是贫困户到景区就近就业 358 人，其中贫困人口所占比例为 60%，大多从事环卫、保安及临时演员等岗位；为扩大旅游扶贫的受益范围，恩施大峡谷开发公司和村“两委”商议后，决定将景区内 210 个商铺以象征性收取 2000 元水电管理费“送”给景区附近农户经营管理，其中贫困户占 70%，每个摊位营业额年均达 6 万元以上，极大地促进了营上村贫困户精准脱贫。

依托国家 5A 级恩施大峡谷景区优势，营上村积极鼓励旅游通道沿线群众主动对接旅游服务产业链，发展仙居人家及农家乐共计 76 家，其中通过扶持贫困户开办的有 6 家。目前，恩施大峡谷 60 万游客，每年给农家乐或仙居人家年均创收 20 万元。为帮助降低农家乐和仙居人家的经营成本，村“两委”还统筹辖区雇佣临时用工，采购农副产品原材料，同时还引导每个农家乐带动扶持 10 ～ 20 户贫困户，参与旅游扶贫，先富带脱贫、促致富。

在受惠于恩施大峡谷景区观光旅游产业发展的同时，该村着力加快发展“休闲旅游”，加快调整“特色农业”结构。按照“一点、一线、一大片”的步骤，2014 年发展葡萄 500 亩，2015 年发展茶叶 4000 亩，通过施肥、剪枝和补苗等田间管理规范，葡萄已挂果，茶叶有望 2017 年获得收益。届时，葡萄亩产值达 12000 元（按亩产 1500 公斤、每公斤 8 元计算），茶叶亩产值达 5000 元。

秉承“三好合一好”，即农民自发得好、企业自觉得好、干部主导得好，该村经过两年旅游扶贫让旅游通道及核心景区群众已率先吃上“旅游饭”，同时鼓励引导其他区域群众大力发展特色生态农业（葡萄、茶叶等）从而端上“旅游碗”。

（三）贫困户基本情况资料

1. 刘成松

男，汉族，48 岁，系低保贫困户，家庭人口 3 人。父亲刘守政，现年 90 岁；母亲黄冬英，现年 93 岁，常年患病无劳力。

致贫原因：缺劳力、缺资金、父母常年患病。

主要帮扶措施：扶持经营旅游商铺。脱贫年度 2016 年。

帮扶成效：刘成松虽常年在外务工，因无学历且缺技术致使收入捉襟见肘。后因父母重病生活不能自理，经反复考虑刘成松认为既然赚不到钱不如回家尽孝，于是果断回家照顾父母，父母身体逐渐康复。刘成松居住在营上村金家山组，小地名叫“倒灌水”，是有名的缺水地方，平时吃的是“屋檐水”，经常是“水淘米后洗菜，洗菜后洗脸，洗脸后洗脚，洗脚后喂猪”，而且交通条件极差，生活条件非常恶劣，主要产业就是苞谷和洋芋，女的都嫁往低山，男的很难讨到老婆。2012 年，他为孝敬父母回到营上村，鉴于打工的见识，刘成松利用农闲在山上找一些奇形怪状的树枝当作拐杖卖给游客，卖 10 元 / 个、租 5 元 / 个；同时，自家产的核桃、种的黄瓜、采的野果（八月瓜、野猕猴桃）、养的蜂蜜等让他的年收入达到 2 万元，除去父母看病、房屋维修及家庭开支后基本持平。2014 年，恩施大峡谷参与旅游扶贫回馈景区群众，将景区 210 个商铺“零成本”交给村级管理，刘成松通过抓阄得到一个商铺，虽不是旺铺，但他潜心研究经营，效益不错，尤其是“甜玉米”晚种、“红薯”烤制、“登山杖”租赁等让周围人们向他竖起“大拇指”，2014 年营业额首超 5 万元，他终于有钱正儿八经的来整房子了，让父母住上了一层两间砖混房屋，虽未粉刷，却很温馨。2015 年摊位经营的内容相似，生意不如以前火爆了。于是，刘成松和邻居相互帮忙看摊，抽时间客串“本色导游”（私人向导），用朴实用憨厚用热情感动游客，经常是扶老携幼，背上背小，游客的小孩都上过他的肩，游玩后游客高兴地支付 200 ～ 300 元不等的感谢费、导游费或劳务费，今年有望实现 6 万元收入。

2. 向文华

男，38 岁，土家族，低保户，家庭人口 3 人。

致贫原因：缺劳力、缺技术、缺资金。

帮扶措施：解决房屋等基础设施条件，将资源变资金，资金变资本；发展 2 亩茶叶、1 亩葡萄，让致富可持续且后劲足（解决了茶苗、管理技术及后续肥料）。脱贫年度 2016 年。

帮扶成效：2014 年办事处开展精准扶贫工作后，向文华发展茶叶产业 1 亩。帮扶人员找到硒博硒茶叶有限公司，给他提供打扫卫生的工作，每月解决部分生活费。向文华房子虽然很差，但是挨着公路边，具有区位优势，而硒博硒资源开发有限公司却苦于没有像样的门面，于是帮扶人员“做媒”，见证二人签订合同——地基租给公司用，公司给向文华修房子，使用 20 年后，归还向文华，同时雇佣向文华在公司干打扫卫生等杂活，另外对向文华的小孩负责学费。目前，向文华住房和吃饭无忧，孩子上学学费无忧，2016 年产业将受益，他对未来生活充满希望。

三、湖北省恩施州鹤峰县中营镇白鹿村

（一）村情

中营镇白鹿村辖 4 个村民小组，156 户 461 人。村“两委”成员 3 人，土地面积 6983 亩，其中森林 5124 亩，生态有机茶叶 1300 余亩，户均 8 亩，人均 2.5 亩。其中茶叶种植大户 21 户，全村茶叶纯收入 253 万元，人均茶叶收入 5500 元以上。

（二）贫困状况

2015 年全村有贫困户 43 户 111 人。按贫困类别分：一般贫困户 19 户 50 人，占贫困人口的 45.04%；低保贫困户 19 户 53 人，占贫困人口的 47.75%；低保户 5 户 8 人，占贫困人口的 7.2%。按文化程度分：文盲或半文盲 23 人，占贫困人口的 20.72%；学龄前儿童 5 人，占贫困人口的 4.5%；小学 35 人，占贫困人口的 31.53%；初中 38 人，占贫困人口的 34.23%；高中 5 人，占贫困人

口的 4.5%；大专及以上 5 人，占贫困人口的 4.5%。2015 年预脱贫 19 户 39 人；2016 年计划脱贫 24 户 72 人，实现整村脱贫；2020 年实现全面小康。

（三）致贫原因

（1）产业结构单一。全村除传统粮食作物外，经济作物仅有茶叶产业一项，管理粗放，附加值低。

（2）基础设施薄弱。村内道路、饮水、通信、住房等基础设施条件落后。

（3）发展能力不强。因灾、因病、因学、缺乏劳动力是困扰贫困户脱贫致富的重要原因。

（四）脱贫措施

1. 抢抓机遇加强基础建设

2016—2017 年，实施投资 300 万元的整村推进基础设施建设项目：硬化入户公路 9970 米，硬化村级道路 4000 米，完成新村委会及天然浴场建设，完成全村网络电视及宽带建设。

2016 年通过省林业厅、县扶贫办驻村帮扶，结合村级办公场所建设，完善群众文化活动场所建设。

通过 2015 年水利部门小农水项目 400 万元支持，2016 年全面解决全村安全饮水及农田灌溉问题。

2. 村企结对发展四大产业

（1）茶叶产业。以白鹿村现有茶园为基础，发展生态观光有机茶园 1300 亩，支持雀语春有机茶产品 2016 年通过国家认证并投入市场，力争在 2020 年前，公司实现产值 3000 万元，利税达到 600 万元以上，带动农户亩均增收 2000 元以上，全村茶叶总收入增加到 560 万元，村民人均茶叶纯收入达 1.16 万元。

（2）养鸡产业。2015—2020 年，由雀语春茶业公司投资 2500 万元，按照"合作社 + 基地 + 贫困户"的模式，在白鹿村建设年产 10 万只的蛋鸡养殖场。2015—2016 年完成 10 万只养殖规模 1000 万元的投资，力争 2016 年实现产值 1900 万元以上，创利税 450 万元以上。支持村内 24 户贫困对象以"茶下养鸡"模式发展茶园生态土鸡养殖 1 万只，贫困对象在 2016 年可顺利脱贫。

（3）猕猴桃产业。2015—2016 年利用村内荒田荒地，实施低产林改造发展红心猕猴桃 600 亩（其中集体经济 100 亩），重点支持贫困户发展。成立白鹿村集体经济组织（恩施白鹿村雀语春猕猴桃种植专业合作社），由合作社进行管理并负责提供技术、市场，预计 3 年后猕猴桃产业可增加收入 360 万元，其中集体经济收入 60 万元、农户收入 300 万元，53 户贫困户 155 亩可增加收入 93 万元。同时设立产业扶贫基金，为新增贫困户和返贫户发展产业给予有效帮扶。

（4）生态旅游产业。利用白鹿村周边的丰富旅游资源，与雀语春茶业公司成立联合经济体，2015 年启动白鹿雀语春文化广场、天然浴场、旅游接待中心、民俗风俗一条街及旅游度假区建设；开发天然特色景观项目，打造鹤峰县生态旅游 4A 风景区；积极争取发展资金，沿河修通白鹿村至茶园村、青龙村、何家村、棕园村全长 4.8 公里、宽 6.5 米的旅游公路。

（五）典型农户

1. 殷胜乐

男，土家族，49 岁，家有人口 4 人，家住白鹿村 3 组。夫妻务农，儿子学修车，女儿初中一年级读书。

致贫原因：夫妻双方身患多种疾病，缺产业。

帮扶措施：由雀语春公司出资帮建鸡房 120 平方米发展土鸡 200 只，村委会帮扶发展猕猴桃 120 株，政府以奖代补产业扶贫 2000 元，最低生活保障 3000 元，养鸡纯收入 8000 元，茶业收入 6000 元。

帮扶成效：家庭人均收入 5000 元，预计 2016 年脱贫。

2. 谭杨兵

男，土家族，39 岁，现有家庭人口 4 人，家住白鹿村 3 组。全家人在家务农。

致贫原因：母亲年老体弱多病，妻子养育小孩，户主本人因原住房成严重危房，不能居住，借债建房，共欠借款 11 万元，缺少产业，劳动力有限。

帮扶措施：由雀语春公司支持发展土鸡 200 只，村委会帮扶猕猴桃 200 株，政府产业扶贫 2000 元，茶叶收入 10000 元。

帮扶效果：通过茶叶订单回收、发展养鸡 2016 年可达 12000 元，2016 年可望脱贫。

3. 黄模国

男，土家族65岁，家庭人口2人，务农。家住白鹿村2组。

致贫原因：夫妻年老体弱多病，缺少产业，劳动力有限。

帮扶措施：由雀语春公司帮扶发展土鸡200只，村委会帮扶发展猕猴桃200株，政府以奖代补产业扶贫2000元，养老保险1640元，茶叶收入4000元。预计2016年人均可支配收入可达5000元，可望脱贫。

四、湖北省建始县龙坪乡岔口子村

（一）村情

岔口子村位于建始县龙坪乡龙潭坪集镇南方，距沪蓉西高速公路入口4公里，距318国道1.5公里，与高坪镇石门村毗邻，石门河古风国家4A级景区入口位于该村7组，距龙潭坪集镇23公里。岔口子村地势崎岖，境内平均海拔1000米。全村辖12个村民小组，306户1180人，其中贫困户101户361人。

全村耕地面积1141亩，林地面积7062亩，农作物以玉米、土豆、红薯为主，森林覆盖面积达60%。全村100%的农户通电，55%的农户通水，18%的农户建成了户用沼气池。2014年全村农民人均纯收入2600元。

岔口子村基础设施差，教育、卫生设施落后，农民素质不高，种植业结构单一，贫困状况十分严重。

（二）贫困原因

（1）基础设施落后。近些年来，全村村民虽自力更生，不断改善村级基础设施，但目前通往乡镇的主线公路没有硬化，且损毁严重。全村尚有45%的农户未饮上安全饮用水。

（2）产业结构不合理，农业种养水平低。农业基础设施落后，仍以传统农业为主，产业结构单一，农民增收渠道有限。粮食生产以传统种植为主，主要农作物有玉米、土豆、红薯等；无主要经济作物；养殖业以生猪养殖为主，但养殖规模有限。抗自然灾害能力差，长期增收的主导产业尚未形成。经济作物、林药等特色产业发展相对滞后。种植、养殖无大户示范带动。

（3）村民经济收入来源少。因农民素质较低、缺少耕地、发展方式单一，且大量年轻劳力外出务工，在家劳力缺乏技术培训，造成产业发展无后劲。

（4）无市场竞争力的专业合作组织。村民发展产业靠的是单打独斗、适应市场经济能力不强。

（三）扶贫措施及进展情况

抢抓机遇，积极争取乡党委、政府与上级各部门的帮扶政策，以完善基础设施、改善人居环境、发展特色产业、推动旅游升级为重点，全力加快精准扶贫脱贫步伐，确保全村脱贫摘帽不落一户。

（1）把旅游扶贫作为一项重点工程来抓。依托石门河古风4A景区优势，以国家政策对岔口子村的支持为契机，大力发展乡村旅游；鼓励发展农家乐与家庭农场，提升旅游接待能力，增加本土就业机会；坚持“因地制宜、可持续发展与居民参与”原则，着力打造下村旅游风情小镇。

（2）把基础设施扶贫作为一项德政工程来抓。重点抓好“最后一公里”问题，在脱贫期限内确保全村12个组组组通水泥路、通电、通水，农田水利基础设施不断加强，人居环境明显改善。

（3）把易地扶贫搬迁作为一项民生工程来抓。紧密结合“美丽龙坪”建设、城镇化建设，通过集中安置与分散安置两类办法，将生存条件恶劣的贫困群众向生产生活条件较好的村内集中安置点、乡内集中安置小区与中心村、县工业园搬迁。

（4）把产业扶贫作为一项富民工程来抓。大力发展猕猴桃、核桃等绿色产业，以点带面，促进村级产业结构调整。因地制宜发展养殖业，突出地方特色，支持本地山羊养殖大户的发展，带动周边农民致富增收。实现“一村一品”“一户一策”。

（5）把金融扶贫作为一项造血工程来抓。通过信贷投放，扩大扶贫开发视野，积极推动形成政府主导，财政、扶贫、金融等单位相互配合的良好氛围，用足、用活现有的政策，凝聚各方力量，解决农民发展产业无资金的瓶颈，激发贫困农户的内生发展动力，从而实现可持续的脱贫和发展。

（6）把教育扶贫作为一项治本工程来抓。增加对建档立卡贫困学子的生活补助，统筹“雨露计划”与社会帮扶，大力开展贫困劳动力职业技术技能培训，对贫困家庭对象开展实用技术培训，增强贫困群众的就业技能，促进贫困群众稳定就业。

（7）把保障扶贫作为一项政治工程来抓。对没有劳动能力的贫困群众，通过低保、医疗救助、民政救助等方式来保障其基本生活，实施保障扶贫。

（四）扶贫项目

通过广泛调查研究和村民民主参与，经反复协商讨论、群众民主投票选项定项，最终确定 2015 年在岔口子村实施 6 个大项目，18 个子项目。

1. 产业建设项目

（1）种植业方面。①完成高标准有机猕猴桃栽种 200 亩。②结合新一轮退耕还林政策，完成核桃种植 300 亩。③有机农作物规划种植 100 亩。

（2）养殖业方面。①培植“450”模式生猪养殖大户 3 户，每户年出栏生猪 100 头以上。②培植山羊养殖专业户 3 户，每户年养殖 200 只以上，出栏 100 只以上。

2. 宜居村庄建设项目

（1）道路交通。①硬化通村公路 3 公里。②打通全村未通入户公路全总长 4 公里。③硬化 5 ～ 6 组连接 7 组 3.5 公里，水井坪至石门坎 1.5 公里，岩洞槽至毛茸河 2.5 公里，龙家坪至二台子 4 公里。

（2）人居环境建设。①重点依托石门河景区，积极推进下村旅游风情小镇建设，推进农村城镇化，改善人居环境。②结合阵地建设，新建扶贫安置小区，实施扶贫搬迁 8 户；边远掉散户，搬迁到安置小区，享受公共服务，缩小乡村差距。③围绕石门古道，打造特色民居以及农家乐 20 户。改善人居环境，带动农户增收。④完成剩余 45% 农户的安全饮用工程。铺设主管网 10000 米，通组管网 8000 米。

3. 村务建设项目

（1）村级阵地建设。新建村委会办公场所，改变目前村民办事不便，无活动场所的局面，搞好绿化和基础设施建设，配置相应设施，配齐办公桌椅，档案柜，宣传栏等办公设施。

（2）活动中心。配置各类科技实用书籍，建设农家书屋 1 个。

4. 公共服务建设项目

村卫生室：进一步完善基本医疗设备，配一名村级卫生室医护人员，方便村民看病买药，基本实现小病不出村。

5. 科技及人才建设项目

（1）科技推广、培训项目。聘请县乡林业、农技、畜牧等部门专家和技术人员深入农户进行科技推广，鼓励农民解放思想、科学种养，计划科技推广 40 户。结合产业发展规划，对特色林果种植农户以及猪、羊等禽畜养殖户进行科学管理、养殖技术培训，计划培训农民 400 人次。

（2）雨露计划。严格按照上级文件精神，开展雨露计划政策宣传、培训，开展劳动技能培训，提高村民科技文化素质，拓宽农民就业渠道，增加农民收入。

6. 社会发展建设项目

争创 10 户五好家庭，20 户星级文明户。做到物质文明、精神文明两手抓、两手都要硬。通过宣传标语、宣传画、小区广播、文化墙等多种形式对国家政策、法律法规进行宣传，提高村民素质，建设乡风文明的新农村，形成创先争优、比学赶帮的良好社会氛围。

（五）扶贫成效

岔口子村通过 2015 年整村推进扶贫开发项目建设，项目实施使得村级基础设施得到全面改善，产业发展形成干鲜、水果、养殖业、服务业“四轮驱动”，拉动全村经济快速发展，人均纯收入达到近 4000 元，人民生活水平显著提高，各项经济社会事业不断发展。

1. 经济效益

通过新发展核桃 300 亩、猕猴桃 200 亩、培植养殖大户，进行特色民居改造、开办农家乐或家庭农场，推动了岔口子村农业由传统农业向现代农业转型升级。围绕石门河古风 4A 级景区优势，发展乡村旅游，打造下村旅游风情小镇，带动农民旅游增收，使农民人均可支配收入增收 2000 元。逐年实施干鲜水果、四季水果、参与性农业观光旅游建设，引导农户向长远的服务业过渡，形成了新的生产方式和稳定质优的收入来源。

2. 社会效益

各种项目的进驻与实施，加快了岔口子村的区域经济结构调整，产业结构布局日趋合理。全村形成了干鲜、水果、养殖业、服务业“四轮驱动”，拉动了村经济快速发展。充分挖掘区域内资源潜力，有效改善了村民生产、生活条件，增强了群众的科技意识、商品意识、竞争意识和自我发展潜力，有效地改善了党与人民群众之间的关系，确保了村级社会事业稳定健康发展。

3. 生态效益

通过产业调整和生态家园建设，全面推进沼气入户建设，一池三改，提档升级，形成了“猪羊、沼、农作物”三位一体生态农业模式，有效地改善了当地的土壤肥力、生态环境和人居环境，为本村农业可持续发展奠定了坚实的基础。

4. 扶贫效益

改善了部分贫困群众的生产生活条件；通过充分利用当地自然资源、技术资源等优势，积极调整了产业结构；努力发展特色、主导、优势产业，增加了农民收入；提高贫困村、贫困农户自我组织、自我管理、自我发展的能力；探索出一条加快贫困村整村推进步伐、提高实施质量、建设社会主义新农村的路子，积累了发展经验，创建了扶贫开发的新模式和新机制。

（六）典型农户

1. 何庆平

男，生于 1974 年 12 月 5 日，现年 42 岁，住龙坪乡岔口子村 7 组，全家四口人，即父亲廖礼怀，妻子周兴艳，女儿何晓晓。现有耕地 2 亩，山林 18 亩，2015 年产业以种植 2 亩玉米、套种红苕为主，养一头年猪，活重 200 斤，养一头母猪 2015 年没有收入。妻子周兴艳在结对帮扶队员帮扶下，在就近一鞋厂打工，收入 5000 元。女儿何晓晓享受“雨露计划”政策，半年 1500 元。

该户主要致贫原因有五：一是病残，何庆平属视力残疾，左眼失明，右眼高度近视，打工无人要，仅在家做一些粗话，廖礼怀多年支气管炎、高血压，劳动能力弱；二是缺少土地，该户四口人仅 2 亩耕地，且有 1 亩为裸岩挂坡地；三是交通不便；四是学生就学致贫，该生每年各种费用至少需 10000 元；五是居住条件落后，该户仅有建于 60 年代的土坯房 2 间，已成危房。

2015 年该户在结对帮扶责任人帮扶下，根据家庭情况订立了相关脱贫措施，现正一步步实施，计划到 2016 年脱贫：一是何庆平养山羊 12 只，预计纯收入 5000 元；二是养肥猪 2 头，预计纯收入 1500 元，养殖母猪预计纯收入 1000 元；三是养土鸡 100 只，预计纯收入 2000 元；四是种植玉米、红苕，预计纯收入 1500 元；五是学生享受“雨露计划”帮扶 3000 元；六是申请贫困助学 2000 元；七是申请产业发展激励政策 4000 元；八是落实易地扶贫搬迁项目，进行房屋改造，借助石门河景区发展农家乐，搞旅游服务实现稳定脱贫；九是结合该户发展农家乐和养殖业，落实小额金融扶贫贷款 50000 元。

2. 李发炳

男，生于 1966 年 3 月 19 日，现年 50 岁，住龙坪乡岔口子村 5 组，现有人口四人，即妻子田代春，长子李为全，长女李小为。

该户有耕地 1.8 亩，山林 20 亩，2015 年收入主要来源为：种玉米 1.8 亩套种红苕，收入 1500 元，养猪 1 头纯收入 800 元，李发炳在周边打零工收入约 6000 元。

该户主要致贫原因有五：一是残疾，李发炳腿脚残疾，行走不便，田代春智力痴呆，下肢残疾，行走不便；二是缺少耕地，人均不足五分地；三是缺少劳力，全户无一个劳动力；四是学生就学致贫，长子李为全就读职高，每年需费用 10000 元，长女李小为在该村点校读学前班，每年需费用 5000 元；五是房屋为危房，不能居住。

该户在 2015 年结对帮扶责任人进村入户后，依据该户特殊情况，制订了一系列帮扶措施，确保 2016 年脱贫：一是种植玉米红苕 1.8 亩，预计纯收入 1500 元；二是养猪 2 头，预计纯收入 1500 元；三是养殖山羊 15 只，预计纯收入 7000 元；四是低保兜底 4 人，预计纯收入 7680 元；五是李为全享受“雨露计划”帮扶，收入 3000 元；六是申请贫困学生救助 2000 元；七是申请产业发展激励政策奖补 4000 元；八是消除危房，实施危房改造；九是给予山羊养殖小额贷款 10000 元。

3. 廖礼东

男，生于 1973 年 1 月 16 日，现年 43 岁，住龙坪乡岔口子村 12 组，家庭人口三人，即长子廖兆源，5 岁，长女廖小娴，4 岁，妻子本属于聋哑人，于 2013 年意外身亡，现有耕地 1.7 亩，其中 1 亩地不能耕种，山林 7 亩。

该户 2015 年主要收入来源为：廖礼东就近打短工，收入 5000 元，种植玉米 0.7 亩套种洋芋收入 500 元，养鸡 3 只。

该户主要致贫原因有五：一是因妻子早亡，2 个孩子年幼无人照顾，更不能外出务工；二是孩子就学致贫，虽然上学前班，每年共需要 10000 元支出；三是缺少耕地，虽有 1.7 亩地，其中 1 亩为阴坡、挂坡地，不能耕种；四是交通不便；五是房屋为危房，不能居住，现在借住自己兄弟家，且兄弟家的房屋也为危房。

2015 年结对帮扶责任人进村入户后，依据该户特殊情况，制订了一系列脱贫计划，确保 2016 年如期脱贫：一是低保兜底 3 人，收入 5760 元；二是种植 1.7 亩草本药材（玄参），预计纯收入 3400 元；三是申请贫困教育救助 2000 元；四是异地搬迁到石门河景区，满足学生就近上学，同时房子有一定租赁收入，自己也可以搞一些旅游服务增加收入；五是安排廖礼东到景区进行季节性打工，预计收入 6000 元。

五、湖北省十堰市竹山县麻家渡镇总兵安村

（一）村情

（1）人口情况：总户数 252 户，总人口 1053 人，其中，贫困户 119 户，贫困人口 401 人，劳动力 691 人。

（2）资源情况：耕地面积 1269 亩，其中，水田 456 亩，河流 1 条，山塘 5 口。

（3）收入情况：上年总收入 1661 万元，人均纯收入 7903 元。

（4）产业情况：茶叶 600 亩，苗木 600 亩，猕猴桃 500 亩。常年粮食种植面积 3124 亩，产量 629 吨，油料种植面积 1258 亩，年养猪 600 头，养家禽 3000 只。

（5）贫困状况：贫困户 119 户 401 人。

（6）贫困主要原因：村集体经济薄弱、产业基础差、农户居住条件差、基础设施配套差等。

（7）2016 年脱贫计划：为了进一步加强美丽乡村建设，加快整村推进的步伐，把党的富农政策落实到户，实现贫困户脱贫愿望。下一步，计划对剩下

的 63 户贫困户 202 人（含精准识别后新增 3 户）再次入户摸底，找准脱贫项目，细化帮扶措施，实施因户施策方略，力争 2016 年底全村整体脱贫。在二组蔡世华房前新建安置区一个，新建休闲广场 400 ～ 600 平方米，配置太阳能路灯 10 盏。集中建房安置农户 18 户 72 人；分散安置建房户 5 户 18 人；入住保障性住房农户 3 户 4 人。鼓励 8 户贫困户发展养鸡共 690 只，争取政策补贴 6900 元；鼓励 22 户贫困户发展养猪共 50 头，争取政策补贴 25000 元；鼓励 6 户贫困户发展养牛共 15 头，争取政策补贴 30000 元；鼓励 1 户贫困户发展养羊共 6 只，争取政策补贴 1800 元。同时，将修通总兵安村一、二组通组入院公路及基地公路，共计 9700 米，以解决贫困边远户出行难的问题。

（二）典型农户

1. 施庆明

男，汉族，1970 年 9 月 15 日出生。总兵安村一组村民。家庭成员 4 人，妻子、儿子和女儿。

致贫原因：因主要劳力缺少技术，收入不稳定，居住条件差，孩子年龄小负担重等原因而致贫。

脱贫年限:2016 年底。

主要帮扶措施：

（1）通过生态扶贫搬迁政策解决建房问题，争取补助资金 3 万元；

（2）争取小额信贷资金 5 万元，补充建房资金不足问题；

（3）开办水上游乐船，增收 3 万元；

（4）通过对主要劳力进行培训，让其掌握一技之长。

2. 何登凤

女，汉族，1952 年 1 月 12 日出生。总兵安村 2 组村民。家庭成员 5 人，儿子、儿媳、孙女和孙子。

致贫原因：缺少劳动力，主要劳动力缺技术，居住条件差等原因致贫。

主要帮扶措施：

（1）通过土地流转，参与猕猴桃专业合作社年底分红创收 3000 元；

（2）参与农村养老保险年收入 1000 余元；

（3）争取生态扶贫搬迁解决建房问题，争取补助资金 3 万元。

七、湖北省十堰市房县军店镇三溪沟村

（一）村情

三溪沟村是由原三溪沟村、高山旗、灯草沟三村合并而成，全村总面积3200亩，耕地面积2200亩。全村共有20个村民小组，总户数610户，总人口2445人，劳力1564人，建档立卡贫困户396户1432人，占总人口的59%，其中：五保户21人，占贫困人口1.5%，低保户117户324人，占贫困人口的23%，一般贫困户254户1087人，占贫困人口的75.9%。年人均可支配收入4690元。由于年轻人长年在外打工，村中现在只有妇女、儿童和老人留守，劳力非常缺乏。2015年预脱贫94户489人，结存贫困户人口248户683人，到2018年实现户脱贫、村出列。

（二）典型农户

1. 任传停

男，汉族，1963年1月17日出生。三溪沟村14组村民。家庭成员3人，妻子、儿子。

致贫原因：因主要劳动力长期生病等原因而致贫。

脱贫年限:2017年底。

帮扶措施：

（1）通过民政救助和新型农村合作医疗政策，解决主要劳动力长期生病及孩子精神病问题，争取国家补贴资金4万元；

（2）通过“雨露计划”对主要劳动力进行培训，掌握养牛技术；

（3）通过争取小额信贷资金5万元，购牛种，实现增收入4万元。

2. 曾宪军

男，汉族，1938年1月9日出生，三溪沟村12组村民。家庭成员3人，妻子、儿子。

致贫原因：因主要劳动力长期生病、孩子有精神病等原因而致贫。

脱贫年限:2017年底。

帮扶措施：

（1）通过民政救助和新型农村合作医疗政策，解决主要劳动力长期生病问题，争取国家补贴资金 5 万元；

（2）通过雨露计划对主要劳动力进行培训，掌握出力较少的养蜂技术；

（3）通过养蜂，实现增收入 3 万元。

八、湖北省恩施州宣恩县沙道沟镇二坪村

（一）村情

二坪，宣恩县最远的自然村，被称为宣恩县的“孤岛”。

二坪，湖北省与湖南省交界的“插花村”，两省飞地 6 平方公里。

二坪，湖北省最后一个通客车的行政村，“二坪通”则“湖北通”。

“红旗界……羊肠小道……”一句顺口溜，道尽了百年来，地理位置特殊的二坪村行路之难。

宣恩县沙道沟镇二坪村位于沙道沟镇东南边陲，东与湖南省桑植县、南与湖南省龙山县相交，北有八大公山国家自然保护区和七姊妹山国家自然保护区。该村“脚踏两省三州市”，距沙道沟集镇 35 公里，距县城 97 公里，平均海拔 1350 米，是我县最偏远的行政村之一，是典型的“高山村”，全村辖 14 个村民小组，301 户，1080 人，劳动力 528 人。全村共有贫困户 153 户。区域面积 36.7 平方公里（不含在湖南龙山、桑植两县飞地 6 平方公里），林地面积 44000 亩，常用耕地面积 1990 亩。2014 年全村经济总收入 923 万元，农民人均纯收入 4477 元。农民收入来源以种植林药和打工为主。

多年来，沟壑纵横、山脉连绵的红旗界和 1880 米的斗棚山阻断了该村与沙道沟镇、宣恩县的联系。村民徒步下山进乡镇需 5 个小时。乘车到宣恩县城，要途经湖南省龙山县和来凤县城 9 个乡镇，绕道 130 多公里，往返需要三天。交通不便导致电力设施老化、信息不灵、医疗落后教育滞后，村民尝尽苦头。修通出山的路，变成建村百年来几代人最大的“梦”。

2015 年二坪村被纳入宣恩县整村推进扶贫村。修路，是二坪脱贫的第一任务。

打捆资金，夯实基础，一个个项目迅速落地开花。因松软地质三易设计的红旗坪至二坪公路，共投资1200多万元，硬化24公里，天路终于翻越了红旗界，汽车开进二坪村；同时，二坪至乌鸦河公路硬化即将动工。投资316万元，全面实施高压电网改造，彻底解决了“闲时电多、忙时电少、停电频繁、隐患严重”的用电状况。投资30万元，新建蓄水池4口蓄水300立方米，铺设管道13000米，基本解决10个村民小组安全饮水困难。投资60万元，整修组级公路，出省经济循环路，一个环线，串起了14个村民小组。投入资金190万元，新建移动基站，让这个“孤岛”通信畅通，实现与外界的互联互通。

一个个基础设施的改善，让村里的顺口溜有了新的变化。

（二）兴产业富民强村

“外面打工多无奈，哪有二坪那自在，虽说一天百来块，寄人篱下不痛快”。二坪村原是宣恩有名的药材村。近年来，因药材价格波动，收入减少，二坪村民逐渐外出打工，外出务工人员占总人口的40%。2014年以来受整体经济环境影响，部分工厂停业导致该村劳动力回流明显。

为了发展二坪经济，打造富民强村的立业根基，该村围绕“巩固林药、发展畜牧、培植旅游、多头并进”的思路，扶持特色产业发展，为二坪村脱贫致富储备动力。

2015年，该村发展黄檗、杜仲经济林3000亩；发展药材（玄参、白术、黄连）1500亩；山核桃800亩；养殖西门塔尔肉牛70头、山羊240头、蜜蜂180桶。

（三）互联网创业创新

“说二坪，道二坪，二坪信息硬不行，电话十个通一个，宽带至今没个影，怎能不落后于人”。闭塞的二坪村，在基础建设逐步完善后，也迎来了信息化的春天。

9月，驻村“第一书记”发动爱心众筹，通过互联网+爱心扶贫，探索出“微信募捐，资金公开、捐赠直播”的模式。2015年，共募集资金57666元，物资8车，爱心人士到村小联谊55人次。资助贫困大学生1名学费4万元，村小学学龄前留守儿童13人11800元，孤儿、残障儿童2人5000元。为二坪小学募集衣物300件，文具200套，体育用品50件，为贫困户募集衣服600件。

特别是上海立信会计学院的学生在得知二坪村情况后，在上海大学生中间发起了“衣直汇”活动，耐心的制作了学生心愿卡，并为学校23个学生购置了不同的礼物。通过爱心扶贫，部分贫困户能够在短期内受益，但是他们也更进一步认识到真正要脱贫，还是要靠自身发展，逐步摆脱“输血”，实现“造血”，更进一步坚定了大家发展的信心和决心。

后期，该村计划通过“互联网+产业”的模式，将特色农业和户外溯溪旅游业作为重点产业打造，将二坪村的特色农产品和户外溯溪基地推向市场，发掘潜力，整体打造“二坪嫩春”村级品牌，夯实村民增收基础，达到“脱贫”的长期目标。农产品方面，以高山蔬菜、天然猪牛肉、野果、药材为主要产品，通过电子商务平台推向市场。目前，已经与西部现代农业公司达成了厚朴叶收购意向。与“十八弯美食”电商初步达成了香椿、野菜、高山洋芋合作意向。特色旅游业方面，依托二坪村现有自然环境，以“二坪嫩春户外游”为品牌，打造300公里范围内的“户外亲子、溯溪纳凉”乡村游。以“特色活动”为引爆点，以互联网传播为推手，通过户外论坛、亲子论坛、摄影论坛、越野论坛、摩托车旅游论坛等载体，定向在恩施市、宣恩县、来凤县、龙山县、桑植县进行网络推广，吸引目标人群。大力发展高品质农家乐，带动“二坪嫩村”系列农产品销售。目前，农家乐正在注册中，旅游线路和活动方式正在规划，明年天气转暖后即可营业。

农业、旅游业相互依托，关联发展，实现“村级品牌、分类经营、共进共赢”，构建“一村一品”“一村一游”的产业格局。

（四）典型农户

1. 邹金香

土家族，二坪村9组村民。一家5人（儿子舒凤武、儿媳杨光育、孙舒秋含）。因交通不便，阻碍生产，加之儿子媳妇在福建打工失业，失去经济收入，一家生活陷入贫困。

2014年底，在村“两委”和驻村干部的动员下，舒开永、舒凤武等人将福建打工多年攒下的积蓄，投资在二坪村创办了舒氏农业发展有限公司养殖肉牛。舒凤武在家组织生产和管理。在政府办等帮扶单位的协助下，县畜牧局对舒凤武进行多次肉牛养殖技术培训，使其掌握了母牛繁殖、疫病控制等相关技术；全程对场区建设进行合理规划设计；结合政策对该场能繁母牛扩群补贴便于扩大生产，减少养殖损失；并对其厂区改扩建给予 8 万元的项目补贴。在一系列帮扶措施带动下，舒氏农业发展有限公司发展顺利，舒凤武技术水平逐渐提高，收入稳定。2015 年可产生销售收入 80 万元。2016 年计划购进种牛 80 头，分发给其他贫困户，以“免费供应种牛，各户分散养殖，统一集中回收，利润按比分成”的模式带动其他贫困户脱贫致富。

2. 陈国洲

土家族，二坪村 13 组村民。家庭成员 3 人（妻子颜秀平，女儿陈克梵）。因户主陈国洲患肺结核病，身体不好，加之住房条件差导致贫困。2014 年，因身体欠佳无法外出打工，陈国洲购买山羊种苗 40 只在本村发展山羊养殖。帮扶单位在了解情况后，为他争取扶贫搬迁项目，帮助其改善住房条件，新修住房 3 间，羊舍 1 间。并培训其养殖技术。经过发展，2015 年可创造经济收入 6 万元。

九、湖北省鹤峰鑫农茶业有限公司精准扶贫工作

湖北省鹤峰鑫农茶业有限公司是湖北省农业产业化重点龙头企业，公司坚持以茶叶产业和生态旅游业为发展方向，致力于茶叶一、二、三产业融合发展，形成了茶叶生产加工、绿色旅游、茶文化研究、养老服务为一体的产业集群，自建和联办基地 10 万亩，先后获评“中国茶叶行业综合实力百强企业”“恩施州企业三十强”“全省纳税信用 A 级纳税人”“AA5 级信用企业”。公司坚持“党旗引领壮大企业，产业富民共奔小康”的理念，成立了社会事务部，探索了“1+6”扶贫模式，全力助推走马镇 33 个村 1 个基地 1839 户 5638 人、辐射带动 829 户 2865 人脱贫。

（1）“公司 + 合作社 + 农户”模式。公司投资 500 多万元领办和联办了景鑫、木耳山、荣禄等 8 个专业合作社，让贫困群众获得“三种收入”，带动贫困户 560 户 1840 人脱贫。一是通过“租赁 + 入股”的形式流转农民土地，让贫困群众获得土地租赁收入。已流转 3000 户、1.2 万多亩土地，每户获得租赁收入 2000 元以上；二是聘请贫困群众从事基地田间管理获得工资收入，每人每年获 3 万元工资收入；三是合作社盈利后社员获得返利收入。

（2）“公司 + 加工厂 + 农户”模式。公司与 50 家茶叶加工厂合作，投资 210 万元在贫困村新建和改造了 14 家年产量在 2500 担以上的茶叶初制加工厂，每个加工厂招收 3 ～ 5 名贫困户就业，联系 20 ～ 30 户贫困户，切实解决了周边 500 亩茶园、100 多户茶农卖茶难问题，实现了“把加工厂建在基地，把基地变成生产车间”，保证了原材料质量，提高了产品附加值，带动了贫困户 522 户 1634 人脱贫。

（3）“公司 + 基地 + 农户”模式。公司结合“国际慢城”和“世界茶谷”整体规划，累计投资 2100 余万元打造生态观光农业园，并新建了 6000 亩茶叶基地。采用订单农业方式与基地农户建立巩固的协作关系，农户不但可获得茶叶种植收入，还可通过开办农家乐、参与接待服务、销售农副产品等方式获得旅游收入。辐射带动农户 5000 多户 20000 多人脱贫致富。

（4）“公司 + 大户 + 农户”模式。公司累计投资 70 万元在走马镇扶持养殖、种植及示范作用强的大户 10 户，在资金、技术等方面予以帮扶，承诺以保护价收购其产品。通过大户示范，不仅推广了先进农业生产技术，带动一批贫困户参与生产，还带动大户组建专业合作社，提高了农业生产规模化、标准化、市场化水平。带动 62 户 210 余人脱贫致富。

（5）“公司 + 电商 + 农户”模式。公司通过建设电子商务 O2O 体验中心，开展线上线下交易，直接把农户生产的特产、山货推向市场，解决农民有产品无收入的困境，增收效果明显，带动 391 户 1050 人脱贫致富。

（6）“公司 + 就业 + 农户”模式。公司直接招收了 187 名贫困对象务工，所扶持的合作社、加工厂、基地、大户为 148 名贫困对象提供就业岗位，务工人员人均年收入 2 万元以上，基本可实现用工 1 人脱贫 1 户，带动 1005 人脱贫。

为进一步提高精准扶贫帮扶效果，公司还采取多种措施对贫困户进行帮扶。向 15 户 42 人因病因学致贫的贫困户定向捐助 21.8 万元，为 3 个贫困村的村委会免费购置办公设施，投资 60 万元开展 6 期 2100 人次的茶叶、水果种植加工等方面的专业技术培训，辐射农户 1600 多户 4200 多人脱贫致富。

附录 3

广水市杨寨镇陈家河村精准扶贫调查日志

时间:2015 年 11 月 20 日—2015 年 12 月 3 日

调查人员:杨述明、彭玮、刘司可、曾飞、许伟、吴清华、胡正天、杨慧、刘明娇

1. 陈申华

男,陈家河村 2 组贫困户,家中共有 2 口人,房屋使用已经近 30 年,比较老旧,房间狭小。陈申华和老伴均已过 70 岁,劳动能力不足,收入很有限。陈申华老婆患有糖尿病、高血压等疾病,家庭在医药支出上花费较高。陈申华家除了每年约 660 元的养老保险金外,其他政府补贴很微薄。

2. 陈家良

男,陈家河村 2 组贫困户,家中共有 4 口人,陈家良为户主,老伴健在,大儿子已婚,小儿子在武汉打工。陈家良与其老伴均 60 多岁,两个老人在家种了 5 亩地,闲时陈家良老人捡废品补贴家用,陈家每年能

取到2000元的政府补贴。2014年陈家艮老人发生交通事故，除去报销的医保，花费了近5万医药费。

3. 陈申祥

男，陈家河村2组贫困户，家中只遇到了2个老人，陈申祥老人今年77岁，其老伴万祖菊78岁。老人还有一个小儿子未婚，在外地打工，去年老两口的一个儿子因车祸去世。两位老人目前种了2.5亩地，没有其他收入来源。万祖菊老人患心肌梗死、腰椎间盘突出症，家庭医药支出较大。陈申祥老人家除了每年约1320元的养老保险金，没有其他政府补贴。

4. 陈远竹

男，陈家河村6组贫困户，70岁，其老伴马永翠68岁，家中共有2口人。老人家有一个儿子未婚，在武汉打工。陈远竹老人患有肺结核，马远翠老人患有糖尿病，家庭每年因病支出2万元。调查时两位老人正好在摘野菊花，据老人介绍一斤野菊花1块钱，两个老人半天能摘3斤。野菊花在村里没有收购点，需要拿到镇上出售。

5. 方礼宏

男，陈家河村13组贫困户，46岁，没有老伴，是一个五保户，身体看起来比较硬朗，但患有高血压和冠心病，每年的医药支出要几万元，老人的收入主要来自政府五保户补贴，另外由村委会安排在村里街道做卫生，一年1000元收入，生活比较拮据。

6. 方春光

男，陈家河村13组贫困户，他家主要是因病致贫，之前方春光自己在外地做建筑，生活还算小康，后做了新房，刚花完家中的积蓄，突然得病中风，因看病负债5万元，家庭的负担主要靠小儿子外出务工来补贴，需要解决医疗问题。

7. 陈茂连

男，陈家河村13组贫困户，陈茂连家只有两个相依为伴的老人，他老婆在1999年因车祸失去了右腿，有两个儿子、三个女儿。

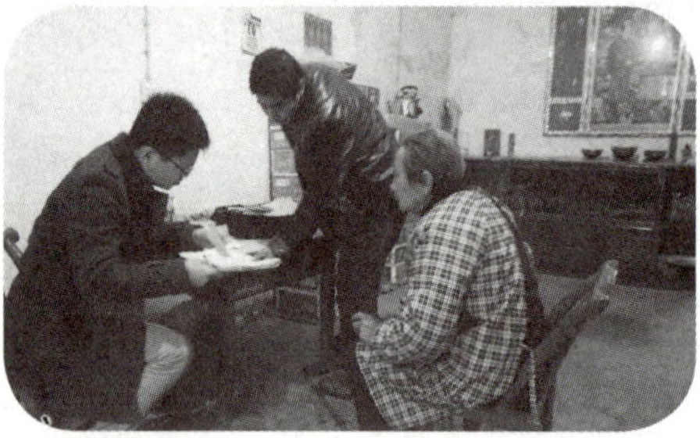

8. 陈申君

男，陈家河村3组贫困户，今年81岁，属于五保户，目前没有属于自己的住所，暂时居住在他侄子家里，低保补贴一年1600元，养老保险金660元，没有其他收入来源，身体还算健康，有高血压等慢性疾病。

9. 朱光福

男，陈家河村3组贫困户，45岁，患有严重口吃，属于低保户，户主常年在外地打工（木匠），并没有见到本人，图片是他们目前的房子，老婆已经去世，有一个女儿，就读重点一中，建档立卡中致贫原因填写的是因

学致贫。

10. 陈贵舟

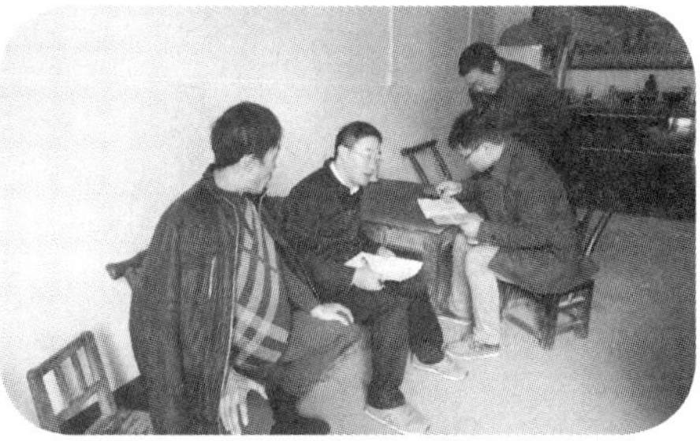

男,陈家河村 3 组贫困户,46 岁,属于低保户,患有恶性肿瘤,家庭成员有母亲、妻子、一儿一女(儿子初中辍学,女儿大专毕业),患病之前,家庭生活还算富足,房子比较新,由于患病,花光积蓄,妻子无法务工,常年在家照看,没有选择开刀治疗,常年服用中药,每年中药费用数万元,但本人比较积极主动,表示需要产业帮扶。

11. 张楚明

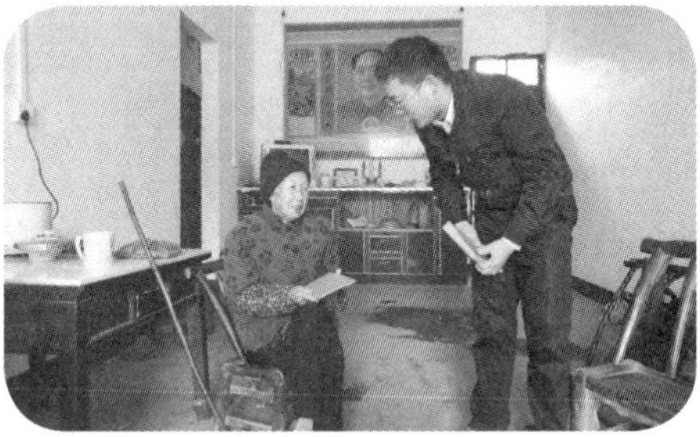

男,58 岁,陈家河村 3 组贫困户,家庭成员有母亲李秀英,83 岁,儿子 26 岁,外出务工。致贫原因:没有致富途径,也缺乏劳动积极性,老人常年独居,得不到很好的赡养。

12. 高孝翠

男,61 岁,陈家河村 4 组,五保户,痴呆,房子倒塌,住在哥哥家,患有高血压,支气管炎疾病,不能清晰表达自己的意思,院内杂草丛生,生活来源主要靠政府各项补贴共计 2350 元。

13. 陈型栋

男,57 岁,陈家河村 4 组,一般贫困户,自己无子女,侄子过继过来,儿媳去世,两个孙子初中辍学,住房比较简陋,属于危房,户主本身有糖尿病等慢性疾病,主要致贫原因在于缺乏致富途径。

14. 程型典

男，76岁，陈家河村4组，一般贫困户，户主患有慢性支气管炎和糖尿病，妻子代安英，中风，自己本身还有一定劳动能力，种了6亩地，有三个儿子，两个女儿，儿子不赡养，希望解决养老问题，房子属于危房。

15. 陈义平

男，75岁，陈家河村4组，一般贫困户，户主身体比较健康，种植水稻、花生、棉花等多种经济作物，但住房已经倒塌，育有一子，据户主描述，儿子不愿意赡养老人，之前村书记已经帮忙申请过危房改造补助，但由于需要户主本人出一部分资金，户主未同意。

16. 程百顺

男，42岁，陈家河村4组，目前是一般贫困户（今年取消的低保），住房比较新，致贫原因是因病致贫，刚做完心脏膜手术，目前各种外债有18万元，家中共4口人，儿子、女儿外出务工，户主目前主要从事养殖，有鸡30只，鱼塘15亩，对项目帮扶兴趣较大。

17. 殷克华

女，39岁，陈家河村4组，低保户，2009年丈夫患乙肝，各种医疗费用花去25万元，不治。因为建房，欠下外债60000万元，户主在武汉做服务员，每月工资1500元。房子目前由婆婆和女儿在住，过年回家探望。女儿程雯静，小学六年级，养老和小孩教育都存在问题。

18. 程型宏

男，陈家河村14组，一般贫困户，56岁，原本有三个儿子，大儿子从海南海洋大学毕业后，来汉找工作未果，跳江自尽，对父母打击较大。户主挑担卖花卉谋生，妻子在外打工，二子与三子在深圳务工，家庭条件不是特别贫困，想养殖致富，对产业帮扶有兴趣。

19. 余华朗

男，72岁，家里目前是两个老人，老伴吴炳秀74岁，老两口比较勤劳，有4亩地，其中2亩水稻，还种有花生、棉花等，致贫原因是收入构成单一，没有子女赡养。主要需求是房屋的破损严重，希望能解决住房问题。

20. 杨少兰

男，77岁，陈家河村11组一般贫困户，目前瘫痪在床，育有两个女儿，均已出嫁，目前饮食起居主要靠大女儿照顾，医疗费用来源于二女儿。没有劳动能力，唯一享受政府养老保险660元，需要解决养老和医疗问题。

21. 邓以明

男，陈家河村11组一般贫困户。家中两口人，邓以明78岁，大部分和其孙女沟通，本人有眼疾，老伴常年风湿，家中有地，但无耕种能力，除了养老保险之外无别的收入来源。养育了3个女儿、2个儿子，女儿均已出嫁。致贫原因是缺乏劳动力。没有明显的脱贫需求。

22. 明申崇

男，86岁，陈家河村11组五保户，目前全年的各项补贴是3260元，进屋的时候老人正在摘棉花，还有一定的劳动力，没有土地，住房比较简陋，个人表示需要直接补贴帮扶。

23. 王明涛

男，50岁，陈家河村11组一般贫困户，家里四个人，妻子李自琳，还有两个儿子王长春（患有间歇性精神病）及王斌斌（在东莞打工），都没有受过良好的教育，家庭总收入相对较高，在24000元左右，但是由于长子需要照料，长期治疗，父母无法外出打工，长期医疗费用也增加了家庭的经济负担，户主本身对产业扶持有兴趣。

24. 邓以国

女，陈家河村5组一般贫困户，邓老太太是村里年纪最大的老人，95岁，耳朵听不见，老人的儿子前些年去世了，现在老人由孙子赡养，一年享受养老补贴 1260 元，生活来源主要来自这两块，属于政策兜底的对象。

25. 明申坤

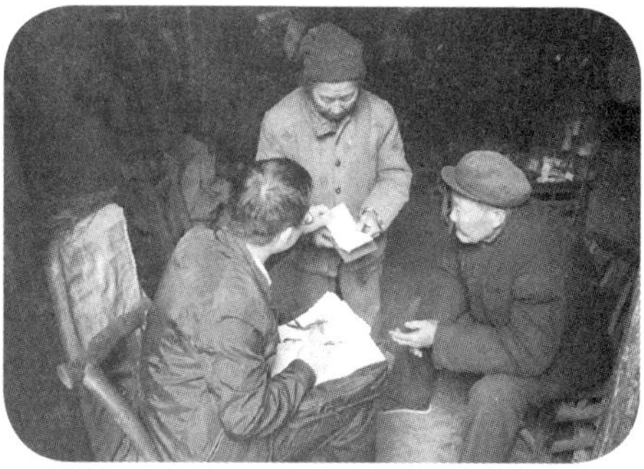

男，80 岁，陈家河村 6 组五保户，没有劳动能力，依赖政府补贴度日，并且无其他收入来源、缺衣少食。老人身体状况欠佳，患有高血压，长期承担一定金额的医疗费用。土坯房屋老旧，破损严重，有的部分存在塌陷，交谈中老人提出了危房改造的需求。

26. 陈厚菊

女，陈家河村 6 组五保户，一个人长年瘫痪在床，无人照料，生存环境恶劣，生活状况堪忧。早年丧父，中年丧女，晚年孤苦。政府补贴是其唯一生活来源。房屋比较破败。

27. 明先福

男，52 岁，陈家河村 6 组低保贫困户，家中三口人。父亲 73 岁，患有急性甲状腺肥大需要做手术，却无力支付医药费。儿子明承国 36 岁，在外务工，中学文化水平，工资微薄。房屋一定程度损坏，下雨天会漏雨。

28. 陈国际

男，75 岁，陈家河村 6 组一般贫困户，陈国际老人高血压中风，导致手脚不便，丧失劳动能力，且需要他人照顾日常生活。陈国际与其老

伴目前没有种地，家庭收入主要是老人的儿子与儿媳在外地务工、政府补贴。土坯住房年久失修，破损和严重，墙体开裂，木材脱落。

29. 蒋爱红

女，40岁，陈家河村6组低保户，蒋爱红患有严重的腰椎间盘突出，近两年来动过两次大型手术，已经没有劳动能力，且日常生活多有不便。有一子，高中在读。家庭主要支出为教育和医疗两方面，收入主要依靠其老公在外务工。房屋破败，需要修缮。

30. 明申康

男，55岁，陈家河村6组低保贫困户，明申康老婆患有脑梗死，家庭有一定的医疗负担。有一子在外务工，文化水平为初中。

31. 陈娟娟

女，32岁，陈家河村6组低保贫困户，陈娟娟患有间歇性精神病，脾气暴躁，基本没有劳动能力。丈夫明申健小学学历，在外务工。有一子小学在读。

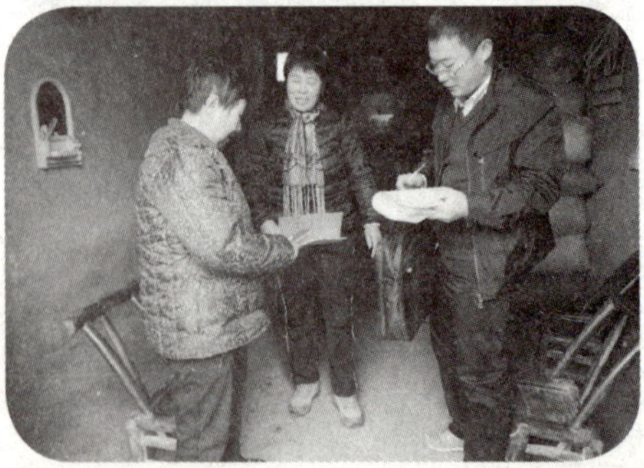

32. 胡胜名

男，50岁，陈家河村6组一般贫困户，胡胜名患有糖尿病，其老婆明云霞患有心脏病，家庭医疗支出每年近5000元。养育了4个女儿，均已出嫁。家庭收入主要来源于种植和政府补贴。

33. 明子清

男，45岁，陈家河村6组一般贫困户，家中有7口人，明子清夫妻俩生有两个女儿、一个儿子，家里有两个老人。女儿明萌患有小儿麻痹症，没有上学，儿子和另外一个女儿都是大学在读，家中教育费用为主要支出项，其次是医疗费用。

34. 谢申霞

陈家河村6组一般贫困户，谢申霞家有4口人，老人本人、儿子、儿媳、孙子。户主谢申霞本人患有糖尿病、腰椎间盘突出、高血压、疝气多种疾病，家庭每年有一定的医疗费用。另外孙子明江源高中在读，家中每年还需要支付一定的教育费用。家庭收入主要来源于儿子跑运输，其次是种植花生、水稻等经济作物。

35. 胡功富

男，71岁，陈家河村6组五保户，情况和其他五保户相同，住房比较破旧，房内有青苔，一年领取五保户补贴2360元，属于政策兜底。

36. 邓伯舟

男，58岁，陈家河村12组一般贫困户，妻子余云英50岁，精神病患者，两年前与邓结婚。邓抚养过兄弟（已逝）的两个女儿，均已出嫁。邓为人老实，不吸烟喝酒，每年外出务工2～3个月，做一些零工，全年收入7000元左右。家徒四壁，住着毛坯房，唯一的电器是一台小型收音机。致贫原因：因病、因残、缺技术、自身发展动力不足。

37. 余华林

男，68岁，陈家河村7组低保贫困户，脑梗死。长子精神有问题，女婿入赘，45岁，在外务工，是家里的主劳动力。女儿（35岁）在家务农，照顾家人。一个孙子（13岁）在读初中，一个孙女（4岁）读幼儿园。家庭的教育支出每年9000元左右，老人每年还有医疗支出。家庭算下来，可以有2.5个劳动力。致贫原因：因病、因残、自身发展能力不足。

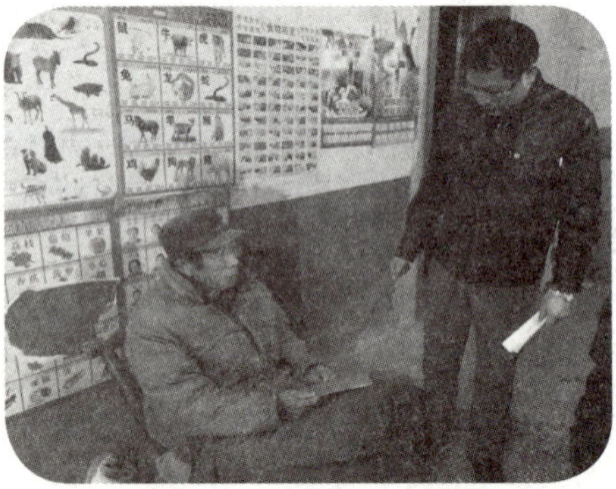

38. 余国寿

男，68岁，陈家河村7组低保户，老婆患哮喘，无法工作，弟弟从小就是残疾，只能窝在椅子里。种地的粮食自给食用，家里的收入主要来自低保金和养老保险金。房屋破损。致贫原因：因病因残缺劳力，自身发展能力不足。

39. 余国诗

77岁，陈家河村7组低保户，退伍兵，两个女儿已出嫁，平时会给老人赡养费。老人有低保、养老金、退伍津贴。房子属于危房。致贫原因：缺劳力，自身发展能力不足。

40. 余国文

男，67岁，陈家河村7组五保户，患有甲亢、胃溃疡等疾病，除了五保补助和社保补贴，没有其他收入来源。兄弟的子女最近几年情况也不好，无法照顾到他。我们去的时候他住院去了，兄弟介绍的他的情况。

41. 余国勤

男，79岁，陈家河村7组五保户，没有大的疾病，偶尔会有些小疾病，大病去医院可以报销，小病在附近买药要花费。只有社保和五保补助，没有其他生活来源。

42. 余礼云

男，75岁，陈家河村7组一般贫困户，家里4口人，儿子、媳妇、孙子，儿子和儿媳在武汉做点小生意，儿媳有气管炎，孙子初中没毕业就出去工作了。平时种些花生水稻自己吃，没有卖的，年底儿子给几百块钱。老人的身体还算硬朗，自己还能照顾自己。

43. 余国宝

男，77 岁，陈家河村 7 组低保户，患有心脏病，妻子有气管炎，代养过一个女儿，现在不管他们了。养了一头猪，几只鸡，经营性收入不到 500 元钱。早些年还有个兄弟能帮衬他们，给他们置办了一些家用电器：电视、冰箱等，前几年兄弟去世了，生活没有其他来源。

44. 余华诗

男，76 岁，陈家河村 7 组五保户，房屋破旧，没有大的疾病，平时会有些小病小痛，要到广水去看病才能报销，医院看他一个人没人照顾，也不愿收他。在附近买药，不给报，每次也要花几十元钱。

45. 吴世安

男，76 岁，陈家河村 8 组一般贫困户，家里 10 个人，共有劳动力 6 人，和儿子分开住，住在三儿子对面。三个儿子在外打工，三儿媳在家带孩子，其他两个媳妇均在外打工。

46. 吴宗育

男，59岁，陈家河村8组一般贫困户，家里7口人，3个劳动力在外打工，年收入可以达到11万元，家里种田收入5000元，农业补贴800元。家庭之前的收入还很乐观，近年5岁的小孙子查出有尿血，需要大量的资金持续治疗，能报销的医疗费不到20%。

47. 朱红卫

男，39岁，陈家河村10组一般贫困户，和妻子以及两个分别在上小学和中学的孩子在汉口做小生意，一年很难回一趟家，家里留有66岁的母亲一个人居住，母亲身体没有大的疾病。

48. 朱俊英

87岁，陈家河村10组一般贫困户，妻子87岁，两人身体没有大疾病。两个老人单独居住，每月有社保补贴220元，儿子孙子都很大了，经济条件不错，会赡养老人，只是没人照顾老人。

49. 朱建新

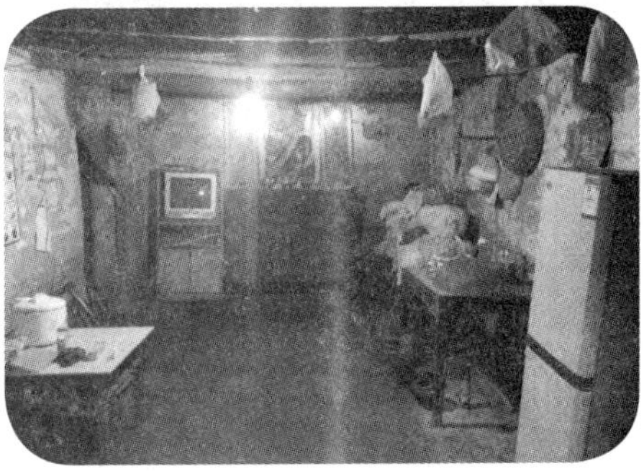

男，47岁，陈家河村10组一般贫困户，患有脓毒症，在家种了2亩地，主要是用于吃。家里主要经济来源靠妻子外出打工，收入不到两万元。母亲和小孩需要人照顾，母亲82岁了，没有大的疾病，但平时会碰到小的感冒、疼痛花钱。一个女儿8岁，在读小学。家里的房子是危房。

50. 朱佐平

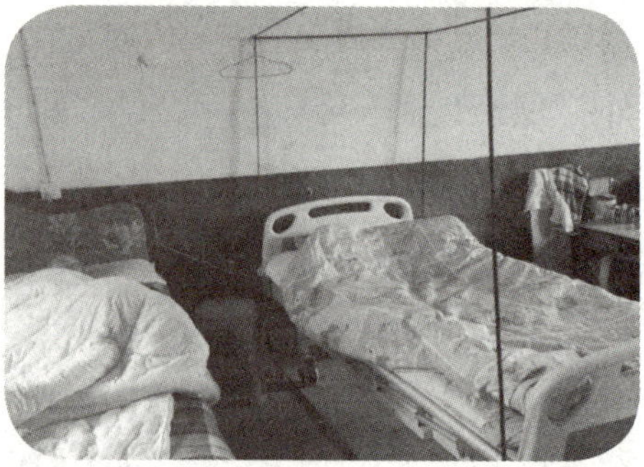

男，67岁，陈家河村10组低保贫困户，身体健康。妻子是植物人，瘫痪在床两年，享受低保。当初治疗花了20多万元，妻子大小便失禁，每天都需要尿不湿、降压药等，吃不了粗粮，每月料理妻子的花费都需要1000元以上。老人的三个女儿均已出嫁，有个嫁到河南的女儿现在搬回来照顾母亲，女儿家有三个小孩，一个还有心脏病。

51. 朱佐新

男，72岁，陈家河村10组一般贫困户，家里有儿媳和孙子、孙女。儿子今年在苏州打工时因冠心病突发死亡，工厂没负责，媳妇36岁，正与工厂打官司，官司费加火化费花了好几万元。孙女在镇上读初中，孙子在读小学，请朋友在帮忙照顾。媳妇还患有腰椎间盘突出，家里暂时没有劳动力。

52. 邓祖国

男，38岁，陈家河村9组低保户，家里4口人，妻子、儿子和父亲。邓祖国精神有问题；妻子患小儿麻痹症，儿子10岁，精神也有问题，没有正常的思维和学习能力。现在的房子是用弟弟出事去世后赔偿的钱盖的。家里父亲61岁能干活，邓祖国不会思考问题但有劳力，老婆脑子还很正常，但是没有劳动能力。这个家目前还能正常运营，但是后期的发展动力缺乏。

53. 陈申枝

男，54岁，陈家河村9组一般贫困户，家里3口人，包括妻子和儿子。妻子患胃癌，在同济医院住院花了很多钱，报销率不到40%，儿子27岁，在兄弟家的餐馆工作，每月收入2000多元钱。2006年女儿得了红斑狼疮，后来去世了，家里因治病欠了12万元。种了15亩的水稻，全是借的别人的土地，想种地没有地种，一年经营性收入1.5万元左右。这个家因病致贫，家庭里有劳动力，户主也很能干活，可以考虑产业扶贫。

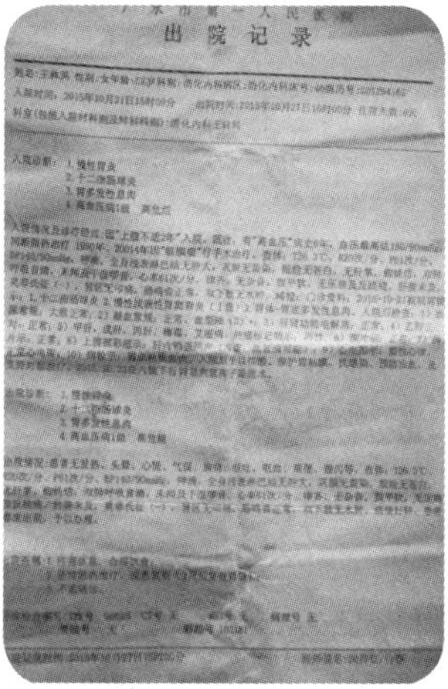
出院记录

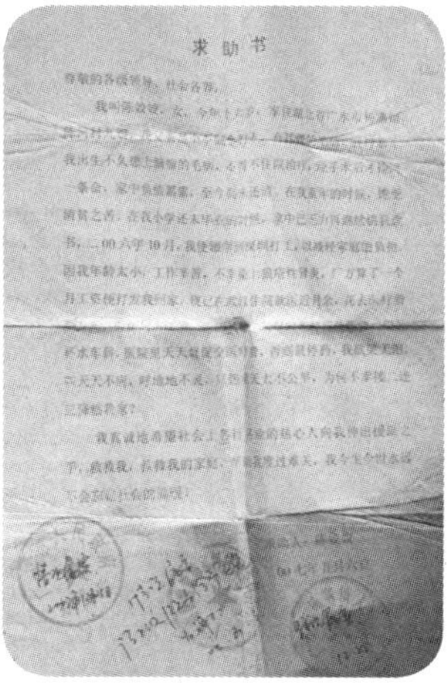
求助书

54. 邓艳桥

男，39岁，陈家河村9组一般贫困户，家里4口人，妻子、女儿、母亲。妻子精神不正常，不能劳动。他有3个兄弟，经济情况还不错，母亲给4个儿子照顾小孩。邓的个子很小，1.4米左右，给亲戚家干活，每年务工收入2万块左右，房子是兄弟帮忙建的。

参考文献

[1] 闫坤．中国农村减贫财税政策研究 [M]. 北京：中国财政经济出版社，2008.

[2] 向德平，黄承伟．中国反贫困发展报告（2014）：社会扶贫专题 [M]. 武汉：华中科技大学出版社，2014.

[3] 顾仲阳．精准扶贫，不撒胡椒面 [N]. 人民日报，2014-03-12.

[4] 李春明．精准扶贫的经济学思考 [J]. 理论月刊，2015（11）:5—8.

[5] 黄承伟，覃志敏．我国农村贫困治理体系演进与精准扶贫 [J]. 开发研究，2015（2）:56—59.

[6] 黄承伟．中国扶贫行动 [M]. 北京：五洲传播出版社，2015.

[7] 杨小柳．参与式扶贫的中国实践和学术反思：基于西南少数民族贫困地区的调查 [J]. 思想战线，2010（3）:103—107.

[8] 汪力斌，周源熙．参与式扶贫干预下的瞄准与偏离 [J]. 农村经济，2010（7）:3—7.

[9] 许源源．中国农村扶贫:对象、过程与变革 [M]. 长沙:中南大学出版社，2007.

[10] 唐丽霞，李小云，左停．社会排斥、脆弱性和可持续生计：贫困的三种分析框架及比较 [J]. 贵州社会科学，2010（12）:4—10.

[11] 杨云彦，赵锋．可持续生计分析框架下农户生计资本的调查与分析：以南水北调（中线）工程库区为例 [J]. 农业经济问题，2009（3）:58—65.

[12] 王娟，吴海涛，丁士军．山区农户生计转型及其影响因素研究：以滇

西南为例 [J]. 中南财经政法大学学报，2014（5）:133—140.

[13] 阿马蒂亚・森 . 贫困与饥荒:论权利与剥夺 [M]. 王宇,王文玉,译 . 北京：商务印书馆，2001.

[14] 阿马蒂亚・森 . 以自由看待发展 [M]. 任赜，于真，译 . 北京：中国人民大学出版社，2002.

[15] Williams，Glyn. 2004. Evaluating Participatory Development：Tyranny，power and（re）politicization[J]. Third World Quarterly：25（3）:557—578.

[16] Master.1998.The Asset Vulnerability Frameword：Reassessing Urban Poverty Reduction Strategies[J]. World Development:26:1—19.

[17] Ellis F.2000.Rural Livelihoods and Diversity in Developing Countries[M]. New York：Oxford University Press.

[18] Wu Haitao，Ding Shijun，Sushi Pandey，Tao Dayun. Assessing the Impact of Agricultural Technology Using Propensity Score Matching Analysis in Rural China[J]. Asian Economic Journal，2012，24（6）:141—160.

[19] Williams，Glyn. 2004. Evaluating Participatory Development：Tyranny，power and（re）politicization[J]. Third World Quarterly：25（3）:557—578.

后　记

2014年7月至2016年12月期间，我受所在单位选派赴广水市挂职锻炼。2015年9月，按照省委、省政府的部署，担任湖北省社会科学院驻广水市杨寨镇陈家河村驻村工作队（扶贫工作队）队长，并任该村的“第一书记”。一年半的时间，工作队多次深入陈家河村151户贫困户家中，面对面了解致贫原因，共同商讨相应的帮扶措施。也正是由于这段亲身体验，让我深深体会到了基层工作者的艰辛与无奈，让我直面扶贫工作现实操作过程中的艰难与困苦，其间的辛苦与付出确实是冷暖自知。当然，出于一名社科工作者的本能与职责，也让我从内心深处萌发了帮助贫困村走出贫困泥潭的坚定决心，于是一方面我奔走求援，为贫困村改善基础设施条件，修路、建桥、产业发展争取项目资金，另一方面我将视野扩大到省内其他贫困地区，通过实地调研、座谈、问卷调查等方式深入开展精准扶贫现状调查，力图找到贫困产生的根源，力求寻找解决贫困的良方。恰逢此时，湖北省社会科学界联合会“中国调查”项目《湖北精准扶贫工作现状调查》获准立项，于是我将基层扶贫工作中遇到的困惑、难题、思考付之于笔，不仅是对这段难忘的基层工作做一个总结与交代，更希望引起更多的有识之士关注贫困问题，关爱贫困人口，关心贫困人口的可持续发展。

感谢湖北省社会科学界联合会领导对本书给予了大力支持和指导，感谢学术部陈芳、肖利、陈弘等同志为本书付出了辛勤的劳动，感谢湖北省社会科学院的张忠家书记、宋亚平院长、杨述明副院长给予我的关心和支持，感谢湖北省社会科学院邹进泰所长、刘司可、曾飞、许伟、肖艳丽、毛铖、吴清华、杨慧、梅杰、胡正天、刘明娇等参与本书的调研及数据处理工作，感谢湖北省扶贫办公室项克强副主任、柳长毅副主任、夏智副处长为本书提供的帮助与指导，在此表示衷心的感谢。本书在编撰过程中，参阅和借鉴了相关研究成果，引用了媒体（包括网络）公开发表的文章，一并表示诚挚的感谢。

彭 玮

2017 年 3 月

编后记

“中国调查”丛书由湖北省社会科学界联合会组织编写。为了编纂这套丛书，省社科联成立了“中国调查”丛书编委会。编委会编委由省社科联领导成员担任。编委会在丛书的组织策划、选题确定、编纂体例、内容大纲、编辑风格、封面设计、专家聘请等方面进行了多次专题研究。曾婕、刘宏兰、谢双林、张明新、谢洪辉、温健等同志对相关分卷进行了初审；黄正谋、刘洁、江立华、桂胜等同志负责复审工作；曾婕同志负责终审工作。“中国调查”丛书的组稿、协调、编辑、审稿等工作由省社科联学术部承担，陈芳、肖利、陈沛、陈弘等同志做了大量工作。湖北人民出版社的编辑同志对本丛书的编辑工作给予了很大帮助，在此致谢。

由于本丛书涉及的内容较多、原始资料量大，虽然经过反复校验和更正，难免有所疏漏，恳请专家读者批评指正。

编　者

2016 年 12 月